KB190894

장신 경건교육의 어제와 오늘

120년 경건교육의 역사, 경건의 신학과 유산,
그리고 경건교육의 새로운 방향

책임편집 배정훈 · 백충현

장신 경건교육의 어제와 오늘

초판 1쇄 인쇄 | 2022년 1월 25일
초판 1쇄 발행 | 2022년 2월 7일

책임편집 배정훈 · 백충현
펴낸이 김운용
펴낸곳 장로회신학대학교 출판부

등록 제1979-2호
주소 04965 서울시 광진구 광장로5길 25-1 (광장동)
전화 02-450-0795
팩스 02-450-0797
이메일 ptpress@puts.ac.kr
홈페이지 http://www.puts.ac.kr

값 15,000원
ISBN 978-89-7369-479-2 93230

경건의 훈련 · 학문의 연마 · 복음의 실천

장신 경건교육의 어제와 오늘

120년 경건교육의 역사, 경건의 신학과 유산,
그리고 경건교육의 새로운 방향

책임편집 **배정훈 · 백충현**

장로회신학대학교출판부

머리말

장신대 개교 120주년을 맞이하여 본 연구팀에게 주어진 과제는 장신대 경건훈련에 대한 과거 역사를 정리하고 미래의 방향을 타진하는 것이었습니다. 이 연구의 목표는 단순히 경건훈련을 위한 프로그램을 다시 만드는 일에 머무는 것이 아니었습니다. 120년간 본교 경건교육의 역사 가운데 경건교육의 신학적 기초와 정체성을 진단하고, 개신교 교회의 역사에서 드러난 경건 교육의 전통과 유산을 살펴서, 장신대 경건훈련의 신학을 정립하고 이에 따른 경건훈련 프로그램을 만드는 일이었습니다. 이 일을 위하여 다양한 전공자들이 참여하였습니다. 먼저 지금까지의 장신대 경건훈련의 역사를 돌아보고(영성신학), 이 경건훈련이 담고 있는 경건훈련의 신학을 진단하였습니다(영성신학, 기독교교육, 조직신학, 성서학). 그리고 경건훈련의 새로운 방향을 위하여 교회의 역사 전통에 담긴 경건훈련의 유산을 정리하였습니다(고대, 중세, 근현대, 그리고 개혁교회 청교도). 이 유산들은 경건훈련 프로그램 수립에 도움이 될 뿐 아니라, 목회자들이 개교회에서 경건훈련을 진행할 때 실제로 모델이 될만한 것들입니다. 마지막으로 영성신학 교수들이 이 연구를 바탕으로 새로운 120년을 향하여 수행할 경건훈련을 위한 프로그램을 제안하였습니다.

이렇게 완성된 장신대 경건훈련은 단순한 경건의 모양이나 개인 취향에 머무는 것이 아닙니다. 이 경건훈련은 장신대 교수들의 신학적 기초와 기독교가 걸어온 전통 위에 수립되어, 장신대 재학생이나 동문들이 지향하는 장신대 경건의 정체성을 담아 향후 걸어갈 목회의 기초가 되는 산물이었습니다. 연구팀들은 이 일을 위하여 2020년 3월부터 2021년 2월까지 1년간 11번의 모임을 가졌습니다. 모일 때마다 연구자들의 발표를 듣고, 질의하고 토론하면서, 함께 경건을 연구하였습니다. 경건의 신학에 관한 간학문적인 다양한 연구물들을 나누고 함께 토론하면서 내 전공 안에서는 배울 수 없었던 많은 것들을 깨닫는 시간이었습니다. 경건훈련은 영성신학의 작은 분야가 아니라 신학의 모든 분야의 산물이며, 경건훈련의 최종 목표는 목회현장에서 경건한 목회자들을 만들어내는 작업임을 알게 되었습니다. 연구를 위하여 지원을 아끼지 않으신 김운용 총장님과 이상일 경건교육처장님께 깊은 감사를 드리고, 함께 귀한 작업에 참여해주신 모든 팀원들과도 기쁨과 감사의 말을 전합니다. 귀한 결과물이 향후 장신대 경건교육의 좋은 이정표가 되기를 바랍니다. 감사합니다.

장신대 경건훈련 연구팀장

배정훈 교수

인사말

장신대는 경건을 매우 강조합니다. 신학교이기 때문에 당연하다고 말할 수 있지만, 제가 아는 국내외 여러 신학교보다 경건을 더 우선시하고 중시하는 것 같습니다. 무엇보다도 장신대의 학훈('경건과 학문')이 이를 분명히 보여줍니다. 제가 경건교육처장을 맡아 보니 그것을 더욱 크게 느낍니다. 부서와 부서장 명단에 경건교육처와 경건교육처장이 제일 먼저 나오고, 부서 보고도 경건교육처가 제일 먼저 합니다.

장신대가 경건교육을 위해 얼마나 노력하고 있는지를 잘 보여주는 것이 바로 신대원 1학년 학생들을 위한 경건훈련입니다. 1998년부터 지금까지 20년 넘게 시행되어 온 이 프로그램은 장신대의 자랑입니다. 코로나 시기에도 멈추지 않고 방식을 바꿔서 진행하고 있습니다. 저는 이 연구보고서를 통해서 장신대 경건훈련의 역사와 내용에 관해 전보다 더 잘 알 수 있었습니다. 그리고 경건훈련을 담당하시는 교수님들의 수고에 더욱더 감탄하고 감사하게 됐습니다. 제가 신대원에 다닐 때만 해도 경건훈련이 없었습니다. 제가 신대원 1학년 시절에 방황도 하고 고민도 많이 했었는데, 그때 이런 프로그램이 있었다면 학교에 적응하고 하나님과의 관계를 회복하는 데 큰 도움을 받았을 것입니다. 그리고 지금보다 더 경건한 신앙인이 되었을 것입니다.

현재 진행하고 있는 경건훈련 프로그램도 훌륭하지만, 이를 점검하고 미래의 발전방안을 모색하기 위해서 많은 교수님이 1년 넘게 연구하셨습니다. 이번에 종합 연구보고서가 발행되는 것에 대해 경건교육처장이자 장신대의 교수로서 매우 기쁘고 자부심을 느낍니다. 이 연구보고서에는 경건훈련의 실제에 관한 내용뿐만 아니라, 다양한 신학 분야의 교수님이 경건과 경건훈련에 관해 연구하신 내용이 담겨 있습니다. 경건에 관한 백과사전이라고 할 수 있습니다. 지역교회와 다른 신학교에서도 훌륭한 자료로 사용될 수 있을 것입니다. 수고하신 모든 교수님께 감사와 찬사를 드립니다.

장신대가 추구하는 인재상 중의 첫 번째는 '경건한 신앙인'입니다. 이 연구를 통해 앞으로 장신대가 더욱더 경건한 신앙인과 경건한 목사 후보생을 훈련하여 배출할 수 있기를 바랍니다.

장로회신학대학교 경건교육처장
이상일 교수

발간사

경건교육은 더 섬세하게 진행되어야 합니다.

16세기 종교개혁은 엄밀히 말해 교회의 개혁이자 예배의 개혁이었으며, 교리와 신학의 개혁이자 삶과 경건의 개혁이었습니다. 그렇게 태동된 교회 전통 가운데 우리는 서 있습니다. 개혁교회 전통의 토대를 놓은 장 칼뱅은 개혁운동에 동참한 그리스도인들에게 성경이 보여주는 참된 기독교의 교리를 정확히 소개하여 하나님을 아는 지식에 이르고, 그분을 사랑하고 순종의 삶을 살며, 바로 섬기게 하려는 경건 함양훈련에 목적을 두고 그 지침서로 발간한 것이 『기독교강요』였습니다. 신학연구의 목적이 성 삼위 하나님을 아는 것에 초점을 둔다면, 경건훈련은 그분을 향한 바른 섬김의 태도와 그분의 원하시는 삶의 실천에 초점을 둡니다. 매일의 삶 속에서 성 삼위 하나님과의 교제와 연합, 구원의 확신 속에서 그분의 의를 힘입어 하나님께 영광을 돌리는 삶을 추구하는 것은 하루아침에 이루어지는 것이 아니라 지속적인 자기 훈련과 영성 형성spiritual formation 훈련을 통해 구현되는 차원입니다.

기본적으로 장로회신학대학교의 신학교육은 경건 신학theologia

pietatis을 토대로 하며, 교회와 하나님 나라를 섬길 지도자가 갖춰야 할 인성, 지성, 영성을 훈련하여 교회와 하나님 나라를 온전하게 섬기게 하는데 그 목적을 둡니다. 본교가 추구하는 인재상은 경건한 신앙인 과 겸손한 지식인, 열정적인 일꾼이며, 그들을 하나님의 사람으로 훈 련하는 경건훈련은 개인적인 차원과 공동체적 차원을 포괄하는 통전 적 경건을 지향합니다. 또한 그것은 하나님의 말씀에 뿌리를 두고 있 으며, 우리의 주님 되신 예수 그리스도와의 매일의 삶 속에서의 교통 코이노니아과 연합을 추구합니다. 그 경건은 교회와 사회이웃, 세상에서의 실천적 영성을 지향합니다. 또한 경건훈련의 최종 목적은 오직 하나 님께 영광을 돌리는데 둡니다.

본서는 개교 120주년을 앞두고 본교가 지난 기간 동안 진행해 온 경건교육 전반을 점검하고, 그 방향성을 연구하기 위해 경건교육 위원회 산하에 특별위원회(장신경건교육 연구위원회)를 구성하고 1년여 의 연구를 통해 연구보고서를 내놓게 되었습니다. 바라기는 오늘 그 동안 감당해 온 경건교육에 대해 반성적 숙고와 재개념화를 통해 전 환기적 위기 상황에서 주님의 일꾼들을 더 공교하고 섬세하게 훈련하 는 일에 본서가 중요한 지침이 되길 빕니다. 이 일을 위해 수고해 주 신 이상일 경건교육처장님과, 연구위원으로 수고해 주신 김경은, 김 정형, 박세훈, 배정훈, 백충현, 서원모, 신형섭, 오방식, 이상조 교수님 께 깊은 감사를 드립니다.

장로회신학대학교 총장
김운용 교수

목차

제 I 부
장로회신학대학교의
경건훈련

1장

🕊

장로회신학대학교 신학대학원
경건훈련의 역사와 현재

김경은 교수, 영성신학

I. 들어가는 말

'영성'의 개념은 다양하게 정의되는데, 가장 일반적으로는 샌드라 슈나이더스 Sandra Schneiders 가 말하는 '(한 개인이 인식하는) 궁극적 가치의 지평을 향하여 자기를 초월함으로써 삶의 통합을 위한 과제에 의식적으로 참여하는 경험'이 인용된다. 이때 궁극적 가치가 예수 그리스도를 통해 드러난 삼위일체 하나님일 때 기독교 영성이라고 한다.[1] 하지만 여러 저술에서 보듯이 '개혁주의 영성', '성공회 영성', '가르멜 영성'처럼 개인이 아닌 조직이나 단체가 추구하는 핵심 정신이나 가치를 말할 때 사용하기도 한다. 따라서 개혁주의 영성은 '경건', '경건한 삶'이라고 말할 수 있다. 장로회신학대학교는 '경건과 학문'이라는 학훈에서 보듯이 학생들의 경건 함양과 학문연구를 가장 중요한 교육목표로 삼고 있다. 이는 경건한 생활과 학문연구가 균형을 이루는 신학교육을 통해 영성과 인격 그리고 신학적 소양을 갖춘 건강한 목회자를 양성하기 위함이다. 경건교육의 한 부분으로 1998년 신학대학원 이하 신대원 신입생들을 위한 경건훈련이 제도화되었고, 개인 경건과 공동체 영성함양을 위한 프로그램으로 매 학기 시행되고 있다. 1998년 시작되어 현재까지 이어 오는 경건훈련은 시대적 변화를 반영하면서

---

[1] Sandra M. Schneiders, "기독교 영성 연구에 대한 접근 방식," Arther Holder 편집, 권택조 외 4인 옮김, 『기독교 영성연구』(서울: CLC, 2017), 38.

훈련대상자들의 정체성과 소명의식을 강화하기 위한 훈련 프로그램
으로 적절히 기능하기 위해 그간의 역사에 대한 점검과 미래의 방향
성에 대해 숙고할 필요가 있다. '경건훈련'은 하나님께서 한 사람 한
사람을 훈련된 목회자로 형성하시도록 돕는 중요한 공간이라는 의식
을 공유하면서 개인과 공동체 전체가 함께 성장해 갈 수 있는 방향에
대해 생각하는 것이 중요할 것이다.

II. 한국교회 영성훈련의 특징

1. 말씀훈련 : 사경회와 QT운동을 중심으로

장신대 경건훈련의 역사를 살펴보기 위해서는 먼저 한국교회
영성훈련의 역사를 간략하게나마 개괄해보는 것이 필요하다. 이것은
장신대가 한국교회에 속한 신학교육기관이라는 이유 때문만이 아니
라 장신대 경건교육이라는 큰 틀에서 볼 때 한국교회 전체의 흐름과
같은 맥락에서 진행되었음을 확인하게 되었기 때문이다. 한국교회 선
교 역사의 시작에는 성경번역과 더불어 의료 및 교육과 같은 사회봉
사가 축을 이루고 있었지만, 교인들을 그리스도인으로 세워나가는 신

앙훈련이라는 측면에서는 성경공부와 기도, 전도훈련이 핵심이었다.[2]

한국교회는 초기부터 신앙훈련에 있어 성경공부를 중요하게 생각해서 세례준비를 위한 '학습'제도와 주일의 성경공부 등을 통해 성경을 가르쳤고, 지도자 양성을 위한 성경학원과 사경회를 통한 훈련을 하였다. 사경회의 모체는 1888년 겨울에 언더우드가 한국인 사역자 양성을 위해 한 달간 서울 자신의 집에서 8명을 집중적으로 교육한 일이었는데, 이후 1890년 네비우스 선교정책이 채택되면서 사경회는 중요 선교 정책의 하나로 정착되었다. 1890년 언더우드가 7명의 한국인을 한 달 동안 훈련 시킨 일을 시작으로 2주간 혹은 1주간의 집중훈련 형태로 진행된 사경회는 한국교회 초기의 가장 중요한 훈련 방법이었다고 할 수 있다.[3] 사경회는 한국인 지도자 훈련을 목적으로 선발된 인원을 중심지 한곳에 모아 성경과 교리를 체계적으로 가르친 것에서 시작했지만, 1893년(또는 1894년)부터는 전국의 여러 지역에서 사경회를 개최하게 되었고 훈련대상도 교인 전체로 확대되었다.[4] 사경회가 지역별로 흩어져 열리면서 다양한 형태가 나타나게 되었는데, 개 교회에서 매년 한두 차례 열거나, 몇몇 교회가 연합하여 혹은 도道 차원에서 교회들이 모여 열기도 했다. 사경회가 보편화되면서 도道별 사경회의 경우는 대개 오백 명에서 천 명이 참석하였고, 천명에서 이천 명 사이의 회중이 모이는 대형 규모의 사경회도 빈번하

---

2 박용규, 『한국기독교회사』(서울: 생명의 말씀사, 2004), 536-600.

3 위의 책, 621, 625.

4 김인수, 『한국기독교회사』(서울:장로회신학대학교 출판부, 1997), 167. 이 책에서는 1893년으로 기록되어 있고, 박용규는 1894년으로 기록하고 있다. (박용규, 『한국기독교회사』, 621).

게 기록되어 있다.[5]

　　이런 가운데서도 사경회의 계기가 되었던 지도자 양성에 관한 관심은 사경회의 일관된 특징이 되었다. 인재를 발굴하여 신학교육을 받도록 신학교로 보내거나 각 교회로 청빙하기도 했고, 사경회 훈련을 받은 사람들 가운데 목사, 장로, 교사와 같은 지도자들이 배출되었다. 또한 교회 지도자뿐만 아니라 사회의 지도자를 배출하고 훈련하는 장으로서의 역할도 감당했다. 사경회는 성경공부와 찬양, 전도활동으로 구성되어, 오전에는 주로 성경공부를 하고 오후에는 전도하며 저녁에는 부흥회 성격의 전도집회를 열었다.[6] 그 외에도 성경해석 시 주의할 점, 예배 인도법, 교회의 운영과 역사, 주일학교 양성법, 찬송가 공부 등도 가르쳤다. 사경회의 주목적은 성경공부를 통한 신앙훈련이었으나, 그 영향은 개인 전도와 이웃 전도를 통한 교회 세우기 등으로 이어져 한국교회 성장에도 크게 영향을 끼쳤다.[7]

　　한국교회는 1960-70년대를 지나면서 사람들의 관심이 성장 중심적이고 기복적인 방향으로 흘렀고, 1980년대에는 심리학의 확산과 함께 개인과 '자기' self 에 대한 관심이 커지면서 영성훈련도 개인의 성장에 초점을 두는 방향으로 진행되었다. 이런 흐름과 함께 1960-70년대는 성경통독회와 부흥사경회를 중심으로 대형집회들이 주를 이루다가, 1980년대에는 개인 말씀 묵상인 QT운동이 활발하게 일어났다. 한국교회 말씀훈련에서 중요한 QT운동은 '자기'에 대한 관심의

5　박용규, 『한국기독교회사』, 621-622.
6　위의 책, 625.
7　신현광, "한국교회 초기 사경회와 신앙교육," 「신학과 실천」 36집 (2013), 483.

증가라는 시대적 요청과 맥을 같이 한다. 즉, 개인 영적 성장에 대한 갈망의 표현으로 개인 말씀묵상에 대한 관심이 커진 것으로 보인다.

한국에서 QT운동이 시작된 계기는 1972년 영국 성서유니온 선교회가 한국 성서유니온선교회를 설립하고 규칙적이고 체계적인 성경묵상을 돕기 위해 1973년 1월 QT잡지 『매일성경』을 발간하면서부터이다.[8] 그 후 1985년 4월 두란노 출판사에서 말씀 묵상을 통한 개인 경건훈련과 소그룹 모임을 위해 『빛과 소금』 부록으로 『생명의 양식』을 발행하였고, 1987년 11월에 현재의 『생명의 삶』 창간되었다.[9] 그러면서 예수전도단 같은 선교단체에서도 QT를 가르쳤고, 두란노서원 등의 기관에서도 QT학교를 개설했다. 이렇듯 개인 영성훈련 방법으로 제시된 QT가 크게 주목받게 된 이유는 전체 회중을 대상으로 하는 말씀훈련인 설교나 지성적 작업으로서의 성경공부에서, 묵상을 통한 개인적인 하나님 만남을 추구하는 방향으로 관심이 옮겨갔다는 것이다. 다시 말하면, 자신의 '경험'을 통해 하나님을 알고자 하는 열망과 지성뿐 아니라 감성적인 하나님 경험에 대한 욕구가 표출되었다는 것으로 '내적 경험으로서의 영성 추구'라는 시대 분위기의 반영이라 할 수 있다. 그 핵심은 개인적인 영적 성장에 대한 갈망이다.

QT의 형식은 매우 다양해서 가르치는 곳마다 특징이 조금씩 다르다. QT는 고대교회의 유산이면서 수도원 전통에서 전해온 말씀

---

[8] 성서유니온 선교회는 1867년 영국에서 어린이 전도와 성경읽기 사역을 시작하여, 현재 120여 개국에서 다양한 사역을 펼치고 있는 국제 선교단체이다. 한국 성서유니온선교회는 1972년에 시작되어 한국 교회에 성경묵상(QT)을 소개하였고, 현재 전국 12개 지부에서 성경묵상 및 성경공부와 관련하여 다양한 사역을 하고 있다. (『매일성경 순』의 성서유니온선교회 소개의 글과 성서유니온 홈페이지 『매일성경』 소개의 글에서 발췌)

[9] 두란노 출판사 홈페이지에 소개된 '두란노 역사' 참조.

묵상법인 렉시오 디비나Lectio Divina의 개신교적 변형으로 간주되며, 말씀에서 받은 은혜를 삶에서 실천하기 위해 '적용'을 강조하는 것이 특징이다.[10] 그래서 QT의 일반적 형태로 기도-성경읽기-묵상-적용-기록-기도의 순서가 제시되었고, 이 방법이 많은 훈련의 장에서 실천되었다.[11] 그러나 고전적 렉시오 디비나가 기도를 통해 하나님을 만나는 것을 강조했다면, QT는 묵상에서 자연스레 우러나는 기도 보다는 의도적인 적용점 찾기를 강조하면서 기도가 약화된 경향이 있었다. 그래서 렉시오 디비나 보다는 보다 이성적 차원이 강조된 말씀묵상법으로 이해되었다. 그러다가 '영성'이 대중들에게 회자되는 2000년을 전후하여 의도적으로 적용점을 찾기보다는 기도에 더 오래 머물면서 정서적 차원에서 하나님을 경험하는 QT 방법을 선호하는 사람들이 생겼다. 이 흐름은 렉시오 디비나와 비슷한 경향이 있었기 때문에 렉시오 디비나가 교회 내에 소개되는데 자연스럽게 통로 역할을 했다.[12] 이런 변화들은 한국교회 영성훈련에서 말씀공부와 기도의 상호연관성이 떨어지고 분리되는 경향이 있었던 현실을 고려할 때 매우 의미 있는 일이라 할 수 있다. 그동안 기도는 말씀 훈련과 동떨어진 채 기복주의적인 경향으로 치우친 점이 있었기 때문이다. 또한, 개인 영성훈련을 위한 QT는 소그룹 나눔과 같은 방식을 통해 소그룹 영성훈련을 위해서도 유용하게 사용되고 있다.

---

10 Enzo Bianchi, 이연학 옮김, 『말씀에서 샘솟는 기도』(왜관: 분도출판사, 2001), 57. 현요한, 『신학은 하나님 배우기: 신학, 영성, 실천의 재연합』(서울: 대한기독교서회, 2011), 326.

11 현요한, 위의 책, 328.

12 이 내용은 필자가 2000년대 초반 교회에서 사역할 때 경험한 내용으로 당시 QT를 오래 했던 여성 교인들이 '적용점 찾기'보다는 '기도에 머무르기'에 더 관심을 두고 있었는데, 이런 경향은 개교회의 특징이라기보다는 영성과 기도에 관한 관심이 증가했던 것과 연관된 현상으로 보인다.

2. 기도훈련

기도훈련으로는 새벽기도회가 대표적이고 가장 오랜 역사를 가지고 있다. 한국 교회에서 새벽기도의 시작이 언제였는지에 대해서는 다양한 논의들이 있는데, 이말테의 연구에 따르면 새벽기도를 개인적으로 처음 시작했던 사람은 1880년과 1891년 사이에 혼자 새벽기도를 했다는 백홍준^{새문안교회}일 가능성이 크고, 사무엘 마펫^{Samuel Austin Moffett} 목사가 1890년 침몰위기에 닥친 배 안에서 했다고 한다. 하지만 사람들이 함께 모여 새벽기도를 했다는 기록은 기퍼드 선교사^{Daniel Lyman Gifford}가 1893년 1월 장로교 선교사 연회에서 보고한 내용이 남아있다. 1892년 겨울^{11월 28일부터 12월 25일까지}에 1달간 서울 동계 신학반에 참여했던 16-18명의 남성들이 매일 새벽에 함께 기도했다는 것이다. 그리고 길선주 목사는 목사가 되기 전인 1896년부터 자신의 기도습관을 기독교적 새벽기도로 바꾸어 기도하기 시작했고, 1909년 여름에 평양 장대현교회 예배당에서 박치록과 함께 시작한 새벽기도가 2달간 계속되면서 전체 교인을 대상으로 하는 기도회로 전환되었다. 새벽기도의 내용은 찬양과 말씀공부, 회개의 기도나 부흥을 위한 기도였다.[13] 한국교회의 새벽기도에 큰 영향을 끼치게 된 길선주 목사의 새벽기도회에 대해 옥성득은 사경회에서의 새벽기도는 1898년 2월 수안 강진교회에서 이미 시작되어 다른 사경회에도 도입되어 시행되어 왔으나, 교회의 프로그램으로 새벽기도를 시작한 사람은 길선주

---

13 이말테, "한국개신교회의 새벽기도의 초기에 대한 연구," 「신학과 실천」 31집 (2012), 183-218.

목사로서 1909년에 시작했다고 밝히고 있다.[14]

　　1970년대와 80년대에 은사주의 성령운동이 크게 성장하고 문제해결을 위한 간구기도가 주를 이루면서 철야기도, 금식기도, 작정기도, 서원기도 등이 교회나 기도원을 중심으로 확산되었다. 그러면서 한국교회의 기도운동은 개인적이고 기복적으로 치우쳤다는 비판을 많이 받게 되었다. 이런 기도들이 통성기도를 중심으로 했기 때문에 통성기도가 한국 기도의 대표인 것처럼 간주하는 경향도 생겼다.[15] 하지만 한국교회에는 통성기도 외에도 다양한 기도가 존재해왔고, 2000년대에 들어서 활발해진 '침묵', '명상', '내면탐구'에 대한 관심은 기독교 내에서도 '침묵기도', '대화로서의 기도', '하나님과 사귐의 기도'에 대한 관심으로 나타났다. 실제로 통성기도 이외에 다른 기도를 배우기를 원하는 교인들이 목회현장에 많아졌고, 그것이 '영성'에 대한 관심의 이유가 되기도 했다.[16] 기도 내용에 있어서 초기 한국교회의 영성은 말씀과 그리스도 중심적이었는데, 기도회를 인도하면서 선교사들은 성경 독서를 통해 발견된 예수님의 생애와 가르침을 묵상하고 예수님을 바라보며 따르도록 가르쳤다는 기록이 있다.[17] 선교 초기의 기록을 통해 볼 때도 빈곤층 및 구제가 필요한 계층의 사람들,

14　옥성득, "평양 대부흥운동과 길선주 영성의 도교적 영향," 「한국 기독교와 역사」 25 (2006), 79-81.
15　오순절주의가 한국교회에 미친 영향에 관해 연구한 이정순은 통성기도가 한국교회 기도를 대표하는 것처럼 간주되는 것은 오해라고 지적한다. 이정순, "오순절주의의 특성과 신학적 의미," 「신학과 실천」 48집 (2016), 344.
16　김경은, "Spiritual Direction as a Spiritual Practice for Reconciliation Ministry: A Personal Reconciliation Perspective" The University of Edinburgh, 2012 (미간행박사학위 논문). 필자의 박사학위 논문을 위해 진행된 스코틀랜드 장로교 목회자들 및 평신도들과의 인터뷰에서 다양한 기도를 배우고 싶은 갈망으로 영성센터를 찾는다는 이야기를 많이 했다.
17　박종현, "미국 남장로교회 여선교사의 기도회 연구," 「한국교회사학회지」 25 (2009), 226-232.

아동, 여성, 환자 같은 사회적 약자들에 대한 언급이 많고, 이들을 구제하기 위한 활동을 활발하게 한 역사가 있다는 것을 고려할 때 초기의 기독교 영성은 결코 개인 중심적이지 않았고, 공동체에 관한 관심을 간과하지도 않았다는 것을 알 수 있다.

3. 제자훈련 : 소그룹 영성훈련

한국교회 초기의 사경회에서 중요한 세 가지 훈련은 말씀과 기도, 그리고 전도훈련이었다. 전도훈련의 전통은 CCC와 같은 선교단체들의 훈련을 통해 그 맥이 이어지고, 확산되었다. 선교단체들은 전도훈련뿐 아니라 귀납법적 성경공부, 신구약 통독훈련, 크로스웨이 성경공부, 벧엘성서연구와 같은 성경세미나를 통해 교회의 훈련을 보완하는 프로그램들을 제공했다. 선교단체를 중심으로 이루어진 제자훈련은 소그룹훈련이 특징이었고, 참여 인원이 많을 때라도 소그룹 모임의 활성화가 제자훈련의 중추적 역할을 하였다.

한국교회 소그룹의 역사는 '구역회'에서 시작된다. 구역회의 역사는 1888년에 아펜젤러의 부인 스크랜튼이 자신의 집에서 여성들을 위한 저녁집회를 열고 성경을 가르치다가 1889년 2월에 속회로 발전한 것이 그 시초였고, 장로교회는 1898년 시작된 여전도회를 지역별로 두었고 원주회가 점차 구역회로 발전하게 되면서 구역예배를 드리게 되었다.[18] 구역이나 속회와 같은 소그룹은 지역적으로 근접한 교인들을 조직화하여 신앙생활뿐 아니라 교제 관계를 통해 상호협력이 용이하도록 돕는 제도였다. 제자훈련 소그룹은 구역회나 속회와는 달리, 지속적 관계 안에서 이루어지기보다는 일정하게 정해진 기간에 필요한 과정을 거치는 신앙훈련과정이다. 훈련받은 사람이 또 다른 사람을 훈련하도록 하는 신앙훈련 과정이라고 볼 수 있다.[19] 한국교회에 제자훈련 소그룹이 등장한 것은 1970년대로서 주로 선교단체들을 통해 교회 밖에서 이루어졌다가, 1980년대 사랑의 교회를 위시하여 교회 안에서 제자훈련이 시작되었다.[20] 선교단체든 교회든 제자훈련의 기본 목적은 건강한 그리스도인을 세우는 데 있지만, 한편으로는 지도자를 양성하는 것도 중요한 목적이었다. 소그룹 활동을 통해 지도자가 될 수 있는 후보자들이 선별되고 더욱 높은 단계의 훈련 과정을 거쳐 그 조직의 지도자 또는 다른 사역을 위한 지도자로 세우는 것이었다.

III. 장신대 경건훈련

미국 장로교 목사이자 콜롬비아 신학교의 기독교영성학 명예

18 김한옥, "한국교회 소그룹 목회의 실태와 발전 방안," 「신학과 실천」 12집 (2007), 13.
19 위의 논문, 16-17.
20 위의 논문, 16.

교수인 벤 존슨은 개혁교회 영성훈련은 개인훈련과 공동훈련을 통해 사람을 형성하고 변화시키는 일이 되어야 한다고 말한다. 개인훈련은 기도와 성경공부, 묵상, 일기쓰기, 성찰과 영성지도를 포함하고, 공동훈련은 공동체 예배, 소그룹 공동생활, 합동 봉사와 단기 선교를 포함한다.[21] 벤 존슨에 따르면 미국장로교가 훈련을 강조하면서 영성지도가 발전하게 되었고, 이런 교단의 노력으로 인해 장로교 전통의 학교들 가운데 영성지도 프로그램을 제공하는 학교들이 많아졌다. 현대 개신교 영성 프로그램의 시작은 1979년 미국 캘리포니아 샌 안셀모의 샌프란시스코 신학대학원이다. 이때 영성지도 훈련 프로그램에 대한 논의가 시작되어 페어차일드 교수가 영성생활과 심리학을 가르치면서 1981년에 기독교영성센터가 시작되고, 1982년에 공적 프로그램이 시작되었다. 콜롬비아 신학교에서도 영성형성 자격증 과정을 시작하면서 영성지도 과목을 제공했고, 종교개혁 전통의 하나인 풀러 신학대학원 역시 영성 목회학 박사과정이 개설되어 복음주의 배경의 목회자들이 영성지도자가 되는 길을 열어 주었다.[22] 이런 학교들의 프로그램은 기도, 분별, 성찰, 자기점검, 영성지도 등의 교육내용을 제공한다.

　　장신대 경건훈련도 미국 장로교신학교들이 제기했던 영성훈련 프로그램의 필요성을 공감하면서 시작되었다. 그러나 장신대는 이 훈련을 더 강화된 형태로 구상하면서 개인 경건훈련을 '공동생활'이라

21　　Ben Johnson, "종교개혁 전통의 영성지도," Gary W, Moon & David G Benner 엮음, 신현복 옮김, 『영성지도, 심리치료, 목회상담 그리고 영혼의 돌봄』(서울: 아침영성지도연구원, 2011), 177-179.

22　　위의 책, 180-182.

는 형식을 통해 구현하고 있다. 이것은 인간 행위의 원천인 '마음의 성향'을 변화시키기 위해서는 존 오웬이 말하는 것처럼 성령의 사역과 함께 인간의 훈련을 통해 얻어지는 '습성형성'이 중요하다는 이해를 배경으로 한다.[23] 또한 한국교회 영성훈련에서 중요했던 말씀묵상, 기도, 소그룹훈련을 모두 포괄한 형태로 체계화된 훈련방법으로 구성되어 있다.

1. 1980년대 이전의 모습

장신대 경건훈련이 현재의 모습으로 시작된 시기는 1998년이다. 본격적인 경건훈련에 대해 논의하기 전에 경건훈련이 제도적으로 실시되기 이전의 장신대 경건훈련에 대해 살펴볼 필요가 있는데, 그 이전의 여러 모색들이 현재의 경건훈련을 태동시킨 배경이 되기 때문이다. 1998년 이전에 경건훈련이라고 할 수 있는 내용은 1980년대 이전과 이후의 두 시기로 나누어 볼 수 있다. 1970년대는 한국교회에 대형 규모의 대중집회가 유행하던 시기였는데, 이때 소그룹 모임, 교육 목회, 섬김 목회, 영성 목회에 관한 관심이 시작되기도 했다. 장신대도 1980년대 이전에는 예배와 새벽기도를 기본으로 하고 특강과 사경회 같은 특별집회를 통해 경건을 함양하는 방식으로 경건훈련이

---

23 John Owen, 이근수 옮김, 『개혁주의 성령론』(서울: 여수룬, 1988), 418. '마음의 성향'에 대한 부분에 대한 언급은 Jonathan Edwards, "Faith," WJE, 21:420, 현요한, 『신학은 하나님 배우기: 신학, 영성, 실천의 재연합』(서울: 대한기독교서회, 2011), 213에서 재인용.

이루어졌다. 다시 말하면, 교회에서 회중 전체를 대상으로 하는 예배와 기도회가 주요한 경건훈련 방법이었던 것처럼 예배와 집회가 경건훈련의 주요한 방법이었다. 그리고 학기 중의 교육 커리큘럼은 경건훈련이나 실천 교육보다는 성경과 신학 분야와 같은 이론 교육에 대한 집중도가 컸고, 교회 현장에서의 사역을 중요하게 생각했다. 따라서 학교에서는 학문을 익히고, 경건훈련은 교회에서 실천하는 것으로 구분되었다.[24] 당시 학교 밖의 교회 현장에서는 통독훈련이나 성경암송이 경건훈련의 주요한 형태였다. 이 시기에 학교 내에서 주목할 만한 일로 학생들의 자치동아리인 '시내산' 같은 자발적 기도운동이 일어났다[1982년].[25] 이것은 개인적인 기도훈련에 대한 열망이 학생들에게 생겨났다는 것을 보여준다.

이런 학·내외적인 분위기들이 종합되면서 체계적인 경건훈련의 필요성이 제기 되었고, 이와 관련한 논의가 1979년대 서정운의 논문 「경건단련」에 제시되어 있다.[26] 이 논문은 현재의 경건훈련 형태를 만드는데 기초가 되었고, 목사후보생인 신대원 학생들의 개인 말씀 묵상훈련과 기도훈련 및 봉사활동, 그리고 소그룹훈련과 공동체 훈련을 결합한 경건훈련을 태동시킨 토대가 되었다고 할 수 있다.

24 이 부분은 2020년 3월 5일 오성춘 교수와 영성신학 교수들과의 장신대 경건훈련의 역사에 관한 대화에서 오성춘 교수가 설명한 내용이다.
25 이 부분은 2020년 1월 유해룡 교수와 장신대 영성신학 교수들과의 대화에서 유해룡 교수가 경건훈련의 역사에 대해 설명한 내용의 일부이다.
26 서정운, "경건 단련," 「교회와 신학」 11집 (1979), 40-62.

2. 1980년대 이후의 모습

1970년대 이후 서구권에서 영성에 관한 관심이 높아지면서 1980년대 한국에서도 '영성'이란 용어가 회자되기 시작했고 '영성이란 무엇이고, 영성훈련은 어떻게 할 것인가?'가 중요한 주제로 주목받으며 이에 대한 담론이 형성되었다. 한국기독교학회의 1987년 학술대회 주제는 '한국교회와 영성'이었다. 이 시기에 오성춘 교수의 수업인 〈목회신학 원론〉에서 QT 훈련을 시작하면서 모든 학생이 매일 말씀묵상 훈련을 실천하게 되었다. 1년간 학생들에게 큐티 자료를 제공하고 과제로 제출하도록 하다가[1985년] 자료를 묶어 『광야의 식탁』이라는 책을 출간하게 되었고[1986년], 그 후 〈영성훈련의 이론과 실제〉 과목을 개설하면서 교재로 『광야의 식탁』[27]과 『골방훈련』[1990년][28]을 사용하면서 큐티 훈련을 지속했다. 이것은 일정 기간 집중적으로 훈련하는 사경회나 예배와 집회처럼 전체를 대상으로 하는 형태가 아니라, 매일의 훈련을 통해 일상의 삶에서 말씀 묵상훈련이 습관화되도록 하고 개인의 성장에 초점을 두는 것으로 방향을 전환했다는 점에 의미가 있다.

---

27 오성춘, 『광야의 식탁』(서울: 홍성사, 1986).
28 오성춘, 『골방훈련』(서울: 장로회신학대학교 출판부, 1990).

IV. 1998년 이후 장신대 경건훈련

1. 경건훈련 태동기

신학교에서 목회자 후보생들을 위한 경건훈련이 절대적으로 필요하고, 학교가 이를 위해 힘을 기울여야 한다는 문제 제기는 이미 1979년에 나왔다. 이때는 위에서 언급한 영성 담론형성의 시기로서 목회자 후보생들을 위한 영성 형성의 중요성을 매우 강하게 제안한 것이다. 논문을 통해 서정운 교수는 "교역자 양성을 위주로 하는 신학대학은 경건한 교풍 조성과 더불어 학생들의 경건 단련에 특별한 관심과 노력을 쏟아야 한다"라고 밝힌다.[29] 학문과 경건훈련은 상호연관되기 때문에 소명의식이 투철한 사람이 진지한 학문적 노력을 할 수 있다고 하면서, 경건훈련에 관해 다음과 같은 내용을 강조한다.[30]

① 학생들은 졸업할 때에는 교역자 생활의 모든 면에서 적응할 수 있는 기본적인 자질을 갖추어야 한다. 특히 경건의 면(정신적인 면)에서 기본자세를 구비하는 것은 매우 중요하다.

② 경건은 근본적으로 내면성의 문제이며 영적이고 인격적인

---

29 서정운, "경건단련," 41.
30 위의 논문, 43-52.

문제이다.

③ 신학도로서의 투철한 소명의식을 가져야 한다.

④ 경건훈련을 통한 경건향상 : 경건은 영적 힘의 문제이기 때문에 단련을 통해 배양해야 한다.

⑤ 경건 단련의 가장 보편적인 방법은 기도이다. 기도는 개인기도와 그룹기도를 포함하며, 통성기도, 묵상기도, 자신을 위한 기도, 중보기도^{기도 친구}를 해야 한다. 그리고 경건회^{새벽기도회 같은...}, 경건 서적 읽기, 성경읽기, 근검절약, 금식들도 유익한 방법이다.

⑥ 좋은 규율의 효과적인 적용은 사람들의 지도와 훈련에 매우 유효하다. 이런 뜻에서 장신대에서는 1979학년도부터 모든 학생들에게 「경건생활 평점제」를 실시한다. 이런 문제 제기에 대한 결과로 1998년 현재 모습의 경건훈련이 신대원 1학년 학생들을 위한 훈련으로 체계화되었다.

2. 1998년 이후부터 현재까지의 경건훈련

신대원 1학년을 대상으로 하는 현재 모습의 경건훈련은 1998년 1학기부터 시작되었다. 이를 위해 경건훈련 담당 교수로 부임한 유해룡 교수는 사전 준비작업으로 1997년 1년 동안 생활관 학생들을 대상으로 하는 경건훈련을 시작하였다. 1997년 1학기부터 생활관장을 맡으면서 생활관 야간 출입통제, 남.여 사생회 임원들의 경건훈련, 새벽기도를 실시하였고 여름과 겨울 방학 중에 5박6일^{월-토}간 생활관

운영을 위한 리더훈련을 집중훈련으로 실시하였다. 1998년 1학기부터는 현재의 모습으로 체계화된 경건훈련이 시작되었는데, 경건훈련의 핵심은 생활관 의무 입사를 통한 주중 훈련과 학교 경건훈련원인 은성수도원에서 진행되는 주말 경건훈련이었다.[31] 주중 훈련은 4인 1실의 공동생활을 통해 소그룹 공동체를 기반으로 하면서, 개인 영성훈련과 전체 공동체 훈련을 조화시키고자 했다. 주말 경건훈련이 초기에는 3박4일(금-월)간 진행되었는데, 침묵하면서 말씀에 비추어 자신의 삶의 역사를 성찰하고 영성지도자의 지도를 받도록 하였다. 이후에 신대원 1학년 학생들의 주일성수와 주일사역에 대한 문제제기가 되면서 2박3일(목-토)로 단축되었다. 경건훈련의 의미와 목적, 목표와 내용, 훈련방식은 다음과 같다.

1) 경건훈련의 의미

경건훈련은 개인의 '온전성'을 추구하는 통전적 영성을 지향하며, 예수 그리스도를 따르는 '제자도'를 훈련하는 것이다. 또한 개인훈련과 공동훈련을 통해 개인영성과 공동체영성의 조화, 지성과 감성의 조화, 내면과 외면의 통합, 기도와 활동의 균형이 내면화되고, 습성이 되도록 하는 것이다.

---

31 유해룡, "영성훈련의 의미와 방법," 사미자 엮음, 『한국교회와 정신건강』(서울: 장로회신학대학교 출판부, 1998), 233-263.

2) 경건훈련의 목적

① 목회자로서의 영성함양과 인격 성장을 돕기 위한 훈련

1998년 신대원 1학년 학생들이 의무적인 생활관 입사를 통해 개인훈련과 공동체 훈련의 조화 속에서 목회자로서의 영적 성숙과 인격적 성장을 이루어 가도록 하는 체계적인 경건훈련을 도입하였다. 대부분은 생활관에 입소하여 훈련을 받지만, 대체훈련이 필요한 학생들을 위해 대체훈련과정을 별도로 실시하였다.

② 학생들이 향후 목회 현장에서 성도들의 영적 성숙을 돕는 영적 지도자가 되도록 훈련되는 것을 염두에 두고 말씀묵상과 기도, 성찰을 경험하도록 하였다. 1학년 때 이루어지는 경건훈련은 필수과목이지만, 1단계부터 3단계까지는 학교의 교과목 중 선택과목으로 배정되어 있다.

필수훈련 : 경건훈련
1단계 훈련: 영성의 이론과 실제
2단계 훈련: 영성훈련의 실제
3단계 훈련: 영성지도의 실제

3) 경건훈련의 목표

경건훈련은 장신대의 교육 목적인 "교회와 하나님 나라를 위해 봉사할 목회자 양성", 그리고 교육목표인 "경건훈련을 통한 인격 함

양"에 봉사하기 위한 것이다. 따라서 (장로교)목회자 후보생으로서의 정체성과 소명을 확고하게 재확인하는 것과 그것의 토대가 되는 제자도의 삶을 내면화하는 것을 목표로 한다. 이것을 바탕으로 한 구체적인 경건훈련의 목표는 아래의 네 가지로 말할 수 있다.

① 공동생활을 통한 규칙적인 생활습관의 내면화와 상호 간의 건강한 관계 형성을 이루도록 하는 것이다. (4인 1실의 공동생활을 통한 공동체 영성함양)

② 개인적인 영성생활을 통한 영적 성장과 하나님과의 건강한 관계 형성을 이루도록 한다. (새벽기도, 방예배, 개인성찰과 자기점검, 전체 화요모임, 주말경건훈련)

③ 활동적인 영성 함양을 위해 정기적인 봉사활동을 한다. 이를 위해 새벽기도 후 학교 내·외의 청소를 통해 실천적 삶을 배우도록 한다.

④ 위에 제시된 여러 훈련을 통해 내면 생활과 외면 생활의 조화를 이루는 삶을 배운다.

4) 경건훈련의 내용

경건훈련의 주제는 정체성, 소명, 치유, 하나님과의 관계의 성장, 침묵 훈련, 말씀묵상과 깊은 기도 체험, 기도와 활동의 통합, 중보기도이다. 주말경건에서는 침묵 가운데 중보기도를 하고 화요일 전체 모임에서는 통성으로 중보기도를 하며, 소그룹 방예배에서는 각 방의 자율에 따라 한다. 건강한 목회자로 성장하도록 덕성과 인격의 성장에 대한 강조가 화요모임의 설교나 강의를 통해 이루어진다. 개인 경건훈련을 위해서는 말씀묵상훈련, 기도훈련, 내적으로 하나님을 만나기 위한 침묵훈련, 새벽기도훈련, 주말경건훈련, 봉사^{청소}가 있고, 공동체 경건훈련으로는 화요공동체모임, 방예배, 봉사^{청소}, 주말경건훈련이 있다.

① 새벽기도 : 학교의 새벽기도에 참석한다.

② 청소 : 봉사활동의 차원에서 화요일과 목요일 새벽기도 후 학교 내외의 청소를 한다.

③ 전체 공동체 모임 : 화요일 밤 9시부터 전체가 모여 함께 예배하고 공동생활에 필요한 안내를 한다.

④ 방 예배 : 매일 밤 10:30-11:00에 생활관에서 함께 생활하는 학생들이 소그룹 모임을 갖는다. 초기에는 경건서적을 함께 읽으며 자신의 영성생활에 대해 성찰했지만, 현재는 각 방의 구성원들이 자율적으로 예배, 기도회, 성찰과 나눔을 한다. 그리고 초기에 여학생의 경우 각 방에 1인의 신대원 2학년 혹은 3학년 선배와 3인의 훈련생이 함께 기거하며 선배가 경건훈련을 이끌어주는 역할을 했으나 현재는 1학년 학생들만 생활한다.

⑤ 생활관 출입통제 : 밤 10시30분 이후의 모든 활동은 생활관 안에서만 할 수 있다.

⑥ 침묵훈련 : 매주 월요일 – 목요일 밤 11시부터 다음날 새벽 6시 새벽기도회 전까지 침묵을 유지한다.

⑦ 자기점검표 : 매일의 영성과 삶을 성찰하며 자기점검표에 기록하면서 자기점검을 한다.

⑧ 주말경건 : 말씀에 비추어 자신의 삶을 돌아보며 기도하고 개인적인 영성지도를 받는 형식의 현대적인 영성지도 방법이다. 훈련과 다년간의 지도 경험이 겸비된 영성지도 전문가들 영성신학 교수 중심에 의해 개인 영성지도가 이루어진다.

⑨ 대체훈련 : 기혼 여성과 생활관에 입소할 수 없는 특별한 경우에 한하여 기숙사에 입소하지 않는 대신 주중 매일의 새벽기도와 말씀묵상, 36시간의 봉사활동, 주 1회의 아침 묵상모임을 진행한다.

Ⅴ. 경건훈련 평가보고서

경건훈련에 대한 학교의 평가는 두 차례 진행되었고, 경건훈련 평가위원회의 '경건훈련 평가보고서' 2001년 1학기 교수 퇴수회 자료, 2001년 6월 20일와 제520차 신대원위원회 2018년 9월 28일의 결정에 따라 구성된 '경건학기 및 경건훈련생 지원방안 연구 소위원회'의 보고서 2019년 1월로 제출되었다.

1) 경건훈련 평가보고서(2001년 1학기 교수 퇴수회 자료, 2001년 6월 20일)

이 보고서에 의하면 생활관 경건훈련 전반에 대해 당시 신대원 2학년 학생들은 66.4%로 경건훈련에 대해 긍정적인 반응을 보여 훈련생의 2/3가 유익하다고 응답하였고, 당시 1학년 학생들은 경건훈련 전반에 대해 85.1%가 긍정적 반응을 보여 생활관에서의 경건훈련은 계속해서 실시하는 것이 좋을 것이라고 평가하였다. 또한 주말경건훈련은 자신의 지난 삶을 기도 가운데 반추해보고, 기도와 말씀을 통해 소명을 확인하며 자신을 객관적으로 돌아보는 과정으로 유익하다고 판단하며 이런 방식으로 계속되는 것이 바람직하다고 결론 지었다. 그러나 공동체 훈련과 사회 참여적 실천의 영성에 대해서는 보완되어야 할 필요가 있다고 지적하였다.

2) 제520차 신대원위원회(2018년 9월 28일)의 '경건학기 및 경건훈련생 지원방안 연구 소위원회' 보고서(2019년 1월)

이 보고서는 경건훈련 담당 교수 2인 및 학생 4인과의 면담, 신학춘추 2018년 11월 27일. 통합 123호 의 "무엇을 위한 경건학기인가?"라는 제목의 기획특집을 분석하였다. 종합적으로 학생들은 경건학기와 경건훈련에 대한 큰 열망을 갖고 있었다. 경건훈련 가운데 주말경건훈련이 신학춘추에서 72.5%으로 압도적인 긍정적 평가를 받으며 경건학기 중 가장 도움이 되는 영성훈련으로 인정되었고, 방별로 이루어지는 저녁경건회 방예배가 긍정적으로 평가되었다. 이에 반해 전체 공동체 모임, 생활관 출입통제, 청소, 자기점검표에 대해서는 부정적 의견이 더 많았는데, 규율의 강요로 느껴진다는 것이 하나의 이유였다. 하지만 보고서는 규율을 불편해하는 분위기도 있지만, 더 강화되기를 원하는 학생들도 있다는 것을 지적하고 있다. 또한 바쁜 학교일정으로 인해 경건훈련을 충실히 하지 못한다는 의견도 있었다. 면담에 임한 학생들은 경건훈련에서 개인의 말씀묵상과 기도가 더 강조되면 좋겠다는 의견을 제시하기도 했다.

VI. 나가는 말

신대원 학생들은 목회자가 되기 위해, 전문적으로 목회 사역을 배우기 위해 장신대 신대원에 입학한 목회자 후보생이다. 따라서 누가 시키지 않아도 모두 목회자로서 갖추어야 할 영성, 경건을 잘 훈련할 것이다. 그럼에도 한 학기 동안의 이런 과정이 필요한 이유는 제자도로서의 영성훈련을 해나가는 데 있어서 개인훈련만이 아니라 공동체 훈련이 중요하다는 것을 몸으로 배우도록 하는 것이다. 또 한편으로는 개인 경건훈련의 틀을 제시하는 것이다. 경건훈련은 한 학기에 끝나는 것이 아니고 목회자로 헌신한 사람들이 평생을 통해 가야 하는 길로서, 영성과 인격 성숙에 기여할 수 있는 과정이 되어야 한다. 경건훈련은 그 여정을 위한 출발이라는 의미가 있다. 따라서 더욱 열매 있는 미래를 위해 고려되어야 할 내용을 논의하고 향후 경건훈련 프로그램에 담아낸다면, 목회자 후보생 양성을 위해 더욱 보람있는 훈련이 될 것이다.

참고문헌

김경은. "Spiritual Direction as a Spiritual Practice for Reconciliation Ministry: A Personal Reconciliation Perspective." *The University of Edinburgh*, 2012. (미간행박사학위 논문).

김인수. 『한국기독교회사』. 서울: 장로회신학대학교 출판부, 1997.

김한옥. "한국교회 소그룹 목회의 실태와 발전 방안." 「신학과 실천」 12집 (2007), 9-37.

박용규. 『한국기독교회사』. 서울: 생명의 말씀사, 2004.

박종현. "미국 남장로교회 여선교사의 기도회 연구." 「한국교회사학회지」 25 (2009), 219-246.

서정운. "경건 단련." 「교회와 신학」 11집(1979), 40-62.

신현광. "한국교회 초기 사경회와 신앙교육." 「신학과 실천」 36집 (2013), 479-511.

유해룡. "영성훈련의 의미와 방법." 사미자 엮음. 『한국교회와 정신건강』. 서울: 장로회신학대학교 출판부, 1998.

오성춘. 『광야의 식탁』. 서울: 홍성사, 1986.

_____. 『골방훈련』. 서울: 장로회신학대학교 출판부, 1990.

옥성득. "평양 대부흥운동과 길선주 영성의 도교적 영향." 「한국 기독교와 역사」 25 (2006), 57-95.

이말테. "한국개신교회의 새벽기도의 초기에 대한 연구." 「신학과 실천」 31집 (2012), 183-225.

이정순. "오순절주의의 특성과 신학적 의미." 「신학과 실천」 48집 (2016), 331-356.

현요한. 『신학은 하나님 배우기: 신학, 영성, 실천의 재연합』. 서울: 대한기독교서회, 2011.

Bianchi, Enzo. 이연학 옮김. 『말씀에서 샘솟는 기도』. 왜관: 분도출판사, 2001.

Johnson, Ben. "종교개혁 전통의 영성지도." Gary W, Moon and David G Benner 엮음. 신현복 옮김. 『영성지도, 심리치료, 목회상담 그리고 영혼의 돌봄』. 서울: 아침영성지도 연구원, 2011.

Schneiders, Sandra. "기독교 영성 연구에 대한 접근 방식." 아서 홀더 편집. 권택조 외 4인 옮김. 『기독교 영성연구』. 서울: CLC, 2017.

인터뷰

오성춘. 2020년 3월 5일. 장신대 영성신학 교수들과 장신대 경건훈련의 역사에 관해 대화.

유해룡. 2020년 1월. 장신대 영성신학 교수들과 장신대 경건훈련의 역사에 관해 대화.

제Ⅱ부
경건의 신학

2장

경건훈련의 현재와
신학적 조명

오방식 교수, 영성신학

Ⅰ. 경건과 학문: 신학 교육의 모토

창립 120주년을 맞이한 장로회신학대학교는 지난 20여 년간 진행해온 경건훈련을 진단하고, 급격히 변화하고 있는 현대사회와 앞으로 다가올 새로운 시대의 미래 교회를 이끌어갈 영적 지도자 양성을 위해 필요한 경건훈련을 고안하여 실행하고자 한다. 이 프로젝트의 방향성은 성서와 그리스도교의 역사 속에 나타난 영성 형성에 관한 지혜를 기반으로 하며 본 교단이 속한 개혁교회의 전통을 고려하면서 새로운 상황의 현실과 도전에 창의적으로 응답하고, 미래 세대의 교회를 이끌어갈 영적 지도자 양성을 위해 적합한 경건훈련의 방향과 방안을 모색하는 데 있다.

장로회신학대학교의 신학대학원 교육과정은 "예수 그리스도의 복음전파와 하나님 나라의 구현"이라는 교육 이념 아래, "하나님 나라의 시민 육성, 교회, 사회 및 국가에 봉사할 지도자와 교역자 양성"이라는 교육목적과 "경건의 훈련, 학문의 연마, 복음의 실천"을 목표로 삼는다.[1] 장로회신학대학교의 모든 교육과 훈련은 "경건과 학문"을 지향한다고 말할 수 있다. 경건과 학문은 신학교육의 장에서 분리된 개별적 영역으로 다뤄질 것이 아니라 신학교육의 양 특성을 보여

---

1   장로회신학대학교, "교육이념·목적·목표"『2013-2014 장로회신학대학교요람』(서울: 장로회신학대학교 기획실, 2013), 8-18.

주는 통합의 주제로 이해할 수 있다. 따라서 경건과 학문이라는 두 주제는 개별적인 독립 주제로 볼 수 있지만 동시에 실천적 교육 현장에서는 통합될 필요가 있다.

"경건과 학문"은 장로회신학대학교의 교훈校訓으로 목회자 후보생인 신학도들의 전 교육과정의 방향을 명시적으로 보여준다. 이것은 신학 교육에서 경건과 학문의 조화를 의미하면서도 경건의 우선성을 강조한다. 이런 측면에서 경건과 학문은 장로회신학대학교 신학교육의 모토일 뿐만 아니라 향후 신학도들이 목회자로서의 사명을 감당할 때, 무엇을 핵심가치로 삼아야 하는지를 반영해준다. 그렇다면 "경건과 학문"의 교훈은 장로회신학대학교 학생들의 경건훈련이 어떻게 진행되도록 이끄는가? 경건훈련은 경건과 학문의 분리로서 경건을 훈련하는 것이 아니라 경건 생활과 학문 활동 전체의 통합을 이루도록 하는 것이다.

장로회신학대학교는 학문뿐만 아니라 경건의 훈련을 위해 다양한 영성훈련들을 제공하는데 그 가운데 신학대학원 1학년 학생들을 대상으로 한 경건훈련 프로그램을 1998년부터 현재까지 실시해오고 있다. 본 연구는 앞으로의 경건훈련의 새로운 방향을 모색하기 위해 현재 진행 중인 장로회신학대학교 경건훈련 프로그램의 중심을 이루는 신학대학원 1학년 학생들을 대상으로 한 경건훈련의 내용과 특징을 조망하는 데 있다. 경건훈련은 "신학대학원 신학과 신입생이 1학기와 2학기에 나누어 의무적으로 생활관에 입사하여 공동생활을 하며 경건훈련 과정을 이수하는 과정이다. 경건훈련 내용은 "새벽경건회, 저녁경건회, 공동체 모임, 주말경건훈련, 침묵, 봉사, 자기 성찰"

등으로 이루어진다, 공동생활을 할 수 없는 학생의 경우에 경건훈련 지도교수의 심의를 거쳐 대체훈련을 받을 수 있는데, 대체훈련은 새벽 기도회, 매일 말씀 묵상과 성찰, 주중 영성훈련 참여와 공인된 사회복지 법인에서 36시간 봉사로 이루어진다.

II. 경건훈련의 새로운 방향 설정의 필요성

현재 한국교회의 위기상황과 관련된 중요한 반성 중의 하나는 한국교회 성도들 뿐만 아니라 목회자들의 삶에서 경건의 영역이 심각한 위기를 맞이했다는 진단이다. 이러한 진단은 많은 내용을 내포하는데, 첫째, 오늘날 한국교회 안에서 예전과 같은 경건의 삶, 경건한 삶을 위한 훈련, 심지어 경건의 모양조차 찾아볼 수 없다는 지적이다. 통상 생각하는 경건한 삶의 모습이 교회와 그리스도인들 안에서 잘 보이지 않는다는 것이다. 이것이 오늘날 우리 사회가 한국교회를 혹독하게 비판하는 중심이유이다. 진정한 경건의 삶이나 정신은 고사하고 경건의 모양조차 찾아보기 힘든 것이 오늘 우리 한국교회의 현실이다.

둘째, 경건이 회자 되고 경건한 삶이 드러나는 상황에서도 그 개념이 매우 편협한 의미로 통용되고 있는 것이 현실이다.[2] 오늘 한국교회는 기도와 말씀, 예배 참여 등과 같은 개인 경건의 차원이나 교회 안에서의 봉사나 교제와 같은 직분자로서 기능적인 차원에서의 경건 등 주로 교회 중심적인 신앙생활의 영역에 머무르고 있다는 것이다. 성서의 경건은 철저하게 관계적인 개념으로 대신對神적인 관계뿐만이 아니라 대인적인 관계에서 의를 이루는 작은 예수로서의 삶을 살아가는 데 있다. 오늘날은 우리가 서로 사랑하며 더불어 살아가야 할 이웃 속에 하나님이 창조하신 피조 세계까지 포함시켜 보다 포괄적인 경건을 실천할 것을 강조한다.

셋째, 포괄적 경건을 강조하는 경우라 하더라도 하나님과의 관계, 특별히 존재의 변화가 결여되어 있는 가운데 이루어지는 경우가 많이 발견된다. 하나님과의 관계뿐만 아니라 사람과 피조 세계와의 관계까지 아우르는 포괄적인 경건에 대한 이해를 가지고 내면생활을 넘어 교회와 사회구조의 변혁에 헌신하고자 할 때 여전히 해결해야 할 과제가 남아 있다. 그것은 교회와 사회의 변화에 투신할 때 행동하는 사람의 의식과 내면의 변화가 수반되어야 한다는 것이다.[3] 목회자를 비롯하여 행동하는 영혼의 의식의 변화가 이루어지지 않는다면 교

---

2   필립 셸드레이크는 『기독교 영성의 역사』에서 기독교 영성의 뿌리는 성서이며, 기독교 영성을 위한 가장 근본적인 성서적인 이미지, 즉 성경이 말하는 영성은 제자도임을 밝힌다. 기독교 이천년에 걸친 영성의 역사 동안에 제자도의 개념은 기독교적인 삶을 영위하는 것과 거의 상호교환 할 수 있는 단어였다. 기독교적인 삶은 단지 경건의 실천이나 믿음에 대한 추상적인 틀이 아니며, 진정한 기독교적인 삶은 그리스도의 제자로 살아가는 것이다. 이 제자도의 길은 복음서와 사도행전에서 명사 마테테스(mathetes)라는 말로 표현된다. 마테테스의 의미는 "배우는 사람"이다. 여기서 스승과 제자의 관계는 단지 지혜나 지식을 전달하고 받는 관계만이 아니라 제자는 스승 곁에 머물러 있으면서 존재 양식을 배우고 그 가르침을 자기 삶에서 이루어내는 사람을 말한다. 제자도의 의미를 나타내는 또 다른 단어는 아코루테인(akolouthein)인데 이것은 따른다는 의미를 갖는다. 바로 제자도의 의미는 그리스도를 따르는 삶을 말한다. 셸드레이크는 기독교 영성을 제자도로 규정하며 역사 속에서 그리스도를 따르는 제자도가 구체적으로 시대마다 어떤 삶의 양식으로 나타났었는지를 제시한다. Philip Sheldrake, *Spirituality: A Brief History* Second Edition (Chichester, West Sussex: Wiley-Blachwell, 2013), 2-9.

회와 사회의 진정한 변화도 기대할 수 없다.

이러한 상황을 고려하여 장로회신학대학교의 경건훈련은 보다 통합적인 경건에 대한 이해와 함께 그것을 온전히 이루어낼 수 있는 영적 지도자들로 자라갈 수 있도록 신학도들의 존재와 그들의 의식의 변화까지를 목표로 한다. 이런 면에서 경건훈련의 방향성은 단순히 목회적 활동을 기능적으로 돕는 도구로서 기도와 묵상, 그 이외의 다양한 영성훈련 방법들을 배우는 것을 넘어서 신학도들의 의식과 내면의 근본적인 변화를 촉진할 수 있는 훈련이 요청된다.

III. 경건훈련의 신학적 기초

장로회신학대학교 경건훈련의 목적은 목회자 후보생인 신학도들이 예수 그리스도의 인격과 그분께서 보여주신 삶을 본받아 주님의 모습을 닮아가고, 주님의 길을 따라 걷도록 훈련하는 데 있다. 이를 위해 장로회신학대학교는 예수께서 친히 원하는 사람들을 불러 막 3:13 그들을 제자로 살아갈 수 있도록 훈련하셨듯이 부름을 받은 신학도들

---

3   Walter Capps H., *Hope against Hope: Moltmann to Merton in One Theological Decade*. (Philadelphia: Fortress, 1976), 160-161; Walter Capps H., *Time Invades the Cathedral: Tensions in the School of Hope*. Foreword by Jurgen Moltmann (Philadelphia: Fortress, 1970), 134, 137.

이 예수 그리스도의 삶과 인격을 배워 따르도록 훈련한다.

　　장로회신학대학교는 1998년 신학대학원 1학년 학생들을 대상으로 한 경건훈련을 시작하면서 경건훈련의 목표로 4가지를 설정했다.[4] 1) 공동생활을 통한 규칙적인 생활습관의 내면화와 상호간의 건강한 관계형성을 이루도록 한다. 2) 기도생활을 통한 자아성찰과 내면의 성숙 및 하나님과의 건강한 관계형성을 이루도록 한다. 3) 정기적인 봉사활동을 통한 실천적인 삶을 형성하도록 한다. 4) 활동생활^일과 관상생활^{성찰과 기도}의 조화를 이루는 삶을 추구한다.

1. 성서적 근거

　　장로회신학대학교 경건훈련의 네 가지 목표는 복음서에서 보여주신 예수님의 삶과 예수님이 친히 행하신 제자들을 위한 훈련에서 왔다. 예수님의 삶을 온전히 본받아 살아내고자 씨름했던 사도 바울에서도 이 네 가지 훈련이 나타나며, 뒤따르는 초기교회뿐 아니라 기독교 교회 전통에서도 이 네 가지 훈련을 발견할 수 있다. 본 단락에서는 경건훈련의 네 가지 목표를 예수그리스도와 사도 바울을 중심으로 고찰하고자 한다.

　　먼저 복음서를 살펴보면 예수님의 전 생애는 기도의 삶, 제자

4　장로회신학대학교는 1998년 봄학기부터 신학대학원 1학년 학생들을 대상으로 하는 경건훈련을 시작하며 경건훈련의 목표로 4가지를 설정하여 오늘에 이르고 있다. 경건훈련의 목표와 훈련의 내용의 내용, 규칙을 포함하는 "경건훈련에 대한 안내"가 매년 발행되는 신학대학원 신입생 오리엔테이션 자료집에 포함되어 있다.

들을 불러 만드신 공동체, 그리고 제자들과 더불어 행하신 사역으로 요약할 수 있다. 예수님의 삶의 이 세 가지 요소는 공생애 시작부터 마지막에 이를 때까지 복음서의 어느 본문, 예수님의 어느 하루를 보더라도 확실하게 나타난다. 마가복음 1장(21절-39절)에서 예수님은 안식일 날 회당에 들어가시어 귀신들린 자를 고치시고, 베드로의 장모를 고치신 후에 밤늦게까지 몰려오는 병자들을 돌본 다음에 이른 새벽 미명에 홀로 기도하신다. 기도와 사역, 공동체를 돌봄과 새벽의 기도를 통해 하나님 안에서 자신의 삶을 새롭게 통합하시는 주님을 볼 수 있다. 누가복음 6장(12절-19절)은 예수님께서 밤을 새어가며 하나님과 친밀한 시간을 가지시고, 오전에는 열두 제자를 불러 제자공동체를 세우시고, 오후에는 그들과 더불어 사역을 행하셨음을 증거한다. 예수님께서 행하신 이 세 가지 일들은 예수님의 어느 하루 일과를 증언해주는 목적도 있지만, 그 이상의 의미를 담고 있다. 그것은 하루가 밤, 오전, 오후로 이루어져 있는 것처럼, 예수님의 삶은 기도와 공동체를 세우심과 사역으로 이루어져 있다는 것이다.

첫째로, 예수님은 하나님께 기도하시기 위하여 산을 오르셨다 눅 6:12. 산 위는 사람들과의 분리를 상징하는 곳, 오직 하나님과만 함께하는 공간임을 의미한다. 우리는 이런 홀로 있음을 고독이라고 부른다. 그러므로 예수님의 삶에서 기도는 자신과 하나님이 만나는 거룩한 공간, 하나님이 자신 안에서 말씀하시고 새롭게 하시는 시간이다. 경건훈련에서도 학생들이 영적 성장과 하나님과 친밀한 관계 형성을 이루어 나갈 수 있도록 돕기 위해 다양한 영성훈련을 제공한다.

예수님의 일과 중에서 두 번째로 나타나는 것은 공동체를 세우는 일이다눅 6:13-16. 예수님의 3년 공생애에서 제일 심혈을 기울인 것이 공동체를 세우는 일이라 말할 수 있다. 공동체를 세우는 일은 하나님 앞에서 홀로 기도하는 일의 의미를 더욱 풍성하게 해준다. 기도 안에서 그리스도인들은 모든 사람이 하나님 안에서 한 가족임을 깨달으며, 이 하나 됨을 경험하고 살아내는 삶으로 초대받게 되는데, 이런 면에서 공동체는 우리가 하나님의 사랑받는 자녀로서 살아가는 삶의 양식을 의미한다. 경건훈련은 공동체 생활과 공동체로 실천하는 다양한 훈련을 통해 학생들이 공동체 영성을 함양해 나갈 수 있도록 안내한다.

세 번째는 사역훈련으로 예수님은 제자들을 부르시고 그들과 더불어 치유와 가르침의 사역을 행하시고 계속 그들을 통해 주님을 이어 하나님 나라를 구현해 나가도록 하셨다. 우리는 공동체로 부름을 받아 주님과 함께 하나님 나라를 구현하는 일을 행하게 된다. 경건훈련생들은 경건훈련 학기 동안 기도하는 마음으로 주님을 섬기고 실천하는 삶을 몸으로 배워 나가도록 안내한다. 학생들은 사랑으로 섬기는 이러한 마음의 자세를 경건훈련 안에서의 봉사활동뿐만 아니라 자신의 전 삶의 영역, 학문과 교회 사역 전체로까지 확장할 수 있다.

네 번째는 관상과 행동의 통합, 기도와 실천적인 삶을 통합하는 훈련이다. 예수님의 기도는 하나님을 만나는 공간이기도 하지만 하나님 안에서 예수님 자신과 삶의 모든 경험과 생각들을 통합하는 시간이기도 하다. 하나님 안에서 완전히 새로운 존재로 태어나는 시간, 자신의 중심으로 들어가는 시간, 그 중심으로 삶을 살아갈 수 있도록 해주는 시간이었다.[5] 이런 맥락에서 볼 때 기도, 공동체, 사역, 그리고 이 모든 것을 기도 안에서 행하고 통합하는 훈련은 예수님께서 친히 삶을 통해서 우리에게 가르쳐 주신 소중한 모범임과 동시에, 그리스도의 제자로 부름 받은 우리로 하여금 오늘날 열매 맺는 삶을 살도록 도와주는 훈련들이다.

또한, 사도 바울의 삶도 장로회신학대학교 경건훈련의 기본 개념인 기도, 공동체, 사역 및 행동과 관상의 통합을 구현한 삶이었다. 그의 본격적인 이방인 선교 사역은 안디옥 교회 공동체 안에서 선지자들, 교사들 및 성도들과 함께 예배하며 금식기도를 통해 하나님의 뜻을 구하는 과정에서 자신과 바나바를 향한 성령 하나님의 선교의 부르심을 확인함으로써 시작되었다[행 13:2-3]. 그는 선교 사역 내내 자신의 계획과 뜻대로 선교를 했던 것이 아니라 언제나 공동체 안에서 기도를 통해 하나님의 뜻과 인도하심을 구하면서 사역을 진행하였다. 사도 바울이 이렇게 공동체의 맥락 속에서 기도를 통해 하나님의 뜻을 분별하면서 사역하는 모습이 그려지고 있다.[6] 마게도냐 사람이 건너

---

5 이것은 우리 존재의 깊은 내면에 현존하시는 하나님을 발견하는 것으로 외면 생활에서 내면생활로의 이동을 의미한다. 내면생활이란 넓은 의미로 말씀을 읽고 묵상하며 덕을 강조하는 등 어떤 형태로든 기도에 힘쓰는 것을 의미 하나, 내면생활의 핵심은 내적, 영적 의식이 깨어 있는 삶을 의미한다. Thomas Merton, *Inner Experience*, 윤종석 옮김, 『묵상의 능력』(서울: 두란노, 2006), 115.

6 사도 바울은 계속해서 아시아(특히 에베소 지역)에서 말씀을 전하고자 하였지만(행 16:6) "성령"께서 막으셨고, 이 금지는 "아마도 루스드라의 교회에서 예언의 형태로" 주어졌을 것으로 추정된다. 비두니아로 가고자 애쓰되 "예수의 영"이 막으셨으며, 바울과 실라 모두 선지자였기에 아는 하나님께서 그들(공동체)에게 준 예언을 통해 예수의 영이 그들을 인도하셨다고 볼 수 있는 것이다(Frederick Fyvie Bruce, *Book of the Acts*, 김장복 옮김, 『사도행전』(서울: 부흥과 개혁사, 2017), 402-3). 사도행전 기자는 사도 바울의 선교 사역에 있어 하나님의 인도하심을 "성령"(6절), "예수의 영"(7절), "하나님"(10절)으로 표현하면서 성부, 성자, 성령 성삼위일체 하나님께서 바울 일행의 선교 사역을 주도하고 계심을 강조하고 있다. 이처럼 사도 바울은 자신의 선교 사역에 있어 기도를 통해 삼위일체 하나님의 인도하심에 민감하였으며, 그것(하나님의 인도하심)을 깨닫고 분별하는 과정은 바울 혼자가 아니라 항상 공동체 안에서 이루어졌다. 사도행전 16장에서 아시아 특히 에베소에서 복음을 전하려던 바울의 계획은 좌절된 것이 아니라 보다 효과적으로 사역을 하기 위해 지연된 것이었고 결국 사도행전 19장에서 그 계획은 결국 이루어지게 된다.

와서 도우라는 환상을 본 사도 바울은 "하나님"께서 자신을 부르시는 것임을 깨닫고 이에 순종하게 된다. 환상을 본 것은 사도 바울 개인이었지만 그는 자신이 본 환상을 혼자 해석한 것이 아니라, 동역자들에게 이야기하고 실라, 누가 그리고 디모데를 포함하여 공동체가 함께 합리적인 반추와 토론을 통해 이 환상이 하나님께서 자신의 뜻을 계시하신 것이라고 결론을 내리며 그분의 뜻을 분별하였다.[7]

특히 두란노 서원을 중심으로 이루어진 2년여의 사도 바울 일행의 선교 사역은 그의 "선교 사역 가운데 열매가 가장 풍성했던 때"였다.[8] 이 시기의 사역은 다음과 같은 몇 가지의 특징을 갖는다. 첫째, 그의 사역에 많은 동역자가 있었고, 바울 혼자가 아니라 여러 선교 동역자들과 함께 사역하여 많은 아시아의 교회들이 세워지게 되었다. 이 기간의 동역자들로는 "아굴라와 브리스길라, 디모데, 아베브로, 골로새의 빌레몬, 마게도냐 출신의 아리스다고, 고린도 출신의 가이오, 두기고와 드로비모, 또한 고린도 출신인 스데바나, 브드나도 그리고 아가이고이다."[9] 둘째, 바울은 복음을 전하고 가르치는 사역만 한 것이 아니라 천막을 만드는 일과 복음 사역을 함께 하였다. 그는 이른 아침부터 오전 11시까지 천막을 만드는 일로 시간을 보낸 뒤,[10] 피로와 더위를 참아가면서 자신의 더 중요한 일, 즉 복음을 전하는 일에

---

7 Eckhard J. Schnabel, *ZONDERVAN Exegetical Commentary on the New Testament Acts*, 정현 옮김, 『강해로 푸는 사도행전: 존더반 신약주석』(서울: 디모데, 2018), 704-705.

8 위의 책, 836.

9 위의 책, 836-837.

10 Darrell L. Bock, *Acts: Baker Exegetical Commentary on the New Testament* (MI, Grand Rapids: Baker, 2007), 601.

매진하였다. 바울은 단지 사역에만 전념했던 것이 아니라 생업과 사역을 병행하면서 선교의 사명을 감당하였다. 이는 바울의 신앙이 관상과 활동의 통합을 이루고 있음을 보여준다. 다시 말해 그의 경건 생활특히 공동체 안에서의 기도을 통한 하나님과의 깊은 교제는 그의 삶의 전 영역, 즉 일상생업과 사역 모두에 깊이 스며들어 있었으며 그것들의 원동력이 되었다. 이처럼 사도행전을 통해 나타난 바울의 삶과 사역에는 장로회 신학대학교 경건훈련의 네 가지 핵심 요소인 기도, 공동체, 사역, 활동과 관상의 통합이 분명하게 드러난다.

2. 경건훈련의 실제와 신학

경건훈련을 신학적으로 조명할 때 첫 번째는 영성훈련이다. 깔뱅 영성의 핵심적 가르침은 "하나님의 주도권과 그리스도인의 반응"[11]으로 요약할 수 있다. 이런 맥락에서 영성훈련이란 "하나님께서 나 자신을 변화시키고 온전하게 하시도록 자기의 의지와 활동 공간을 하나님께 넘겨드리는 데 그 목적이 있다."[12] 경건훈련 프로그램에서 교육하고 연마하는 영성훈련들은 궁극적으로 학생들의 영적 성장과 하나님과 건강한 관계 형성을 이루는 것을 목적으로 한다. 이것은 전적으로 삼위일체 하나님의 주도적인 역사하심에 의해 이루어지며, 이

11 William J. Bouwsma, "존 칼빈의 영성," Jill Rait, Bernard McGinn, John Meyendorff, *Christian Spirituality: High Middle Ages and Reformation*, 이후정, 엄성옥, 지형은 공역, 『기독교 영성(II): 중세부터 종교개혁까지』(서울: 은성, 1999), 476-482.
12 유해룡, 『영성의 발자취』(서울: 장로회신학대학교 출판부, 2011) 109.

러한 성장과 성숙이 우리 안에 은총으로 인해 나타날 수 있도록 우리
는 다양한 영성훈련을 실천한다. 현재 장로회신학대학교 경건훈련에
서 강조하는 영성훈련으로 침묵과 고독, 기도, 말씀 묵상, 성찰훈련 등
이 있다.

경건훈련은 대부분 침묵의 분위기 속에 진행된다. 경건훈련은
하나님의 첫 번째 언어라고 할 수 있는 침묵을 경험해 보도록 격려할
뿐만 아니라, 침묵으로 드리는 기도를 공동체적으로 실천한다. 침묵
은 경건훈련에서 이뤄지는 모든 영성훈련과 공동체 생활이 내적 고독
속에서 진행되도록 해준다. 학생들은 매일 밤 방 예배 이후 오후 11
시부터 다음 날 새벽 6시까지는 반드시 침묵을 유지해야 하며, 주말
경건훈련에서도 예배와 면담 시간을 제외하면 모든 훈련이 침묵 가운
데 이뤄진다.

경건훈련에서 학생들이 가장 많이 교육을 받고 훈련하는 것은
기도와 말씀 묵상 그리고 성찰이다. 기도는 그리스도인의 영성 생활
에서 가장 기본적인 훈련이다. 특별히 신학생들은 자신들의 영적 성
장뿐만 아니라 영적 지도자로서 성도들의 기도 생활을 돕고 안내할
수 있도록 체계적인 기도훈련이 필요하다. 신구약 성경에서 기도는
하나님과 인격적으로 만나는 하나님과의 대화[13]와 교제[14]로서 지극히
개인적인 훈련이면서 동시에 철저하게 공동체적으로 실천하는 영성

---

13 Siegfried Grosmann, *Beten als Gespräch mit Gott*, 하경택 옮김, 『대화로서의 기도』(서울: 킹덤북
스, 2013). 그로스만은 기도란 인격적으로 하나님을 만나는 시간이며, 하나님과 친밀한 대화를 나
누는 것으로 정의한다.

14 오방식, "말씀으로 기도를 즐기는 삶," 임창복 외 3인 공저, 『성령과 함께 하는 삶』(서울: 한국기독
교교육교역연구원, 2012), 149-163.

훈련이기도 하다. 학생들은 화요모임, 주말경건훈련, 새벽기도회 그리고 방 예배에서 공동체가 정한 기도 제목을 가지고 마음을 합하여 통성으로 기도한다. 이것은 나라와 민족, 한국교회와 신학교, 하나님의 도움이 필요한 사람들을 위한 중보기도이다. 경건훈련은 학생들이 침묵 가운데 기도를 통해 은총으로 하나님의 사랑을 실제로 체험하고, 예수 그리스도와 살아 있는 관계 안에서 자신이 어떤 존재인지를 확실히 깨달으며, 하나님과 사랑의 교제를 나눌 수 있도록 안내한다눅 3:21-22; 사 43:1-7; 시 139편. 학생들은 목회자 후보생으로서 문제 해결 중심의 기도 생활에만 머무는 것이 아니라 성경적 근거와 예수님의 가르침을 중심으로 하나님과의 관계 중심적인 기도 생활로 나아갈 수 있도록 기도를 훈련한다.

경건훈련에서 학생들은 매일 성경 말씀을 묵상하고 말씀에서 샘솟는 기도를 실천한다. 이를 위해 경건훈련은 기독교 전통의 다양한 성경 말씀 묵상의 방법들을 소개하는데, 가장 기본적인 묵상으로 학생들이 훈련하는 것은 렉시오 디비나*Lectio Divina*의 실천이다. 렉시오 디비나는 성경 말씀을 읽고, 읽으면서 마음에 다가온 말씀을 묵상하고, 묵상하는 가운데 주신 말씀에 기도로 응답하며, 주신 말씀을 삶의 현장에서 살아내는 것으로 렉시오 디비나 과정을 요약할 수 있다.[15] 또한 렉시오 디비나와 방법론적인 차원에서는 유사하지만 그리스도의 제자로 형성되어가기 위해 복음서에 나타난 예수 그리스도의 생애

---

15 오방식, "말씀으로 드리는 기도," 임창복 외 3인 공저, 『기독교 영성교육』(서울: 한국기독교교육교역연구원, 2006), 170-195; 오방식, "말씀을 사랑하는 삶," 『성령과 함께 하는 삶』, 111-127.

를 집중적으로 묵상하고 기도하는 복음서 묵상을 체계적으로 훈련하도록 권장한다.[16] 어떤 방법으로 말씀 묵상을 하든지, 공통적이고 근본적인 지침은 학생들이 스스로 성경 말씀을 반복하여 읽으며 말씀 안에 숨겨진 핵심적인 내용을 파악하고, 본문에서 자신을 사로잡는 말씀을 발견하여 그 말씀에 충분히 머물면서 말씀이 드러내 주시는 진리를 알아듣고 그것을 가지고 기도하고 주신 말씀을 살아내도록 하는 것이다.

특별히 주말경건훈련은 학생들이 2박3일동안 20명 정도 소그룹으로, 학교가 아닌 경건훈련원에 머물며 침묵 가운데 성경 말씀을 묵상하며 말씀으로 기도하는 훈련에 집중한다. 주말훈련에서도 학생들은 평상시와 동일한 '방법'으로 말씀를 가지고 기도하지만, 더 집중해서 기도할 수 있다. 학생들은 성경 본문을 반복적으로 읽으면서 자신을 사로잡는 말씀의 핵심에 계속 머무르면서 말씀이 드러내 주는 것을 가지고 기도한다. 또한 주말훈련에서는 경건훈련 대상자들에게 중요한 특정 주제소명, 정체성, 제자도 등과 같은를 설교하고, 다루어진 본문 말씀과 함께 선포된 그 특정 주제에 비추어 학생들은 자신의 삶을 돌아보면서 발견된 자신의 문제를 기도 안에서 다루어갈 수 있도록 안내한다.

경건훈련은 말씀묵상과 더불어 성찰훈련을 강조한다. 특별히 개혁교회 전통은 목회자를 위한 기본적인 영성훈련으로 말씀 묵상과

---

16 김경은, "그리스도 생애 묵상," 『오늘부터 시작하는 영성훈련』 영성연구회평상 (서울: 두란노, 2017), 57-71; 오방식, "상상력을 사용한 말씀묵상," 『기독교 영성교육』, 196-216.

함께 목회자의 성찰을 중요하게 여겨 매우 강조해왔다.[17] 성찰은 하루의 삶을 돌아보며 자신의 생각과 행동이 하나님의 뜻에 합당했는지 살펴보는 것이다. 말씀의 빛으로 매일의 삶을 성찰하는 것은 마음을 깨끗하게 보존하는데 유익한 영성훈련이 될 수 있다. 성찰훈련은 다양한 방법으로 실천할 수 있다.[18] 자신이 연약하여 반복적으로 넘어지는 죄나 허물을 은총으로 개선하는 것을 목적으로 삼아 자신의 삶이나 행동을 성찰하는 방법, 하나님의 현존과 활동 그리고 주님과 관계 안에서 자신의 하루를 성찰하기 위해 정해진 시간 동안의 마음생각. 의식의 흐름을 살펴보는 방법, 또는 새벽에 읽은 하나님의 말씀에 비추어 하루의 삶을 성찰하는 방법을 선택할 수 있다. 어떤 방법으로 성찰을 하든지 성찰훈련의 근본적인 목적은 하나님의 현존을 의식하고, 이미 그리스도 안에서 이루어진 주님과의 관계적인 삶을 살아가는 데 있다.

두 번째는 공동체 훈련이다. 경건훈련은 생활관에서 공동생활을 하는 공동체 훈련뿐만 아니라 경건훈련의 전 과정을 처음부터 끝까지 공동체가 함께 훈련하는 공동체적인 특징을 가진다. 영성훈련이 하나님과의 관계를 훈련하는 것이라면 공동체 훈련은 이웃과의 관계를 훈련하는 것이다. 사역자는 개인으로 부르심을 받았지만, 또한 그리스도의 몸인 교회 공동체를 섬기도록 부르심을 받았기에 신학도로

---

17 Richard Baxter, *The Reformed Pastor*, 지상우 옮김, 『참된 목자』(서울: 크리스천 다이제스트, 2016). 이 책은 목회자의 삶에서 성찰의 중요성과 무엇을 성찰해야 하는지를 가르치는 고전적인 작품이다.

18 김경은, "의식성찰(성찰기도)," 『오늘부터 시작하는 영성훈련』, 163-176; 오방식, "의식성찰 - 하나님의 임재연습," 『기독교 영성교육』, 217-229; 총회목회정보정책연구소, 『목회 매뉴얼: 영성목회』. (서울: 한국장로교출판사, 2012).

서의 공동체 훈련은 매우 중요하다. 경건훈련에서 공동체 훈련의 핵심은 공동체 식구들 안에서 그리스도를 발견하는 것, 각자가 하나님의 사랑을 받는 존재임을 서로에게 일깨워 주는 데 있다. 학생들은 경건학기 동안 생활관에서 4인 1실로 생활하면서 타인과 관계를 맺고 공동체 생활을 하는 훈련을 통해 공동체 영성을 함양한다. 이것은 공동생활을 통한 규칙적인 생활습관의 내면화와 상호 간의 건강한 관계 형성을 이루도록 훈련하는 것이다.

개혁교회 전통은 경건훈련의 공동체성을 중시하며 구성원 간의 협업의 길을 강조했다. 예수님께서 그의 제자들을 불러 세우며 제자공동체로서 함께 삶을 나누는 모범을 보여주셨듯이 역사적으로 16세기 종교 개혁시대의 목회자들도 공동체적 활동을 이어갔다. 그 구체적인 예가 16세기 제네바 목회자들의 '성서연구모임'congrégation으로 목회자들은 매주 정기적으로 모여 성경 연구를 진행하여 하나님의 계시를 성도들에게 전달할 길을 모색했다. 그들은 상호간에 격려뿐 아니라 생산적 비판 작업을 하며 자기 참여적 교육의 경험을 촉진함으로써 공동체성을 이루는 경건과 학문의 통합의 장場을 만들어갔다. 이는 개교회주의 속에서 교회 내부의 평가 시스템에 갇히기 쉬운 한국 목회자의 상황을 고려해볼 때 기억하고 되살릴 필요가 있는 유산이다. 경건과 학문의 장인 신학교에서 먼저 이 공동체성을 경험함으로 그 가치를 발견할 때, 보다 자기를 내어주며 그리스도의 길에 참여하는 신학함이 가능해질 것이다. 함께 생활하는 경건훈련 학우들 안에서 자신의 삶을 성찰하고 반성하며 서로를 사랑으로 격려하고 그리스도의 삶과 길로 서로를 이끌어주는 공동체는 경건훈련에 보다 중요한 요소이다.

세 번째는 봉사훈련이다. 봉사섬김는 주님의 마음으로 주님처럼 섬기며 살아가기 위해 주님의 삶을 몸으로 배우고 실천하는 훈련이다. 그리스도인에게 있어서 "일은 성사적인 sacramental 행위로서 하나님의 창조에 참여하는 일이다." 여기서 일은 개인의 삶과 교회 안에서 이루어지는 소명으로서의 일뿐만 아니라 직업으로 하는 일, 가사노동, 취미활동과 이웃을 돕기 위한 모든 자선활동을 포함하는 것으로 이 모든 일 가운데 하나님의 뜻과 영광이 나타나며 봉사를 통해 그리스도인으로서 자기 이해가 깊어지고 삶과 존재의 의미를 온전히 파악할 수 있게 된다.[19] 경건학기 동안 학생들은 크든 작든 무엇을 하든지 주님의 이름과 사랑으로 실천하는 것을 배우며, 각자의 자리에서 세상 가운데 선한 영향력을 끼치며 살아가는 훈련을 한다. 실제로 경건 훈련생들은 훈련 학기 동안 이른 아침 시간 학교의 강의실을 비롯한 전 구역과 학교 주변까지 청소하는데, 이것은 단순히 쓰레기를 치우고 청소만 하는 것이 아니라 주님을 섬기고 따르는 마음으로 낙엽을 쓸고 휴지를 줍는 것이다. 학생들은 의무적으로 청소하는 것이 아니라 기도하는 마음으로 학교 내외의 청소를 하면서 사랑으로 섬기는 삶을 훈련한다.

경건훈련 과정에서 학생들은 봉사 훈련을 통해 기독교 영성은 근본적으로 개인적인 것이 아니라 사회적인 성격을 가진다는 것을 배운다. 학생들은 자신이 하는 일이 어떤 것이든지 단순한 실천과 윤리

---

19 백상훈, "일," 『오늘부터 시작하는 영성훈련』, 215-216.

적인 책임을 이행하는데 그치는 것이 아니라 영성과 윤리의 관계, 인간 삶의 고통의 문제에 응답하는 사람의 의식 성장에 지대한 관심을 가진다. 어느 면에서 이 훈련은 마태복음 25장에서 주님이 물으셨던 것처럼 모든 것에서 주님을 발견하고 주님께 응답하는 훈련이라 할 수 있다. 본회퍼 목사처럼 통전적 영성을 겸비함으로 시대가 요구하는 사회 참여적 영성을 가지고 오늘의 현실에 능동적으로 응답할 수 있도록 훈련하는 것이다.

네 번째는 기도^{관상}와 봉사^{행동}를 통합하는 훈련이다. 이것은 자신이 주님의 이름으로 실천하는 모든 봉사가 하나님과의 관계 안에서 이루어지도록 훈련하는 것이다. 무슨 일을 하든지 기도와 삶이 분리되지 않고 기도에서 흘러나오는 사랑과 하나님의 현존 안에서 그것을 해나갈 수 있도록 훈련한다. 관상과 행동의 통합은 교회 역사에서 오리게네스, 아우구스티누스, 그레고리 대제, 베르나르도, 『무지의 구름』의 저자, 에카르트를 비롯하여 근대와 현대 영성가들에게 이르기까지 모든 영적 스승들이 매우 강조해왔던 주제이다.

학생들에게 관상과 행동의 통합은 경건학기 동안에 주어지는 모든 삶, 즉 학교생활, 사역과 가정생활 이 모든 것을 기도 안에서 통합하고 조화를 이루어내는 훈련이다. 경건학기를 통해 학생들은 자신들의 모든 내면생활과 외면생활의 조화를 이루어가는 삶을 배워 나간다. 이것은 바쁜 공생애 가운데서도 이른 새벽이나 밤늦게라도 조용한 곳에 가서 홀로 기도하며 자신의 삶을 통합적으로 살아가신 주님의 모습을 체득하는 훈련이며, 내 안에서 마리아와 마르다가 하나 되어 살아가는 삶을 훈련하는 것이다.

IV. 경건훈련의 특징

1. 예수 그리스도 중심성

예수 그리스도의 제자로 부름을 받은 자의 삶은 예수 그리스도의 모습을 닮아가고 그분의 길을 온전히 따르는 삶에 있다. 사역자를 훈련하는 장로회신학대학교 경건훈련의 목표는 예수 그리스도를 배우고 따르도록 훈련하는 것인데, 훈련의 내용은 훈련의 전체 과정을 통해 그리스도를 더 깊고 친밀하게 알고 그분의 길을 알고 사랑으로 따라갈 수 있도록 훈련하는 것이다. 진정한 제자도의 길은 예수님에 대한 심오하고 고상한 지식을 많이 습득하는 데서 오는 것은 아니다. 제자도는 주님의 마음과 뜻에 나를 일치시키는 것이요, 우리의 전 존재로 주님을 따르는 삶이다. 이런 맥락에서 참된 신학함이란 전 존재의 참여, 곧 그리스도의 길道에 대한 전인적인 참여를 통해서만 이루어질 수 있다.[20]

경건훈련은 심오한 영적 체험이나 지식을 축적하거나 정신수양을 목표로 하는 것이 아니라 주님을 어떻게 따를 것인가에 초점을 둔다. 경건훈련은 단순히 예수 그리스도와 그분의 길을 체험적으로 배우는 과정이다. 이 훈련은 그리스도의 길道에 전 존재로서 자신을

---

[20] 현요한, 『신학은 하나님 배우기: 신학, 영성, 실천의 재연합』(서울: 대한 기독교서회, 2011), 244.

내어놓음을 함의한다. 이는 자기의 덕을 닦고, 행위를 살펴보는 것과
는 그 길을 달리한다. 그리스도의 구속 은혜를 근간으로 하여 하나님
의 성품^{性品}에 참여하고 하나님의 형상을 자신 안에 이루어가는 것이
다.[21] 물론 이것을 이루어내는 구체적인 길은 철저하게 그리스도 중심
적이다. 그리스도를 자신 안에 모시고 날마다 자기를 부인하여 자기
십자가를 지고 그리스도와 함께 죽고 그분과 함께 다시 살아서 부활
생명으로 십자가의 도를 실천하는데 있다. 예수님과 교제하며 그분의
존재와 삶의 방식을 배워 알아감으로써 자기 존재를 참된 그리스도인
으로 형성해가는 것을 의미한다.

이때 신학함은 자기 존재의 내어놓음 안에서 온전해지며 칼뱅
이 강조하는 경건과 학문의 진정한 일치가 이뤄질 수 있다. 이런 맥락
에서 참된 신학함은 학문을 하는 주체가 그리스도의 길^道에 동참함으
로써 그 배움의 대상 곧 객체인 진리와 하나됨을 이루는 것이다. 참된
신학함 안에 경건의 길이 전제되어 있는 것이며, 그리스도의 길^道에의
자기 참여가 동반되는 것이다. 경건의 현대적 개념인 영성^{靈性}의 학문
적 정의도 "한 개인이 인식하는 궁극적 가치를 향하여 자기를 초월하
여 삶을 통합하는 과업에 의식적으로 참여하는 경험"이다.[22] 영성은
현재의 자신을 뛰어넘어 전 삶의 영역을 궁극의 가치에 일관되게 통
합해가는 전인적 참여의 의미가 내포되어 있다. 앎의 과업과 그리스

---

21 현요한, "수도(修道)로서의 신학," 『장신논단』(29) 2009, 90-91.
22 영성학자인 샌드라 슈나이더스는 영성을 '(한 사람이 인식하는) 궁극적 가치를 향하여 자기 초월
을 통해 삶을 통합하는 과제에 의식적으로 참여하는 경험'이라고 정의 내린다. Sandra M. Schnei-
ders, "The Study of Christian Spirituality: Contours and Dynamics of a Discipline" Elizabeth
A. Dreyer and Mark S. Burrows, *Minding the Spirit*, (Baltimore & London: The Johns Hopkins
University Press, 2005), 5-6.

도의 길遵에 동참하는 것이 결코 분리될 수 없음을 의미하며, 신학함의 주체가 학습하며 지향하는 진리에 전인적으로 자기를 수여^{내어줌}해야 한다는 것을 보여준다.

그리스도의 길에 동참하는 것은 하나님의 이끄심에 대한 인간의 반응과 참여이며, 이 둘의 조화를 통해 진정한 제자도의 삶을 살게 되고 하나님을 향한 여정을 온전히 걸을 수 있게 된다. 깔뱅은 인간의 영적 한계성을 인지하면서 하나님의 주도성과 그분의 계시로 말미암아 하나님과 인간 사이의 틈이 극복될 수 있다고 주장한다. 하나님의 계시는 성경의 일반적 명령뿐 아니라 성경 인물이 삶 가운데 보여준 구체적 양상을 통해서 전해질 수 있다고 밝히면서, 이때 계시에 대한 인간 반응은 다양하고 복합적으로 나타날 수 있다고 인정한다. 더불어 예수 그리스도의 삶, 십자가의 죽으심과 부활은 인간 영을 소생시켜 하나님께로 나아가는 길을 객관적으로 묘사하며, 그 길 위에 있는 이들에게 힘과 에너지를 부여한다.[23] 그리스도의 길遵에 대한 이해와 인간의 동참이 하나님과의 연합으로 나아가는 구체적인 방식인데, 그 동참 가운데 도리어 인간은 소성케되는 경험과 에너지를 얻게 되는 것이다.

2. 내면화와 존재 형성

예수 그리스도의 인격을 닮아가며 그분의 삶을 따르는 것이 진정한 제자도라면 경건훈련은 예수 그리스도의 인격과 삶을 내면화하

는 훈련이다. 목회자 후보생으로서 참된 목자의 자질에 대하여 영성
과 덕성의 개념을 중심으로 배운다. 미국 장로교 목사이자 영적 작가
였던 유진 피터슨이 강조한 '관상적인'contemplative 목사로서 목회 현장
에서 사랑으로 섬기는 길에 대해 모색한다. 피터슨이 의미하는 관상
적인 목회자는 하나님의 사랑에 뿌리는 내린 존재로서 살아가는 목회
자를 의미한다.[24] 경건훈련은 예수 그리스도의 인격과 삶이 자신의 일
부가 되도록 복음서가 보여주는 주님의 모습을 묵상하며 본받는 훈련
을 한다. 본교 경건훈련원에서 실시된 경건훈련의 식사 시간에는 항
상 토마스 아켐피스의 『그리스도를 본받아』[25]를 들으면서 그리스도를
닮은 존재로 형성되어가도록 초대한다.

　　신학훈련과 영적 훈련의 궁극적인 목표는 하나님의 장성한 일
군으로 성장하여 하나님 나라의 건설을 위해 헌신하는 삶을 살아가는
데 있다. 그런데 이 위대한 헌신의 출발은 존재의 근본적인 변화, 의
식의 변화에 있다. 진정한 변혁은 행동하는 사람의 의식의 변화, 내면
의 변화에서 비롯되어야 한다. 이것은 영성훈련이 개인주의적이거나
내면적인 수준에 머물러야 한다거나 그것만을 강조하는 훈련이 되어
야 한다는 것을 의미하지 않는다. 교회와 사회 변혁의 출발이 존재의
변화, 의식의 변화에서 출발 되어야 한다는 것이다.

23　Jill Rait, Bernard McGinn, John Meyendorff eds. 『기독교 영성 II: 중세부터 종교개혁까지』, 467-69.
24　Eugene H. Peterson, *The Contemplative Pastor*, 차성구 옮김, 『묵상하는 목회자』(서울: 좋은 씨앗, 2008). 이 책은 처음에(2002년) 동일 역자가 『목회 영성의 흐름, 주일과 주일 사이』로 번역 출판을 했다.
25　Thomas a Kempis, *The Imitation of Christ*, 김정준 옮김, 『그리스도를 본받아』(서울: 대한 기독교 서회, 1983).

오늘날 교회와 학교 현장에서 다양한 영성훈련들이 소개되고 실천되고 있다. 영성훈련은 영성을 전공한 사람들의 전유물이 아니다. 어떤 사역자이든지 개인적으로 영성훈련을 실천하며 공동체를 위해 필요한 훈련을 얼마든지 안내할 수 있다. 영성훈련이라는 이름을 붙이지 않더라도 전공마다 강조하는 또는 실천하는 다양한 영적인 훈련들이 있다. 다양한 견습이나 봉사의 체험들도 사역의 카테고리에 들어가지만 동시에 중요한 영성훈련의 일환일 수 있다. 신앙 안에서 행하는 모든 훈련들이 영적으로 성장할 수 있도록 도움을 줄뿐만 아니라 다양하게 실천할 수 있기 때문에 어떤 훈련을 획일적으로 평가할 수는 없다. 어떤 영적 훈련이든지, 예수님의 삶을 내면화하는 훈련이 되도록 의식적 성찰과 안내가 중요하다.

장로회신학대학교의 경건훈련은 말씀 안에서 주님을 인격적으로 만나고, 그 경험에 대한 성찰을 통해 주님의 삶을 내면화하는 것을 강조한다. 더불어 많은 활동을 하는 가운데 자신을 잃어버리지 않고 끊임없이 주님을 향해 올라가고 그분을 닮아가는 존재 형성을 강조한다.

3. 영적동반

장로회신학대학교 경건훈련의 중요한 특징은 훈련의 전 과정을 학생 홀로 걸어가는 것이 아니라 영적 지도자가 함께 동반을 해준다는 것에 있다.[26] 경건훈련은 예수 그리스도의 인격과 삶을 내면화하는 것과 훈련생들의 내면 의식의 변화를 목표로 하는데, 이 훈련의 과정 안에 안내자가 영적으로 동행한다는 것이다. 학생들 개개인이 훈련에 참여하여 훈련과정을 수행하지만, 영적 안내자가 동반하며 학생 개개인이 성령의 인도를 받아 자기 고유의 기도 여정을 걸어갈 수 있도록 도움을 준다. 이런 맥락에서 경건훈련에서 드려지는 모든 예배와 만남은 단순히 영적인 정보를 주고, 학생들은 교수가 전달하는 내용을 듣고 그것을 개인적으로 적용하는데 그치는 것이 아니라, 성령의 인도함 가운데 스스로를 성장할 수 있도록 동반하는 차원에서 이루어진다. 경건훈련 과정에서 학생들은 경건훈련 담당교수 혹은 경건훈련을 돕는 영적 안내자들에게 영성 생활과 관련된 고민 상담을 많이 요청한다. 특별히 모든 주말 경건훈련은 학생 개개인의 기도와 영적 지도자와의 면담으로 이뤄진다.

주말 경건훈련에서 지도자인솔 교수는 훈련에 참여하는 학생들이 각자 자기 자신의 기도를 하도록 안내한다. 교수가 가르치고 싶은 어떤 내용을 훈련자들에게 주입하는 것이 아니라 학생 자신의 기도를 찾고 성령의 인도하심 가운데 그 기도를 계속해 나갈 수 있도록 훈련의 초반부에 안내한다. 어떤 특정한 영적 경험을 유도하기보다는 훈련자 자신의 고유한 기도를 드릴 수 있도록 초대하는 것이다. 주말훈

---

26 현재 진행되고 있는 경건훈련의 내용과 신학을 직접 상세히 다룬 글은 아니지만 경건훈련의 특성을 이해하는데 도움을 주는 다수의 문헌들이 있다. 이 문헌들은 주말훈련의 본질적 내적 역동, 즉 학생들의 묵상과 기도 여정을 어떻게 안내하며 동반할 것인지를 다룬 글들이다. 그 가운데 가장 대표적인 작품은 유해룡교수의 퇴임 기념 책자 『영혼의 친구』이다. 이 책은 장로회신학대학교에 영적 지도를 소개하고, 뿌리내리게 한 것이 유해룡 교수의 큰 기여로 보고, '영적지도'에 대한 책자를 퇴임기념으로 만들게 된 것이다. 권혁일(책임편집), 『영혼의 친구: 유해룡교수 퇴임 기념 문집』(서울: 키아츠, 2018).

련 동안 집중해서 기도해야 하는 정해진 주제가 있고, 그 주제와 관련된 성경 본문을 가지고 참여자들이 동일하게 기도를 시작하지만, 그 훈련에 참여하는 학생들의 관심도 다양하고, 신학적 성향도 개인에 따라 다르다. 설령 동일한 관심과 문제를 가지고 있다 하더라도 각자 처한 환경과 처지가 다르기 때문에 기도 안에서는 학생 개개인을 고유명사처럼 이해해야 한다. 또한 주말훈련을 마칠 때 수련자 본인의 이슈가 어느 정도까지 다루어지고 풀렸는지도 사람마다 다르다. 이 훈련은 철저하게 각자가 성령의 인도를 구하며 스스로 자신의 기도를 해나가도록 하는 방식을 취한다.

경건훈련 안에서 지도자는 특정 기준으로 수련자의 개별성을 저하시키지 않고, 수련자가 각기 고유한 자신의 여정 안에서 보다 깊은 하나님과의 관계 안으로 걸어가도록 초청하는 사람이다. 이런 점에서 주말훈련의 영적지도는 상당히 비지시적이다. 그러나 이것은 상담이나 심리치료에서 상정하는 '비지시적' 개념과는 다르다. 이것은 영적 지도자가 자신이 생각하는 '바람직함'이 학생에게 일어나길 바라면서 비지시적 방식으로 접근하는 것이라기보다, 전적으로 성령께서 학생을 이끄시도록 옆에 머물면서 학생의 기도 여정에 동반하는 것이다. 이렇게 주말 경건훈련을 마친 후에 계속해서 기도안내를 받기를 원할 경우 그 학생의 기도 여정을 동반해 주었던 영적 안내자가 계속 학생의 기도 생활에 필요한 도움을 준다.

영적 동반이 학생들의 기도와 그들의 영적 안내를 돕는 교수에 의해서만 이루어지는 것은 아니다. 공동생활을 하는 학우들이 함께 기도하고 자신들의 경험을 나누면서 서로의 영적 여정을 도울 수 있다. 더 나아가 자신들이 관계를 맺는 주위 모든 사람들을 통해 하나님의 사랑의 현존을 체험하고, 그것을 식별하며 성령의 인도하심을 받을 수 있도록 서로 영적인 도움을 주고받고자 하는 것이 경건훈련에서의 영적 동반이다.

4. 공동체성

장신대의 경건훈련은 그리스도의 몸인 학교가 공동체적으로 그 훈련의 과정을 진행한다. 기독교의 영성훈련의 구조는 역사적으로 공동체적으로 진행되는 것이었다. 개인이 어떤 영적 진보나 성장을 위해 기도나 묵상을 영성훈련으로 시작하는 것이 아니라 공동체가 요구해서 훈련을 실천하는 것이다. 예수님이 광야에서 훈련을 받은 것은 예수님 개인이 원해서 홀로 광야로 나가서 광야훈련을 받은 것이 아니라 성령에 이끌려 나갔다. 예수님 위에 항상 성령이 머물렀다. 또한 예수님은 홀로 사역을 감당하신 것이 아니라 제자들을 불러 공동체를 세우시고 그들을 훈련시켜 그들에게 교회를 맡기셨다.

경건훈련은 근본적으로 공동체 훈련이며 공동체에 의해 진행되는 훈련이다. 경건훈련에서 우선 화요모임 강의를 통해 제자공동체로서의 교회의 특징을 확인하고 기독교 영성사적으로 중요한 공동체 모델을 살펴본다. 수도공동체의 구체적 규범인 『베네딕도 수도규칙』[27]과 본회퍼 목사가 강조한 『신도의 공동생활』[28]에 대해 소개하고 그 가치를 학습한다.

학교에서 이루어지는 모든 훈련은 공동체적으로 이루어지지만 침묵 속에서 깊은 기도의 경험이 주어지는 주말 경건훈련은 매우 개인적인 훈련으로 생각하는 경우가 많다. 그런데 주말훈련을 개인훈련으로 보는 것은 기본적으로 잘못된 발상이다. 가장 개인적인 것으로 보이는 주말훈련도 철저하게 공동체적으로 이루어지는 훈련이다. 개인이 준비해서 경건훈련원으로 가서 홀로 기도하는 자는 없다. 학생들이 함께 경건훈련원으로 가서 함께 예배^{성찬}를 드리고, 함께 중보기도를 하고 지도자가 안내해 주는 본문을 가지고 기도를 한다. 결국 주말 경건훈련은 개인이 홀로 하는 것이 아니라 그리스도의 몸인 공동체가 주는 훈련이라는 것이다. 그리스도께서 장로회신학대학교라는 말씀 공동체를 통해 신학생들을 훈련시키는 것이다. 신학교 안에서 학교에 의해 행해지는 모든 훈련은 홀로 개인이 하는 훈련이라는 관념 자체를 바꾸어야 한다.

주말훈련에서 말씀묵상도 철저하게 공동체적인 훈련으로 진행을 한다. 공동체^{안내자}가 본문을 주고 기도를 안내하고 학생들이 묵상기도를 한 후에 지도자는 학생의 그 기도경험을 들으면서 학생이 계속 기도하게 해주고 모든 기도여정을 마친 후에 전체가 모여 함께 마지막에 자신들의 기도경험을 나누며 돌아온다.

장로회신학교는 하나님의 말씀에 근거하여 경건훈련 프로그램을 만들고 교수와 세우신 지도자들과 함께 영성지도를 통해 하나님이

---

27 St. Benedict, *The Rule of St. Benedict*, 이형우 역주, 『베네딕도 수도규칙』(경북, 왜관: 분도출판사, 1991).

28 Dietrich Bonhoeffer, *Gemeinsames Leben*, 문익환 옮김, 『신도의 공동생활』(서울: 대한 기독교서회, 2009).

학생들을 훈련하시도록 역할을 감당한다. 이런 면에서 신학교는 하나님께서 주신 사명에 충실하게 어떻게 학생들을 제대로 훈련시켜야 하는지를 면밀하게 연구하고, 주님을 대신하는 사역을 잘 감당해야 한다. 경건훈련은 공동체로 행하는 훈련이요 하나님과 함께 하는 것이다. 먹는 것, 잠을 자는 것, 기도를 하고 안내를 받는 것, 이 모든 것이 학교가 정한 규칙에 따라 움직인다. 경건훈련을 기획하고 프로그램을 제공하는 학교, 기도를 안내하는 자, 그리고 훈련을 받는 학생 모두 성령의 인도를 받는 것이다.

V. 나가는 말: 경험의 키워드

장로회신학대학교는 1998년부터 신학대학원 1학년 학생들을 대상으로 하는 경건훈련 프로그램을 진행해왔다. 경건훈련은 지성적, 논리적, 연역적 방법으로 접근하기보다 기도와 말씀 안에서 주어지는 모든 경험과 삶을 귀납법적으로 접근한다. 경건훈련 프로그램은 거룩한 시간과 공간 안에서 하나님을 개별적으로 만나도록 도우며, 참여자인 경건훈련생들은 다양한 방식으로 말씀하시는 하나님을 경험하고 응답하며 생활한다. 개혁 전통은 바른 신학, 바른 실천을 강조한다. 장로회신학대학교의 경건훈련은 경건과 학문을 모토로 하듯이 바른 신학적 토대 위에 이루어지는 균형 잡힌 영성훈련을 지향한다. 단순히 지성적으로 접근하는 것이 아니라 실제로 오직 예수 그리스도를 온전히 따르고자 하는 마음으로 주님 앞에 서서, 공동체적으로 함께 기도하고 예배하며 말씀을 묵상한다. 함께 기도하며 다양한 훈련에 참여하는데, 특별히 성경말씀을 묵상하는 가운데 학생들은 주님을 만나고 경험하여 그분과의 사랑의 관계 안에서 그리스도의 사람으로 형성되고 그분의 뜻과 삶을 알아가며, 궁극적으로 그분의 길을 온전히 따를 수 있도록 한다.

경건훈련은 주님께서 제자들을 훈련하셨듯이 오늘날 부름을 받은 신학도들도 훈련하시도록 하는 것이며, 신학교는 주님을 대신하여 그 일을 행하는 것이다. 이를 위해 경건훈련은 오직 주님의 지혜와 자비를 구할 뿐만 아니라, 주님 안에서 경건훈련생들의 내면의 진정한 변화를 위해 기도해야 한다. 장로회신학대학교는 이 모든 만남과 변화의 장으로서의 경건훈련을 제공하며 그 안에서 주님께서 훈련에 참여하는 모든 영혼들을 주님의 사람으로 변화시키고 성장하게 하는 주님의 역사를 나타내주실 것을 기대한다.

참고문헌

권혁일(책임편집). 『영혼의 친구: 유해룡교수 퇴임 기념 문집』. 서울: 키아츠, 2018.

영성연구회평상. 『오늘부터 시작하는 영성훈련』. 서울: 두란노, 2017.

장로회신학대학교. "교육이념·목적·목표." 『2013-2014 장로회신학대학교요람』. 서울: 장로회신학대학교 기획실, 2013.

Baxter, Richard. *The Reformed Pastor*. 지상우 옮김. 『참된 목자』. 서울: 크리스천 다이제스트, 2016.

St. Benedict. *The Rule of St. Benedict*. 이형우 역주. 『베네딕도 수도규칙』. 경북, 왜관: 분도출판사, 1991.

Bock, Darrell L., Bock. *Acts: Baker Exegetical Commentary on the New Testament*. MI, Grand Rapids: Baker, 2007.

Bonhoeffer, Dietrich. *Gemeinsames Leben*, 문익환 옮김. 『신도의 공동생활』. 서울: 대한 기독교서회, 2009.

Bruce, Frederick Fyvie. *Book of the Acts*. 김장복 옮김. 『사도행전』. 서울: 부흥과 개혁사, 2017, 402-403.

Capps H., Walter. *Hope against Hope: Moltmann to Merton in One Theological Decade*. Philadelphia: Fortress, 1976.

Capps H., Walter. *Time Invades the Cathedral: Tensions in the School of Hope*. Foreword by Jurgen Moltmann. Philadelphia: Fortress, 1970.

Dreyer, Elizabeth A., and Burrows, Mark S.. *Minding the Spirit*. Baltimore & London: The Johns Hopkins University Press, 2005.

Grosmann, Siegfried. *Beten als Gespräch mit Gott*. 하경택 옮김. 『대화로서의 기도』. 서울: 킹덤북스, 2013.

Merton, Thomas. *Inner Experience*. 윤종석 옮김. 『묵상의 능력』. 서울: 두란노, 2006.

Peterson, Eugene H.. *The Contemplative Pastor*. 차성구 옮김. 『묵상하는 목회자』. 서울: 좋은 씨앗, 2008.

Rait, Jill, McGinn, Bernard, Meyendorff, John. *Christian Spirituality: High Middle Ages and Reformation*. 이후정, 엄성옥, 지형은 공역. 『기독교 영성(II): 중세부터 종교개혁까지』. 서울: 은성, 1999.

Schnabel, Eckhard J.. *ZONDERVAN Exegetical Commentary on the New Testament Acts*. 정현 옮김. 『강해로 푸는 사도행전: 존더반 신약주석』. 서울: 디모데, 2018.

Sheldrake, Philip. *Spirituality: A Brief History* Second Edition. Chichester, West Sussex: Wiley-Blachwell, 2013.

임창복 외 3인 공저. 『기독교 영성교육』. 서울: 한국기독교교육교역연구원, 2006.

_____. 『성령과 함께 하는 삶』. 서울: 한국기독교교육교역연구원, 2012.

유해룡. 『영성의 발자취』. 서울: 장로회신학대학교 출판부, 2011.

총회목회정보정책연구소. 『목회 매뉴얼: 영성목회』. 서울: 한국장로교출판사, 2012.

현요한. 『신학은 하나님 배우기: 신학, 영성, 실천의 재연합』. 서울: 대한 기독교서회, 2011.

3장

❦

4차 산업혁명 시대의 영성훈련을 위한
기독교교육적 함의

신형섭 교수, 기독교교육학

I . 들어가는 말

　　기독교 영성은 세속적인 세상을 피하기 위한 발상이 아니라 도리어 세속 안에서도 오직 그리스도에게 의존하는 삶을 통하여 하나님과의 연합되는 삶을 통해 그 삶의 현장에서 하나님 나라를 세워가는 것이다.[1] 그러기에, 기독교 영성훈련은 시대와 문화에 따라 지속적으로 하나님의 백성들의 삶을 유기적으로 반영하고 응답하여 발전되어 왔다. 2010년 이래로 인공지능, 빅데이터, 사물인터넷 등 첨단 지능정보가 기존의 산업이나 기술에 융합되어 경제, 사회, 문화, 교육 등 우리 삶의 전반에 혁신적인 변화를 가져온 4차 산업혁명[2]은 오늘날 하나님과 세상에 대한 사랑과 섬김을 다루는 영성훈련에 대한 새로운 도전과 응답을 요청하고 있다.

　　본 논문은 4차 산업혁명이라는 급격히 변화되고 있는 오늘날 삶의 현장에 응답하는 기독교 영성훈련적 관점에서 현재 실천하고 있는 경건훈련에 대한 분석 및 기독교교육적 함의점을 찾아보고자 한다. 먼저는 영성훈련에 대한 핵심적인 개념을 정리하고, 4차 산업혁명 시대가 이해하는 인간 이해와 이를 반영한 기독교 영성훈련의 내용과 방법을 연구하고, 이를 기준으로 현재 장로회신학대학교 신학대학원

1　　유해룡, "기독교 영성의 뿌리,"『교육교회』(1993. 10), 54-55.
2　　곽진상, 박찬호, 한민택 편저,『4차 산업혁명과 신학의 만남』(성남: 수원가톨릭대학교출판부, 2019), 159.

1학년을 대상으로 실시하고 있는 경건훈련의 교육과정을 분석하여, 4차 산업혁명시대에 응답하는 영성훈련을 실천하기 위한 기독교교육적 함의점들을 제시하여 보고자 한다.

II. 영성훈련의 이해

기독교에서 영성은 하나의 단어나 문장으로 정의되기 어려운 포괄적인 개념이다. 먼저 성서적으로 볼 때 영성은 하나님께서 공급하시는 성령에 의하여 진정한 성숙적 인간으로 형성되어지고 응답되어지며 자기성숙을 이루어가는 과정을 기독교영성으로 이해한다.[3] 구약성경의 창세기 2장은 영을 오직 하나님께서만이 인간의 육체에 부여하시는 생명 혹은 숨으로 이해하고 있으며, 신약성경 고린도전서 15장에서는 영성을 세상적인 것을 향하는 육적인 것과 대조적으로 하나님을 향하는 것으로서의 거룩한 경향성이자 진정한 자아로 형성되어져 가는 과정으로 기술하고 있다.[4] 이러한 영성은 개혁교회 전통 안에서 하나님을 향한 사랑에서 나오는 성화와 하나님과의 일치를 추

---

3 총회목회정보정책연구소, 『영성목회』(서울: 한국장로교출판사, 2014), 21.
4 위의 책, 18-19.

구하며 실천하는 경건한 삶과 이웃사랑의 실천으로 이해되어졌다.[5] 성령의 내주하심을 통하여 경험하는 그리스도와의 일치의 과정은 외적인 삶의 경건으로 연결되어지며, 이로 인하여 실천하는 세상 안에서의 구별된 섬김과 사랑의 삶은 개혁전통의 유산으로 오늘날 우리에게 의미있게 전달되어지고 있다.

　　개혁교회 전통 안에서 영성생활이 하나님의 은혜로 시작되어지고 형성되어지며, 내적인 변화와 더불어 외적인 실천하여 자신이 부름받은 삶에서 하나님 나라를 실현해가는 여정일 때, 영성훈련은 이를 효과적으로 수행할 수 있도록 돕는 목회적인 행위라고 이해할 수 있다.[6] 제한적인 실존 안에서 살아가는 인간이 초월적인 하나님을 경험하며 따 라가며 자신의 삶에서 통합되어져 나가기를 추구하는 여정으로서의 영성훈련은 내면적인 훈련과 이를 전제로 한 일상의 삶 전체에서의 훈련으로 실천되어진다.[7] 이러한 영성훈련의 범위는 인간과 하나님과의 관계, 인간과 자기 자신과의 관계, 인간과 타자와의 관계이며,[8] 기도하기, 말씀듣기, 침묵하기, 찬양하기, 성찰하기, 봉사하기, 환대하기, 연대하기 등으로 실천되고 있다. 이렇듯 개혁신학에 기초를 둔 영성훈련은 하나님께서 먼저 주시는 은혜를 전제로 한 믿음 안에서의 능동적이고 전인적인 삶의 통합과정이며, 나아가 하나님 나라를 구현해나가야 할 이웃 및 세상과의 적극적인 대화와 섬김에 대

5　　유해룡, "개혁주의 영성," 『교육교회』(1994. 3), 62.

6　　총회목회정보정책연구소, 『영성목회』, 34.

7　　유해룡, "이냐시오식 영성훈련법," 「기독교사상」 428 (1994. 8.), 202.

8　　총회목회정보정책연구소, 『영성목회』, 12.

한 의도적이고, 체계적이고, 일관적인 영성활동이라고 이해할 때, 변화하는 세상에 대한 이해와 응답은 지속적인 갱신이 요청되어지는 영성훈련의 매우 중요한 요소가 아닐 수 없다.

III. 4차 산업혁명 시대와 인간이해

1. 4차 산업혁명과 삶의 변화

클라우드 슈밥은 첨단 지능정보와 산업과 기술이 융합되어 우리 인간의 삶의 전반에 혁신적인 변화를 경험하고 4차 산업혁명 시대를 언급하며, "앞으로 미래는 큰 물고기가 아니라 빠른 물고기가 느린 물고기를 잡아먹는 시대가 될 것이다"[9]라고 선언하였다. 2016년도 세계경제포럼인 다보스 포럼에서 인용되어져 많이 알려지게 된 4차 산업혁명이라는 단어는 이미 여러 나라에서 변화하게 되는 세상을 연구하며 발견하게 된 공통적인 개념이었다.[10] 18세기의 증기기관의 발명으로 시작된 기계화혁명인 1차 산업혁명은 19세기와 20세기 전기의 발명으로 나타난 대량생산으로 2차 산업혁명을 거쳐, 20세기 후반

---

[9]   파이낸셜 뉴스, 2016. 10. 18. https://www.fnnews.com/news/201610182213217967 [2020. 6. 1. 접속]

컴퓨터로 인한 인터넷 기반의 지식정보혁명인 3차 산업혁명으로 이어졌으며, 마침내 지난 21세기 초반에 시작된 첨단정보와 기계와 기술의 융합으로 인하여 시작된 4차 산업혁명은 그동안 인간이 행하여 왔던 육체적 노동의 영역은 물론이고, 인공지능, 빅데이터, 클라우드, 사물인터넷 등을 통해 인간이 실행하던 연산과 계산과 판단의 정신적인 영역까지도 인간보다 더욱 빠르게 응답하게 되었다. 이미 수십억의 인구가 인터넷과 모바일로 연결되어 생산되어지는 데이터와 지식과 기술의 융합으로 인하여 이 사회는 이전과는 다른 생산과 소비, 행동과 환경의 체제를 만들어가고 있으며 그 속도와 범위와 규모는 각 분야의 전문가들조차 예측하기 어려울 정도로 빠르게 변화되고 있다.[11] 이러한 4차 산업혁명은 인류에게 단순히 산업과 과학의 기술공학적 발전만이 아닌 인간의 노동과 삶의 의미, 인간의 존재론과 포스트 휴먼, 인간의 존엄성과 가치, 인간의 삶과 생태, 사이버 공동체와 문화 등과 같은 인간 삶의 매우 근본적인 문제들을 제기하고 있다.

2. 4차 산업혁명의 특징과 인간 삶의 변화

4차 산업혁명으로 인한 인간 삶의 전반적인 변화는 디지털 분

---

10   임창호, "4차 산업혁명시대의 기독교교육 방향성 제고," 「기독교교육논총」 56 (2018), 15-17. 4차 산업혁명으로 인한 일상의 변화에 대한 논의는 2011년도에 독일 하노버 산업박람회의 Industry 4.0이라는 개념으로, 2015년도에 미국에서는 신미국혁신전략의 Digital Transformation이라는 개념으로, 2016년도에 일본에서는 일본제흥전략 개정의 내용 안에 Society 5.0이라는 개념으로 발표되었다.

11   클라우스 슈밥, 송경진 옮김, 『제4차 산업혁명』(서울: 새로운현재, 2016), 11-12.

야를 넘어서서 경제체제, 사회구조, 물리학과 생물학 분야를 아우르게 되었고, 이로 인하여 급격히 변화하는 세상을 살아가고 응답하는 인간의 생활방식과 인식론도 함께 변화되어져 가고 있다. 4차 산업혁명이 가져온 변화로 시간과 공간의 확장성과 초연결화, 개인의 필요와 상황을 인식하고 반영하는 초지능화와 초개인화, 그리고 초융합화를 꼽을 수 있다. 첫째, 4차 산업혁명이 일어나게 한 핵심적인 변화인 첨단 정보통신기술과 컴퓨터 네트워크의 융합을 통하여 사이버 공간 안에서는 실제 사람들이 자리잡고 있는 공간과 시간을 뛰어넘어 필요한 의사소통과 정보교류가 가능해졌다. 사이버공간이라는 단어는 1980년 깁슨이 쓴 소설인 「뉴로멘서」에서 처음 등장했지만, 이후 사이버공간은 컴퓨터와 온라인 네트워크 기술의 급격한 발달과 더불어 군사, 문화, 의료, 교육, 제조, 통신 등 우리 삶의 전반적인 영역에서 물리적으로 떨어져 있는 공간과 시간을 서로 연결되어지는 원격현전이 일어나는 현장이 되었다.[12] 하워드 레인골드는 이러한 원격현전을 통한 적극적인 사회소통과 공동체가 형성되는 현장이 일어나는 사이버공간은 더 이상 실재적이지 않은 공간이 아니라, 물리적이지 않지만 실재적인 공간이라고 설명한다.[13] 사이버 공간안에서 사람들은 자신의 관심과 가치, 생각과 신념에 따라 오프라인보다 손쉽게 SNS Social Nestwork Service 라고 불리워지는 온라인 네트워크를 통해 동질집단과 만나고 생각과 이야기를 공유하는 초연결화를 경험한다. 이러한 초연결

---

12 Michael Heim, 여명숙 옮김, 『가상현실의 철학적 의미』(서울: 책세상, 1997), 187.

13 Howard Rheingold, *The Virtual Community: Homesteading on the Electronic Frontier* (New York: Simon & Schuster, 1993), 21.

화는 사이버공간을 통한 인간과 인간을 넘어서, 사이버 공간과 물리적 공간안에 있는 인간과 사물, 사물과 사물간의 연결로 확대되어 우리의 삶속에 물리적 공간과 사이버 공간간의 경계도 사라지게 하고 있다.

둘째, 초지능화와 초개인화는 4차 산업혁명을 통해 발견되어지는 우리 삶의 커다란 변화중의 하나이다. 4차 산업혁명 이전에는 하나의 제품을 생산하면 대중이 그것을 함께 소비하는 시대였다면, 이제는 빅데이터와 딥러닝을 통하여 인공지능의 연산과 결과를 기반으로 한 제조를 통해 실시간 소비자와 개인의 취향에 맞는 제품을 설계하고, 생산하고 유통하는 지능형 생산공장인 스마트 팩토리smart factory 와 연계된 온디멘드On-demand형 소비가 주도하는 시대가 되어가고 있다.[14] 이러한 초지능화는 제조현장안에서 인간보다 더 빠르고 더 정확하게 시장에서 요구하는 소비자의 다양한 필요의 제품을 생산해내고 서비스를 제공하는 초개인화를 더욱 가속시키고 있다.

셋째, 초융합화는 4차 산업혁명의 초연결화와 초지능화와 초개인화와 연장선상에서 가장 주목받는 특징 중의 하나이다. 한 개인의 지식과 경험의 한계를 넘어서서 다양한 분야의 사람들이 집단지성을 통해서 변화하는 시대 안에서 함께 협업하고 창의하며 창조적인 혁신의 걸음을 걸어내는 조직과 기관이 4차 산업혁명의 변화된 시대를 이끌어가고 있다. 이제는 기술과 기술, 기술과 기계, 가상현실과 물리적

---

14 김난도 외 4인, 『트렌드 코리아 2017: 서울대 소비트렌드분석센터의 2017 전망』(서울: 미래의창, 2016), 353-354.

현실간의 융합을 넘어서서 이러한 첨단정보와 기술과 기계를 통제하고 발전시키는 인간과 공동체간의 융합, 그러한 지역공동체와 세계공동체간의 융합이 요청되고 있다. 세계는 이미 작은 세상이 되었고, 점점 세상은 함께 더불어 살아감의 윤리와 도덕, 책임과 실천에 대한 응답을 요청받고 있다. 우리가 매일 살아가는 삶의 경제, 정치, 문화, 과학 등은 물론이고 지구온난화, 질병과 감염, 종교와 테러 등은 4차 산업혁명시대에 더욱 요청 되어지는 다면적 융합화의 과제로 떠오르고 있다.

　　이러한 4차 산업혁명의 특징으로 삶의 전반적인 변화에는 우리 삶에 일어나는 긍정적인 변화와 부정적인 변화가 함께 발견되고 있다. 먼저 긍정적인 면으로는 인간 삶이 이전에 비하여 더욱 편리하고 안전하게 일상을 살아갈 수 있는 가능성이 높아졌다. 교통상황을 스스로 판단하여 가장 빠른 길로 주행하는 자율주행 무인자동차 시스템, 필요한 물품을 인터넷으로 주문하면 집 앞까지 배달해주는 무인운송 시스템, 소비자의 소비성향이나 패턴을 분석하여 가장 필요할 만한 제품들을 먼저 제시하고 동일한 물품을 가장 저렴하게 생산하고 판매하는 스마트팩토리 시스템과 고객 개별 맞춤서비스, 전투용이나 의료용을 넘어서서 독거노인이나 요양시설 안에서 환자를 돌보는 감정로봇 등은 인간 삶에 보다 높은 경제적이고 사회적인 삶의 질을 제공해 줄 수 있을 것이다.[15] 또한 로봇과 기계를 통하여 인간의 신체 일부 기능을 강화시켜주는 신체증강기술,[16] 유전자 서열분석기 등을 활

---

15 구본권, 『로봇시대, 인간의 일』(서울: 어크로스, 2017), 9.

용한 개인 맞춤형 건강관리 시스템, 유전자 관리기술과 3D 프린트 기술을 융합한 바이오 프린팅 기술 역시 인간의 신체적인 삶의 질을 더욱 강화시켜 줄 수 있다.[17] 반면, 4차 산업혁명은 오늘날 우리 삶에 여러 가지 도전들도 함께 주고 있다. 먼저는 인간의 노동력을 대체하는 기계와 인공지능으로 인하여 현존하는 일자리 중에 많은 직업이 사라질 수 있으며, 해킹을 통하여 개인들의 사생활과 정보가 노출되어 악용될 가능성도 있고, 초연결화와 초지능화를 통하여 새로운 생산과 소비의 구조가 형성되어짐으로 나타나게 될 노동시장의 자본가와 노동자 사이의 경제적 불균형과 소수의 플랫폼에 집중되어지는 양극적 플랫폼 효과도 심각한 사회적인 문제가 될 수 있는 가능성이 있다.[18]

IV. 4차 산업혁명 시대의 영성훈련 갱신요청

초연결화, 초지능화, 초개인화, 초융합화의 특징을 갖는 4차 산업혁명은 오늘날 인간의 삶 전반에 커다란 변화를 가져왔다. 앞에서

16 오인규, "AI 물결 속 다중경험과 인간증강시대 활짝," 「의학신문」(2019. 12. 27.) http://www.bosa.co.kr/news/articleView.html?idxno=2118809 [2020. 6. 5. 접속]

17 슈밥, 「4차 산업혁명」, 46.

18 클라우스 슈밥, 「4차 산업혁명의 충격: 과학기술 혁명이 몰고올 기회와 위협」, 김진희 외 2인 옮김 (서울: 흐름출판, 2016), 19; 슈밥, 「4차 산업혁명」, 34.

살펴 보았듯, 4차 산업혁명의 변화안에서 인간은 물리적 공간만이 아니라 시간과 공간이 확장된 사이버 공간 안에서도 실재적인 삶을 살아가며, 초지능화를 통하여 자신의 필요한 요구에 따른 제품과 서비스로 초개인화의 삶을 살아가며, 동시에 초융합화를 통해 물리적 지역을 너머 같은 가치와 이슈 안에서 지역공동체, 국가공동체, 세계공동체는 하나의 생명공동체와 운명공동체의 의식과 연대가 강화되어져 가고 있다. 이러한 변화의 시대인 4차 산업혁명 안에서 요청받고 있는 인간은 보다 타인을 배려하며, 공감과 공동체 의식이 높으며, 창의적으로 협업할 줄 알며, 비판적으로 사고할 줄 알고, 관계적이고 전인적 인식론으로 세상을 이해하며, 앎과 삶이 통전적으로 하나가 되는 인간이다. 그러기에, 우리는 4차 산업혁명시대로 인하여 일어난 시간과 공간의 확장, 초연결화, 초지능화, 초개인화, 초융합화라는 삶의 양식의 변화를 인식하고 비판적으로 수용 및 참여하되, 이러한 시대가 요청하는 배려, 공감력, 공동체 의식, 창의적 협업, 비판적 사고, 관계적 사고, 전인적 사고, 통합적 사고를 하며 살아가야 하는 인간이해를 가지고 본 연구의 주제인 영성훈련을 살펴보고자 한다. 영성생활이 하나님의 은혜로 인한 내적인 변화만이 아닌 외적인 실천과 구체적인 삶 전 영역을 통하여 하나님 나라를 구현해가는 여정이며, 영성훈련은 이러한 영적인 여정을 의도적이고, 체계적이고, 일관적으로 돕는 의도적인 행위임을 기억할 때,[19] 영성훈련은 4차 산업혁명으로 인하여 변화되어진 삶의 양식과 이 시대가 요청하는 인간이해가 반영

19　총회목회정보정책연구소, 『영성목회』, 34.

된 교육과정으로의 갱신되어져야 할 필요성이 요청된다. 이러한 관점에서 현재 장로회신학대학교 신학대학원 1학년을 대상으로 실시하고 있는 경건훈련의 교육과정을 살펴보도록 한다.

1) 교육목표

경건교육 규정집 제3장 경건훈련 제13조는 경건훈련의 목표를 "공동생활을 통한 규칙적인 경건생활습관의 내면화와 상호간의 건강한 관계형성을 이루기 위한 것"이라고 적고 있으며,[20] 경건훈련의 목표는 다음과 같다. 1) 공동생활을 통한 규칙적인 생활습관의 내면화와 상호간의 건강한 관계형성을 이루도록 한다. 2) 기도생활을 통한 자아성찰과 내면의 성숙 및 하나님과의 건강한 관계형성을 이루도록 한다. 3) 정기적인 봉사활동을 통한 실천적인 삶의 삶을 형성하도록 한다. 4) 활동생활일과 관상생활성찰과 기도의 조화를 이루는 삶을 추구한다.

2) 교육내용

경건교육규정 시행세칙 제29조에 따르면 경건훈련 내용은 "출입통제, 새벽경건회, 저녁경건회, 공동체 모임, 주말경건훈련, 침묵, 봉사, 자기점검표 작성"으로 이루어지는데, 구체적인 내용은 아래와

---

20 http://www.puts.ac.kr/js_fis/gyujeong/attach/4-4-1%20경건교육%20규정(1).pdf [2020.7.1. 접속]

같다.[21]

1. 생활관 출입통제: 22:30 이후의 모든 활동은 생활관 안에서만 할 수 있다.

2. 새벽경건회: 매주 화요일에서 금요일까지 06:00 (전체)

3. 저녁경건회: 매주 월, 수, 목요일 22:30 (각 방별)

4. 공동체모임: 매주 화요일 21:00 (전체)

5. 주말경건훈련: 한 학기 동안 한 번에 걸쳐 목요일 오후부터 토요일 오후까지 (경건훈련원)

6. 침묵훈련: 매주 월요일에서 목요일까지 23:00부터 다음날 새벽 6시까지

7. 봉사활동: 매주 화요일과 목요일은 새벽경건회를 마친 후 07:00 봉사활동 (주로 강의실, 교내와 교외 청소)

8. 자기점검표: 자기점검표에 예시된 항목들을 매일 참여 여부와 성실도 정도를 스스로 점검, 성실도에 따라 3, 2, 1점을 주고(주말훈련은 6, 4, 2, 1점), 불참은 0점으로 처리. 평점 2점 이상을 PASS로 함.

9. 경건훈련 대상자는 기타 생활관 규정을 준수해야 할 의무가 있다.

(예: 출입통제 지각 1회시 1점, 새벽기도회 1회 불참시 2점 등의 벌점제

---

21 http://www.puts.ac.kr/js_fis/gyujeong/attach/4-4-2%20경건교육%20규정%20시행세칙(1).pdf [2020.7.1. 접속]

가 있으며, 총 14점 이상은 퇴사에 해당한다.)

3) 교육방법

경건교육 규정 [4-4-1] 경건훈련 제14조에는 "신학대학원 신학과 신입생이 1학기와 2학기에 나누어 의무적으로 생활관에 입사하여 공동생활을 하며 경건훈련 과정을 이수해야 하"며 목회연구과 신입생은 주중 영성훈련에만 참여하도록 규정한다.[22] 제15조에 따르면 경건실천과 경건훈련은 각각 필수과목이며[P, NP], 경건실천의 경우 방학 중 집중실천기간을 통해 이수할 수 있고, 경건훈련은 NP인 경우 다음 학년도에 재수강의 기회를 부여한다.[23]

현재 경건훈련의 네 가지 목표와 내용은 4차 산업혁명에서 요청하는 인간이해를 이미 대부분 포함하고 있다. 공동생활을 통한 생활습관의 내면화와 상호관계형성을 통하여는 배려와 공감력과 공동체 의식이 연결되어지며, 기도생활을 통한 자아성찰과 내면성숙과 하나님과의 관계를 형성을 통해서는 비판적 사고, 관계적 사고, 통합적 사고가 반영되어진다. 봉사활동과 실천적인 삶을 통해서는 관계적 사고와 통합적 사고가 연계되어지고, 활동생활과 관상생활의 조화를 통해서는 비판적 사고와 관계적 사고와 통합적 사고가 연결되어진다.

반면, 4차 산업혁명의 삶을 통한 생활양식 변화의 관점에서 경

---

22 http://www.puts.ac.kr/js_fis/gyujeong/attach/4-4-1%20경건교육%20규정(1).pdf [2020. 7. 1. 접속]
23 http://www.puts.ac.kr/js_fis/gyujeong/attach/4-4-1%20경건교육%20규정(1).pdf [2020. 7. 1. 접속]

건훈련의 교육내용을 보면 보다 적극적인 상황화된 교육내용과 방법으로의 변화가 요청되어진다. 첫째, 시간과 공간의 확장과 초연결화를 통한 다중적 공동체 형성이라는 삶의 변화는 지금까지 화요일 저녁 9시에 실행해오던 공동체 모임을 현장모임만이 아닌 온라인과 현장모임이 융합된 플립러닝 flipped-learning 형태의 모임으로 모일 수 있는 가능성을 제시한다. 기존의 화요 공동체 모임의 주된 목적이 전체 경건훈련 학생을 대상으로 경건훈련의 취지와 의미, 과정 및 목회자로서의 정체성과 소명을 주지시키고 경건훈련의 진행 과정을 소통하는 시간이라면, 지식적인 가르침은 온라인 영상으로 모임전에 각자 듣게 하고 모여서는 자신이 들은 내용을 서로 나누며, 토론하며, 협업하여 보다 효율적인 학습과 성장이 일어나는 시간이 될 수 있다. 이렇게 모인다면 현재처럼 대형강의실에 160-170명의 대그룹 학생들이 모여서하는 모임보다 나눔과 가르침의 내용에 따라 다양한 그룹형태를 시도할 수 도 있다. 침묵기도에 대한 훈련도 온라인 영상과 같은 훈련을 받는 학우들간의 SNS를 활용한 공동체적 나눔이 활용된다면, 이에 대한 경험과 지식이 부족한 경건훈련대상자들도 좀 더 효과적으로 침묵기도 및 이와 연계된 주말경건훈련에 보다 효율적으로 참여할 수 있을 것이다.

둘째, 개인적 상황과 필요가 반영한 초개인화와 초지능화적 배움과 성장은 경건훈련의 내용중 저녁경건회에 대한 보다 다양한 시간과 형태를 시도할 수 있는 가능성을 제시한다. 매주 월요일과 수요일과 목요일 밤 10시30분에 생활관 각 방별로 시행하는 저녁 경건회는 현재 자유로운 형식으로 예배를 드리되 경건훈련 대상자들은 자신들이 예배를 드렸던 내용과 참여자를 보고서에 적어서 제출 담당자와 참여자, 나눔을 가진 내용을 보고서에 적어 제출하고 있다. 이 시간이 같은 방에서 생활하는 동료 학우들과 예배의 은혜와 교제의 깊음을 보다 자유로운 형식과 풍성함을 경험하는 시간임을 고려할 때, 현재 지정되어있는 저녁경건회의 시간과 장소를 학우들의 영적 기질과 상황에 따라서 좀 더 선택의 폭을 제공해줄 수 있는 가능성이 보인다. 저녁 경건회를 자유로운 형식으로 드리게 허용한 상황만큼 학우들의 개인적인 영적 성향에 따라서 때로는 통성기도와 뜨거운 찬양을 하기를 원할 수도 있지만, 현재 밤 10시30분에 정해져있는 예배시간은 함께 더불어 사며 타인을 배려해야 하는 생활관 안에서 매우 제한된 형태의 기도와 찬양만이 가능한 상황이다. 때로는 기숙사 방이 아닌 다른 공간에서 드려질 수도 있는 저녁경건회가 밤 10시30분으로 정해져 있다보니 예배의 형태와 장소도 함께 개인적 상황과 필요가 반영한 초개인화와 초지능화적 배움과 성장이 일어나기에 제한이 된다. 경건기간중에 매주 화요일과 목요일 새벽기도 후에 참여하는 봉사활동 역시 학교에서 정해준 구역을 청소하는 형태보다 학생들에게 먼저 봉사하고 싶은 구역을 신청하여 보다 적극성과 자발성을 갖고 참여할 수 있게 도울 수 있으며, 또한 봉사한 것에 대한 나눔을 같은 구역을 섬긴 공동체안에서 혹은 온라인 상의 경건훈련 공동체 안에 각자의 봉사활동 피드백을 공유할 수 있다면 더욱 의미있는 봉사활동이 되리라 기대한다. 또한, 경건훈련 기간중에 매일 작성하는 자기점검표 역시 초개인화와 초지능화적 관점에서 보면 참여하는 경건훈련 대상자들의 개인적인 영적상황, 사명적 필요, 공동체적 평가가 좀 더 반영된 자기점검표로의 갱신이 요청된다. 현재는 저녁경건회, 새벽경건회, 출입통제, 봉사, 침묵, 시간관리, 대인관계, 정직성, 주말훈련 등 아홉 항목에 대해 스스로 3, 2, 1점을 주고(주말훈련은 6, 4, 2, 1점), 불참은 0점으로 처리하여 평점 2점 이상이 되어야 PASS되는 상황이다. 물론 현재 점검해야 하는 항목들은 공동체적으로 볼 때 경건훈련 교육목적을 반영한 항목들로 구성되어 있지만, 개인적인 측면에서 보면 경건훈련자의 개별적 사명과 관심을 반영할 수 있는 항목이 점검될 공간이 제한된다. 또한 평가의 영역에 있어서도 개인적인 자기평가만이 아니라 같은 방을 생활한 공동체원들이 평가해주는 상호평가가 추가될 때 보다 균형적인 평가로 자신의 경건훈련의 여정을 살펴볼 수 있다.

셋째, 초융합화를 통한 공동체적 연대와 네트워크라는 4차 산업혁명시대적 삶의 양식은 새벽경건회 시간 이후에 드려지는 중보기도 시간을 좀 더 창의적인 연대와 실행까지 연계할 수 있는 영적 실천의 장으로 만들 수 있게 도울 수 있다. 현재 새벽경건회는 매주 화요일에서 금요일까지 오전 6시에 채플실에서 경건훈련자 전원이 참여하여 드려지고 있으며, 보통 예배 중에 공동체 중보기도제목을 함께 나누고 기도하는 시간을 갖는다. 이 기도 제목안에는 요일별 공동체 기도제목이 포함되며, 예배가 마치면 스크린상에 중보기도할 선교지역의 선교사님과 구체적인 기도제목이 게시된다. 이렇듯 현재 새벽경건회 시간을 통해서 대부분의 경건훈련자들은 현재 우리가 살아가는 시대의 이슈와 선교지역에서의 기도제목을 함께 공유하며 기도하고 있으나, 개인과 공동체, 공동체와 생태까지 포함하는 초융합화를 통한 공동체적 네트워크의 시대 안에서 이러한 새벽경건회의 연대와 참여는 조금 더 적극적으로 실천할 수 있다. 예를 들면, 경건훈련 대상자들이 함께 속해있는 SNS상의 공동체안에 자신들의 사명과 관심분야에 따른 자료나눔과 기도제목을 다양한 영역별로 공유하게 하거나, 더 나아가 구체적인 활동으로 참여할 수 있는 다양한 플랫폼을 함께 제공할 수 있다면, 요일별로 드려지는 기도는 채플실로부터 중보기도하는 대상의 현장과 이슈와 활동과 보다 구체적이고 전인적이며 통합적으로 융합될 수 있을 것이다. 이러한 초융합화를 통한 공동체적 연대와 네트워크는 새벽기도회만이 아니라 경건훈련 공동체 안의 다양한 실천현장에서 학생 자기주도적인 경건활동으로 발전할 수도 있을 것이다.

V. 4차 산업혁명 시대의 영성훈련을 위한 기독교교육적 함의

지금까지 살펴본 4차 산업혁명에 따른 영성훈련의 갱신요청은 다음과 같은 기독교교육적 함의점을 발견하게 한다. 첫째, 영성훈련교육의 내용은 인간과 하나님, 인간과 타자, 인간과 자기 자신과의 관계 안에서 초월적인 하나님을 경험하며 나아가는 내적인 변화와 실존적인 삶의 구체적인 모든 삶의 자리에서의 외적인 실천을 포함하는 말씀과 기도, 찬양과 침묵, 봉사와 섬김, 성찰과 연대를 포함하되, 급격히 변화되어지는 시대안에서 더욱 요청되어지는 인간의 고유한 영역과 역량을 구비시켜 줄 수 있는 내용들이 적극 반영되어야 한다. 4차 산업혁명의 기술공학적 발전으로 인하여 기계와 기술로 대체할 수 없는 인간만의 자기반성과 공감, 사회적 도덕과 윤리적 책임, 공공의 선과 가치에 대한 성경적이고 신학적인 영적실천과 분별의 역량이 영성훈련의 내용에 포함되는 것은 물론이고, 지속적으로 변해가는 세상을 읽어낼 수 있는 디지털 미디어를 합당하게 읽고 해석하고 생산하고 유통하고 공유하는 디지털 리터러시 역량이 함께 포함되어야 한다. 이러한 역량 안에는 회중들이 살아가는 일상의 삶에서 매일 마주하는 사회와 경제, 문화와 교육, 종교 등 다양한 삶의 이슈들과 이와 관련된 미디어 자료를 찾아내고 걸러내는 기술적, 인지적 "미디어 접근 능력", 찾아낸 미디어의 내용을 합당하게 분석하고 평가하는 "비판적 이해능력", 자신의 관심과 가치와 관점에서 미디어를 재구성하고 공유하는 "창의적 표현 능력", 자신의 표현할 줄 알며 공적인 담론의 과정에 참여하는 "사회적 소통 능력"이 포함되어진다.[24] 이러한 역량들을 통해 4차 산업혁명시대안에서 살아가며 경험하는 일상의 삶의 변화와 공동체 및 사회적인 변화는 영성훈련의 매우 중요한 핵심적인 앎의 대상으로 재개념화되어야 하며, 영성훈련의 내용은 피교육자들로 하여금 세상 속에 하나님 나라를 세워가기 위한 제자직과 시민직을 균형 있게 채워내는 영적 리더로 양육되어져야 한다.

---

24   이숙정, 『디지털 미디어 리터러시: 미디어에 대한 올바른 이해와 활용』(파주: 한울아카데미, 2018), 8-9.

둘째, 영성훈련의 교육방법은 빠르게 변화하는 세상 안에서 더욱 창의적이고 융합적이어야 하며, 관계적이며 통합적이어야 한다. 초연결화의 세상 속에서 개인 혼자만이 아닌 더불어 함께 배워가며, 초개인화의 세상 속에서 각자의 수준과 관심, 기질과 사명이 반영된 교육방법이 영성훈련의 과정에 반영되어야 한다. 이를 위하여 같은 교육내용의 말씀성찰과 기도와 같은 내적변화와 봉사와 섬김과 같은 외적인 실천을 위한 영성교육훈련을 참여할지라도 동일한 교육방법이 아닌 피교육자들의 개인적인 기질, 영적수준, 소명의 영역에 따라서 다양한 시간과 장소, 매체와 스타일, 모임인원과 기간 등을 보다 창의적이고 자기주도적으로 참여할 수 있도록 도와줄 수 있다. 또한, 초융합화의 세상 속에서 다양한 범주 안에서 지속적으로 관계맺고 참여하고 삶의 의미를 찾아가는 세상 속에서 회중들의 영적 삶을 의미 있고 효율적으로 돕기 위해서는 교육의 내용이 더욱 변치 않는 진리를 붙드는 반면, 교육방법은 점점 더 현장반영적, 가치융합적이 되기 위하여 피교육자의 사명과 관심 및 섬기는 현장에 따라 생활관 안에서만이 아니라 생활관과 외부 현장실천의 다양한 기관과도 연계하여 실천할 수 있다. 이렇듯 초연결화, 초개인화, 초융합화를 반영한 교육방법이 확장되어지는 과정 안에는 피교육자들의 영성훈련을 담당하는 영성교수와 외부기관 지도멘토들로 구성된 협력적 영적지도팀이 구성되어야 하며, 이를 위하여 피교육자들의 영성훈련을 함께 지도하며 상시 공유할 수 있는 피교육자별 온라인 영성훈련 포트폴리오 플랫폼이 함께 구축되어 실천되어 질 수 있다.

세째, 4차 산업혁명시대의 영성훈련에서 교사와 피교육자는 가르치는 자와 배우는 자의 관계이면서 동시에 함께 배우고, 함께 알아 가는 자로 이해되어진다. 영성훈련에서 교사의 핵심적인 역할 중의 하나는 훈련받는 자들의 영적상태를 확인하고, 그들의 상황과 수준에 필요한 지도를 제공해야 하는 영적지도자의 역할이 요청되기에 교사 는 가르치는 자로 책임과 역할이 있다. 반면, 변화되는 세상을 함께 배워감이 중요한 영성훈련의 영역임을 기억할 때, 이러한 변하는 세 상을 교사와 학생은 함께 배워가는 실존 앞에 서게 되기에 4차 산업 혁명의 시대 안에서 교사는 가르치는 자이자 동시에 학생과 함께 세 상 및 세상을 주관하시고 이끌어가시는 하나님을 알아가는 자의 정체 성을 갖게 된다. 이러한 관점에서, 영성훈련의 장은 교사와 피교육자 모두의 삶 전 영역으로 확장되어지게 되어, 그들의 온라인과 오프라 인에서의 모든 삶의 현장 및 명시적인 영성훈련의 내면적인 교육현장 과 외적인 실천의 모든 자리들까지 중요한 영성훈련의 장으로 재개념 화되어져야 한다. 그러기에, 우리가 살아가는 세상속에서의 일상과 그 이슈로 인하여 모여지는 만남의 장은 영성교육의 중요한 현장이 되며, 피교육자들이 시간과 공간을 초월하여 함께 나누고 교제하는 온라인상에서의 공동체 모임은 제한된 시간과 장소에서 모이는 현장 훈련의 모임의 보조모임이나 대체모임이 아니라 각각 '따로 그러나 또 같이' 같은 목적과 내용으로 모이는 융합된 훈련의 장으로 새롭게 해석되어 질 수 있다.

VI. 결론

개혁교회 전통 안에서 기독교 영성훈련은 하나님의 백성들이 하나님의 은혜로 시작된 내적이고 외적인 변화와 실천을 통해 하나님 나라를 세워가는 여정을 도와왔다. 이 여정은 늘 변화하는 세상앞에서 변하지 않는 진리를 전하여 그 시대와 역사 위에 하나님 나라를 세워가려는 노력이었기에, 그 현장마다 변치 않는 진리와 변하는 세상 간의 치열한 만남과 대화는 함께 했다. 4차 산업혁명이라는 매우 급격히 변하는 세상을 맞이하며 우리는 다시 이 치열한 대화 안으로 들어오게 되었다. 새 포도주는 새 부대에 담아야 하는 것처럼, 이 시대에 하나님께서 부어주시는 새 포도주를 합당하게 받아내기 위해 우리는 합당하게 새 부대를 준비하고 담아내야 한다. 소망키는 이 연구를 통하여 살펴본 4차 산업혁명 시대로 다가온 삶의 변화와 인간이해의 변화를 통해 발견한 영성훈련의 갱신요청의 관점에서 경건훈련에 대한 갱신과 이를 통한 영성훈련에 대한 기독교교육적 함의가 하나님의 새 포도주를 보다 합당하게 담아내는 새 부대를 세워가는 의미 있는 디딤돌이 되어지기를 간절히 바란다.

참고문헌

곽진상. 박찬호, 한민택 편저, 『4차 산업혁명과 신학의 만남』. 성남: 수원가톨릭대학
    교출판부, 2019.

구본권. 『로봇시대, 인간의 일』. 서울: 어크로스, 2017.

김난도 외 4인. 『트렌드 코리아 2017: 서울대 소비트렌드분석센터의 2017 전망』. 서
    울: 미래의창, 2016.

오인규. "AI 물결 속 다중경험과 인간증강시대 활짝." 「의학신문」. 2019. 12. 27.

유해룡. "기독교 영성의 뿌리." 『교육교회』(1993. 10), 51-57.

_____. "개혁주의 영성." 『교육교회』(1994. 3), 57-62.

_____. "이냐시오식 영성훈련법." 「기독교사상」 428 (1994. 8), 202-212.

이숙정. 『디지털 미디어 리터러시: 미디어에 대한 올바른 이해와 활용』. 파주: 한울아
    카데미, 2018.

임창호. "4차 산업혁명시대의 기독교교육 방향성 제고." 「기독교교육논총」 56
    (2018), 11-44.

슈밥, 클라우스. 『제4차 산업혁명』. 송경진 옮김. 서울: 새로운현재, 2016.

_____. 『4차 산업혁명의 충격: 과학기술 혁명이 몰고올 기회와 위협』. 서울: 흐름출
    판, 2016.

Rheingold, Howard. *The Virtual Community: Homesteading on the Electronic Frontier.*
    New York: Simon & Schuster, 1993.

Heim, Michael. 여명숙 옮김. 『가상현실의 철학적 의미』. 서울: 책세상, 1997.

총회목회정보정책연구소. 『영성목회』. 서울: 한국장로교출판사, 2014.

https://www.fnnews.com/news/201610182213217967 [2020. 6. 1. 접속].

http://www.puts.ac.kr/js_fis/gyujeong/attach/4-4-1%20경건교육%20규정(1).pdf
    [2020. 7. 1. 접속].

http://www.puts.ac.kr/js_fis/gyujeong/attach/4-4-2%20경건교육%20규정%20시행
    세칙(1).pdf [2020. 7. 1. 접속].

4장

⚜

장신경건훈련의 성찰과 모색을 위한
경건(*pietas*)에 대한 조직신학적 이해

백충현 교수, 조직신학

I. 서론[1]

장로회신학대학교 ^{이하 장신대}의 학훈은 '경건 ^{敬虔}과 학문 ^{學問}'이다. 이종성 교수가 장신대의 학장으로 취임한 이래 이 학훈을 제창하였다.[2] 그는 제10대 학장으로서 1971년 5월 19일 개교 70주년 기념예배에서 진행된 학장취임강연에서 "본 대학을 한국의 '칼빈 아카데미'"로 육성하겠다고 밝혔다.[3] 장 칼뱅 ^{John Calvin, 1509-1564}이 1559년에 설립한 제네바 아카데미 ^{Genevan Academy}의 학훈이 바로 '경건과 학문' ^{pietas et scientia}이었다. 이러한 표현은 이 아카데미의 초대학장인 테오도르 베자 ^{Theodore Beza}의 취임연설에서도 잘 드러나 있다. 베자는 "참된 경건과 모든 학문들에 관한 지식으로 잘 준비함으로써 여러분은 하나님의 영광에 기여할 수 있습니다."[4]라고 말하였다. 그리고 장신대의 교육이념 ^{ideals}은 "예수 그리스도의 복음전파와 하나님나라의 구현"이며, 교육목적 ^{purpose}은 "하나님나라의 시민 육성, 그리고 교회, 사회 및 국가

---

1   이 글은 본래 2020년 3월부터 2021년 2월까지 진행된 장신대 경건교육연구위원회에서 발표되었다. 본래의 글의 영어번역은 2021년 5월 26-27일 "한국과 헝가리에서의 개혁교회 유산"(Reformed Legacy in Korea and Hungary) 주제로 온라인으로 개최된 제4회 한·헝국제학술대회에서 "Reformed Legacy in the Area of Systematic Theology of PUTS - Centering around Its Understanding of *Pietas*" 제목으로 발표되었고 영문 책으로 출판될 예정이다. 아울러 본래의 글은 추가적으로 수정 및 보완되어 아래와 같이 출판되었다. 백충현, "경건(敬虔, *pietas*)에 관한 장신 조직신학자들의 이해에 대한 분석," 「선교와 신학」 55 (2021년 10월), 127-151.

2   고 김이태 교수 저작 출판위원회 편. 『중심에 서는 신학 - 김이태의 신학세계』(서울: 장로회신학대학교출판부, 1994), 47.

3   김인수, 『장로회신학대학교 100년사』(서울: 장로회신학대학교, 2002), 411-412.

4   박경수, 『교회의 신학자 칼뱅』(서울: 대한기독교서회, 2009), 318-319.

에 봉사할 지도자와 교역자 양성"이다. 이러한 교육이념과 교육목적 하에서 추구하는 교육목표 objective 는 "경건의 훈련, 학문의 연마, 복음의 실천"이다. 그러므로 장신대는 그동안 이와 같은 원리들에 맞추어 경건과 관련된 여러 교육과 훈련을 실시하여 오고 있다.

장신대 개교 120주년이 되는 2021년을 바라보는 현시점에서 그동안 진행되어 왔던 '장신경건훈련'에 대한 성찰 작업의 일환으로 시도된 이 글은 '경건' pietas/piety 에 대한 조직신학적 이해를 정리하여 제시하고자 한다. 그런데 장신대 안에서는 학훈의 한 중심축인 경건에 관한 연구는 거의 진행되지 못하였고,[5] 다만 근래에는 영성에 관한 연구가 여러 편이 있음을 알 수 있다.[6] 그래서 본 본문에서는 연구의 범위를 한정하여 장신대에서 경건이 조직신학적으로 어떻게 이해되어 왔는지를 정리하고자 한다. 이를 위하여 먼저 장신대 조직신학에서 주로 다루는 개혁신학자들, 즉 장 칼뱅, 프리드리히 슐라이어마허, 칼 바르트의 경건 이해를 살펴본다. 그런 다음에 장신대 조직신학자들 중에서 경건에 대해 다루었던 김이태, 이수영, 김명용, 현요한, 최윤배의 논의의 내용을 분석하고자 한다.[7] 이러한 작업을 통하여 '장신경건훈련'이 그동안 추구하였던 '경건'의 내용들과 그 함의들을 더 선

---

5 서정운, "경건 단련" 「교회와 신학」 11집 (1979), 40-62; 장흥길, "신약성경에 나타난 '경건,'" 「장신논단」 17 (2001년 12월), 30-48; 이상조, "개신교적 경건 이해에 대한 연구 – 16-20세기 루터교회의 경건 이해의 변화를 중심으로," 「장신논단」 52-5 (2020년 12월), 89-130.

6 김경은, "개신교 영성훈련의 현재와 전망 – 관계적 · 통전적 경험의 내면화를 지향하며," 책임편집 박상진, 『제1회 장신신학강좌 – 한국교회와 장신신학의 정체성』(서울: 장로회신학대학교출판부, 2016), 457-484; 오방식, "리처드 백스터의 천상적 관상을 위한 묵상방법에 대한 연구," 「장신논단」 51-5 (2009년 12월), 303-327. 장신목회상담학회 엮음, "영적지도와 목회상담의 관계," 『일반상담과 목회상담 (오성춘교수 회갑기념논문집)』(서울: 예영커뮤니케이션, 2003), 429-471; 오성춘, 『영성과 목회 – 기독교 영성훈련의 이론과 실제』(서울: 장로회신학대학교출판부, 1989); 유해룡, "영성훈련의 의미와 방법," 사미자 엮음, 『한국교회와 정신건강』(서울: 장로회신학대학교출판부, 1998), 233-263. "칼빈의 영성학 소고," 「장신논단」 16 (2000년 12월), 544-563.

명하게 이해하고 정리하는 데에, 그리고 미래를 향해 나아가는 장신 대의 경건훈련이 새롭게 지향해야 할 점들을 모색하는 데에 나름대로 논의를 풍성하게 하여 주리라 기대한다.

II. 경건에 대한 개혁신학자들의 이해

1. 장 칼뱅(John Calvin, 1509-1564)
— 참된 경건의 형성을 목적으로 하는『기독교강요』

칼뱅의 주저 『기독교강요』Institutes of the Christian Religion 최종판 1559 전체가 경건 piety에 관한 책이다.[8] 물론 그가 이 책의 특정 부분에서 경 건을 따로 집중적으로 다룬 것은 아니지만, 경건이 이 책 전체의 기본 적인 전제와 바탕과 토대가 되고 있다. 『기독교강요』의 초판 1536을 쓸 때부터 칼뱅은 프랑스 왕 프랑스와 I세에게 보낸 서문에서 이 책의 목 적을 분명하게 밝혔는데, 이 목적이 바로 경건의 형성이다. "나의 목

---

7 1960년대 이후부터 최근까지 장신대 조직신학의 흐름에 관해서는 다음을 참고하라. 백충현, "제4 장 장신 조직신학," 신옥수, 김정형 책임편집, 『장신신학의 어제와 오늘』(서울: 장로회신학대학교 출판부, 2019), 135-194.

8 John Calvin, *Institutes of the Christian Religion* (1559), trans. Ford Lewis Battles (Philadelphia: The Westmnister Press, 1967).

적은 종교에 열심히 감동된 자들이 참된 경건에로 형성되도록 하기 위한 어떤 기초원리들을 전달하는 것일 뿐입니다."[9]라고 말하였다.

그러기에 칼뱅은 Ⅰ권 앞에서부터 경건에 관하여 다루고 있다. Ⅰ권 1장 1-3절에서 칼뱅의 그 유명한 상관관계 correlation 를, 즉 하나님에 관한 지식과 인간에 관한 지식 사이의 상관관계를 제시한다. 그런 후에 곧 바로 Ⅰ권 2-5장에서 하나님에 관한 지식을 다루는데, 이 부분의 가장 처음에서 경건을 하나님에 관한 지식을 위한 필수조건이라고 여긴다. 여기에서 경건은 "하나님에 대한 사랑 love 과 결합된 [하나님에 대한] 경외 reverence"를 가리킨다.[10] 그래서 경건한 마음은 한 분이시며 유일하게 참된 하나님을 관상하며 contemplate, 하나님께서 만물을 통치하심을 알기에 하나님께 자신을 전적으로 드려 신뢰한다 trust. 그리고 경건한 마음은 하나님을 사랑하고 경외하기에 하나님을 주님으로 예배하고 worship 찬양한다 adore.[11]

그러나 칼뱅에 따르면, 모든 인간에게 "하나님에 대한 의식" an awareness of divinity 또는 "하나님에 대한 감각" a sense of divinity, 그리고 "종교/경건의 씨앗" seed of religion 이 심겨져 있음에도 불구하고[12] 이것을 조성하고 숙성시킨 사람은 찾아보기가 아주 힘들다. 어떤 이들은 하나님을 미신들로 증발시켜 버리고 어떤 이들은 고의로 사악하게 하나님을 저버리면서 모두 하나님에 대한 참된 지식으로부터 퇴보하여 진정한 경

---

9 위의 책, 9.
10 위의 책, I, ii, 1.
11 위의 책, I, ii, 2.
12 위의 책, I, iii, 1-3.

건이 세상에 전혀 남지 않게 되었다. 그래서 사람들은 허영, 완고, 교만, 공허한 사변, 억측, 파멸에 빠져서 하나님을 예배하는 것이 아니라 자신들의 마음의 허구와 망상을 예배한다. 그래서 하나님을 생각하지 않으며, 하나님의 존재를 부정하고,[13] 또한 하나님에게 대적한다.[14]

그러기에 이제 인간은 "자연의 빛"the light of nature 보다는 "말씀의 빛" the light of the Word 이며 안경과 같은 성경을 통하여 하나님을 더 분명하게 알아가서 하나님을 창조주로서 뿐만 아니라 구속주로서 알아기는 이중적 인식 Duplex cognitio 을 통해 구원에로 나아가야 한다.[15] 하나님께서 성경에서 기쁘신대로 자신을 증거하신 내용을 우리가 경외하여 받아들일 때에 하나님에 대한 참된 이해가 생겨나며, 또한 순종을 통하여 하나님에 대한 신앙과 모든 참된 지식이 생겨난다.[16]

하나님의 말씀에 근거하되 성령의 역사로 일으켜진 믿음을 통하여 우리는 그리스도께로 나아가며,[17] 그 믿음의 결과로 회개 곧 중생을 경험하고 칭의와 성화라는 이중의 은혜 double grace 를 받는다.[18] 회개는 육의 죽임 mortification 과 영의 살림 vivification 으로 구성된다. 이것은 우리 자신의 본성을 부정하지 않는다면 하나님의 법에 순종할 수 없음을 의미한다. 즉, "우리는 성령의 검에 의하여 호되게 죽임을 당하여 진멸되지 않는다면, 우리는 하나님에 대한 경외에 일치하지 않으며

---

13 위의 책, I, iv, 1-4.
14 위의 책, I, v, 4.
15 위의 책, I, ii, 1. 그리고 I, vi, 1-2.
16 위의 책, I, vi, 3.
17 위의 책, III, i, 1-4. 그리고 III, ii, 1 & 6.
18 위의 책, III, xi, 1.

경건의 기초원리들을 배우지 못한다"는 점을 의미한다. 이를 통하여 우리는 하나님의 형상을 회복하는 목적으로 나아간다.[19] 그러기에 "기독교인들의 전체 삶은 일종의 경건의 실천이어야 한다. 왜냐하면 우리는 성화에로 부름을 받았기 때문이다."[20]

2. 프리드리히 슐라이어마허(Friedrich Schleiermacher, 1768-1834) — 절대 의존의 감정으로서의 경건

개혁교회의 목사 가정에서 태어났고 또한 개혁교회의 목사로 활동하였던 프리드리히 슐라이어마허는 근대성의 합리성의 흐름 속에서도 나름대로 감정을 강조하던 낭만주의들에게 『종교를 멸시하는 교양인에게 보내는 종교론』On Religion: Speeches to Its Cultured Despisers, 1799을 저술하였다. 여기에서 그는 종교는 일차적으로 지식/교리 knowing가 아니며 또한 행위/실천doing이 아니라, 직관intuition과 느낌feeling과 관련된 감정Gefühl이라고 주장한다. 즉, 종교는 개인 영혼의 내면으로부터 나오는 것으로 우주의 무한자에 대한 감각과 맛a sense and taste for the infinite이라고 주장한다.[21]

이러한 점을 바탕으로 슐라이어마허는 1821-1822년(1판)/

---

19 위의 책, III, iii, 1-9.

20 위의 책, III, xix, 2.

21 Friedrich Schleiermacher, *On Religion: Speeches to Its Cultured Despisers*, trans. Richard Crouter (Cambridge: Cambridge University Press, 1996).

1830-1831년(2판)에 저술한 『기독교 신앙론』The Christian Faith 에서 모든 교회적 연합 또는 교제의 기초를 형성하는 경건 piety 은 일차적으로 지식/앎 knowing 도 아니며 행위/실천 doing 도 아니라, 느낌 feeling 또는 직접적 자기의식 immediate self-consciousness 과 관련된 것이라고 주장한다. 그리고 지식/앎과 행위/실천은 모두 경건의 본질을 형성하지는 못하지만, 이 두 가지는 느낌이 이 두 가지와 연결되는 한에 있어서 경건과 관련된다고 말한다. 그러기에 그는 경건은 지식/앎과 행위/실천과 느낌이 결합되어 있는 상태라고 주장한다. 그런 다음에 그는 이러한 경건이 다양하게 표현된다고 하더라도 공통적인 요소는 바로 하나님과 관련된 "절대 의존의 감정" feeling of absolute dependence 이라고 규정하고 이것에 대한 분석을 바탕으로 조직신학 전체를 구성한다.[22]

경건에 관한 슐라이어마허의 논의에서 주목할만한 점은 직접적 자기의식의 최고의 형태가 절대 의존의 감정인데, 이러한 종교적 자기의식은 발전하여 연합 또는 교제를, 즉 교회를 형성한다. 그러기에 그에게 경건은 개별적인 것이면서도 동시에 인간 본성에 보편적이고 또한 공동적 또는 공동체적인 것이라고 할 수 있다. 그러한 종교적 자기의식이 나사렛 예수가 이룩한 구속과 관계되는 한에 있어서 기독교적인데, 그리스도가 만드신 새로운 공동적 삶으로서의 기독교적 삶은 이것의 공통적 영으로서의 성령에 의하여 또한 서로 간의 활동과 영향을 통하여 더 심화되어 간다.

---

22   Friedrich Schleiermacher, *The Christian Faith Vols. I-II*, ed. H. R. MacKintosh and J. S. Stewart (New York: Harper & Row, 1963).

3. 칼 바르트(Karl Barth, 1886-1968)
— 인간의 가능성으로서의 경건에 대한 비판

칼 바르트는 전반적으로 '경건'에 대해 비판하는데, 이러한 입장은 19세기 신학에 대한 그의 비판 때문이었다. 처음에는 하르낙의 수업을 들으면서 슐라이어마허에 대한 관심을 가지고 그를 종교개혁의 계승자로 이해하였으나, 1914년 발발한 제1차 세계대전에 대한 독일 황제의 정책을 하르낙을 비롯한 다수의 자유주의 신학자들이 찬성하는 것을 보고 자유주의 신학 전반과 심지어 슐라이어마허에 대해서까지 의심하고 비판하였다. 신학에서의 인간중심주의를 비판하고 하나님의 말씀 또는 계시를 강조하는 하나님중심주의를 제시하였다.

칼 아담의 평가처럼 자유주의 신학자들의 놀이터에 떨어진 폭탄이라고 여겨지는 『로마서 강해』The Epistle to the Romans, 1판 1919년 출판, 2판 1922년 출판에서 바르트는 "경건이 아무리 순수하고 정교하다고 하더라도 믿음faith은 '경건 piety과 결코 동일하지 않다."고 주장한다. 여기에서 경건과 대조적으로 이해되고 있는 믿음은 "하나님에 대한 신뢰trust"이며 "하나님에 대한 사랑love"으로서 "하나님과 인간 사이에, 그리고 하나님과 세계 사이에 질적인 차이를 의식하는 것"이다. 이러한 믿음이 일어날 때에 깊은 감정/느낌, 강력한 확신, 높은 인식 및 도덕적 행동은 믿음에 뒤따라 나오는 표지들이다. 경건도 그러한 표지들 중의 하나일 뿐인데, 그러한 표지로서의 경건은 세계에 주어져 있는 모든 다른 것들의 지양Aufhebung/dissolution이며 또한 그 자체의 지양으로서 표지일 뿐이다.[23]

19세기 신학에 대한 비판의 연장선에서 바르트는 종교[religion]를 비판한다. 여기에서의 종교는 이 세상에서의 인간의 가능성[human possibility]으로서의 종교를 의미하는데, 바르트는 이러한 종교는 삶의 문제를 발견하지도 해결하지도 못하고 다만 인간의 죄의 현실과 죽음의 불가피성을 드러낼 뿐이라고 주장한다. 그러나 바울이 다메섹 도상에서 경험한 회심은 이 세상에서의 인간에 대한 지양인데, 이러한 점을 종교개혁자들은 잘 이해를 하였지만 근대 신학자들은 자신들의 경건의 안경으로 바울을 보았기에 오해하였다. "예수 그리스도는 모든 경건 너머에[beyond all piety] 계시며, 모든 인간적 가능성 너머에 계시는 새로운 인간이시다. 예수 그리스도는 이 세상에 속한 인간의 총체적인 모습의 지양이시다."[24]

---

23   Karl Barth, *The Epistle to the Romans*, trans. Edwyn C. Hoskyns (Oxford: Oxford University Press, 1968), 39-40.

24   위의 책, 257-270.

III. 경건에 대한 장신 조직신학에서의 논의

1. 김이태 — 경건과 학문의 상관성

김이태는 장신대의 학훈인 '경건과 학문'의 연원이 1559년에 설립된 제네바 아카데미에 있음을 언급하면서, 장신대가 칼뱅의 전통 위에 있기에 칼뱅신학에서 학문과 경건이 어떠한 관계인지를 연구한다.[25]

먼저, 칼뱅신학에서 학문*scientia, science, Wissenschaft*의 개념과 관련하여 김이태는 학문이 곧 지식*scientia*을 가리키는데 칼뱅신학에서 매우 중요한 위치를 차지한다고 주장한다. 그 예로 칼뱅의 『기독교강요』의 맨처음인 I권 1장 i절이 "우리가 갖고 있는 거의 모든 지혜, 곧 참되며 건전한 지혜는 두 부분으로 되어 있다. 그 하나는 하나님에 관한 지식*scientia*이요, 다른 하나는 우리 자신에 관한 지식*scientia*이다."로 시작함을 제시한다. 그리고 I권의 제목이 "창조주 하나님에 관한 지식*scientia*"이며 II권의 제목이 "그리스도 안에 계신 구속자로서의 하나님에 대한 지식*scientia*"임을 제시한다. 그만큼 칼뱅신학에서 학문, 즉 지식*scientia*이 아주 중요하다고 주장한다.

---

25 김이태, "칼빈신학에 있어서 경건과 학문의 상관성 연구," 고 김이태 교수 저작 출판위원회 편, 『중심에 서는 신학 – 김이태의 신학세계』(서울: 장로회신학대학교출판부, 1994), 47-63. 이 글은 본래 「교회와 신학」 12집 (1980), 30-45에 실려있다.

그렇지만, 김이태의 분석에 따르면, 칼뱅신학에서의 지식은 사변적인 것이 아니며, 단순히 객관적인 냉담한 태도에서 나오는 것도 아니며, 단순한 이지적 대답으로 주어지는 것도 아니다. 그 대신에 칼뱅신학에서의 지식은 항상 "창조주로서의 하나님과 그의 피조물로서의 인간과의 관계에서 얻어지는" 지식을 뜻한다. 칼뱅신학에서 하나님은 인격적 관계를 지니시는 분이시기에 신학이 이론적이거나 사변적이어서는 안되고 실천적 성격을 띨 수 밖에 없다. 이와 같이 분석한 후에 칼뱅신학에서의 학문은 "단순히 머리를 스치는 그런 지식이 아니라, 전 인격을 바쳐 정열적으로 하나님께 응답하는 자세에서 오는 그런 실존적이고 실천적인 것이다."[26]라고 말한다.

그러기에 김이태는 이와 같은 학문/지식의 개념에서는 경건이 참된 지식의 선결조건으로서 중요하다고 말한다. 그러면서 김이태는 "경건이라 할 때 나는 … 하나님께 대한 사랑과 그에 대한 외경의 결합을 의미한다"는 칼뱅의 진술을 인용하면서 칼뱅에게 경건은 하나님께 대한 외경과 사랑의 결합임을 강조한다. 외경은 하나님 앞에서 떨리는 감정으로서 하나님이 과연 누구이신지를 참으로 깨닫는다면 하나님 앞에서 떨지 않을 수 없다. 또한, 하나님이 어떠한 분이신지를 안다면 하나님을 흠모하고 사랑하지 않을 수 없다. 그러기에 하나님께 대한 외경과 사랑이 모두 경건에서 중요한 요소들이다.

그런 다음에 김이태는 경건에 대한 슐라이어마허의 이해와 칼뱅의 이해를 비교하여 분석한다. 김이태는 슐라이어마허가 경건의 감

---

26 위의 책, 54.

정을, 즉 절대 의존의 감정을 신학의 한 요소로서만이 아니라 신학 전체를 끌어내는 기초로 여겼다고 평가한다. 이런 점에서 경건이 슐라이어마허의 신학 전체에서 매우 중요한 위치를 차지한다. 그렇지만 김이태는 칼뱅과 슐라이어마허 사이에는 각각의 강조점의 차이가 있다고 분석한다. 칼뱅에게서는 경건을 불러일으키는 주체는 어디까지나 인간이 대하는 대상, 즉 하나님에게 강조점이 있는 반면에, 슐라이어마허에게서는 강조점이 경건의 감정의 주체로서의 인간 자신에게 있다고 분석한다. 그러나 강조점에서 차이가 난다고 하더라도 둘 모두에게 경건이 신앙과 신학에서 매우 중요한 위치를 차지하고 있음이 분명하다.

더 나아가서, 김이태는 칼뱅신학에서 경건과 학문/지식이 서로 분리되어 있지 않고 서로에게 침투하여 혼연일체가 되어 하나의 신학을 이룬다고 분석한다. 하나님은 인격의 원형으로서 인격적 존재이시기 때문에 인격적 방법으로서 하나님을 알 수 있는데, 그것은 하나님 편에서의 계시에 대해 인간이 경건한 심정으로 받아들이고 응답하는 것이라고 말한다. 여기에 경건과 학문과의 상관성이 있다. "알지 못하고는 참된 경건이 일어나지 않는다고 말할 것이 아니고 참으로 알기 위하여는 경건된 자세로 학문에 임하지 않고서는 안된다고 말해야 하며, 동시에 경건된 자세가 아니고는 참된 앎이 없다고 말할 것이 아니라 참된 경건을 보일 수 있기 위하여는 참으로 바로 알아야 된다고 말해야 된다."[27]

---

27 위의 책, 60.

그러기 때문에 김이태는 이러한 경건과 학문 사이의 상관성과 긴장성은 성경이라는 공통분모 안에서 비논리적 논리 위에서 해결될 수 있다고 제시한다. 그러므로 김이태는 경건과 학문 그 어느 쪽도 소홀히 여겨서는 안된다고 주장한다. 경건을 통하여 학문의 질을 더욱 높여 갈 것이고, 참된 지식을 통하여 경건을 더욱 깊게 해 가야 할 것이라고 주장한다.

2. 이수영 — 경건의 꽃과 열매로서의 예배 & 기도

이수영은 칼뱅을 본격적으로 연구한 학자로서 칼뱅의 『기독교 강요』뿐만 아니라 여러 주석들을 검토하여 경건의 개념을 분석하고 체계적으로 정리한다. 그는 칼뱅의 경건의 개념을 ① 일차적 또는 협의의 의미로, ② 부수적 또는 광의의 의미로 구별하여 논의한다. 전자는 하나님과의 수직적 관계와 연관된 개념이고, 후자는 사람들과의 수평적 관계와 연관된 개념이다.[28]

첫째, 전자의 의미로서의 경건은 하나님에 대한 두려움과 경외와 순종을 가리킨다. 그리고 이러한 것들이 꽃으로 피어나고 열매로 맺혀지는 것이 예배이며, 또한 이 예배는 기도를 포함하기에 경건은 예배와 기도를 포함한다. 그리고 이 모든 경건의 요소를 진정으로 가

---

[28] 이수영, "칼뱅에 있어서의 경건의 개념," 「교회와 신학」 27(1995): 346-371. 이 논문은 영문으로 "Calvin's Understanding of Pietas"로 발표되었다. 다음의 책에 국문과 영문 모두 실려있다. 이수영, 『개혁신학과 경건 - 이수영목사 회갑 기념 문집』(서울: 장로회신학대학교출판부, 2006), 267-289, 911-936.

능하게 해주는 기본적인 요소는 지식인데, 여기에서의 지식은 하나님을 제대로 아는 것을 의미한다. 즉, 하나님께서 예수 그리스도 안에서 우리의 아버지가 되시고, 아버지가 자녀에 대해서 갖는 사랑과 관심과 정성으로 우리의 구원을 이루시는 분이심을 아는 것을 의미한다. 참된 지식/학문은 참된 경건의 출발점이며 그 근거이다. 이러한 의미로서의 경건은 하나님과의 수직적 관계와 연관된 개념이다.[29]

둘째, 후자의 의미로서의 경건은 인간을 향한 사랑과 분리될 수 없고, 그러기에 경건은 삶 전체와 관련된다. 디모데전서 4장 8절에 대한 주석에서 칼뱅은 "경건은 그리스도인의 삶의 시작이요 중간이요 끝"이라고 말한다. 그러기에 칼뱅에게 그리스도인의 모든 삶은 일종의 경건의 실천이 되어야 한다. 이와 같은 삶이 바로 거룩한 삶이며 성화의 삶이다. 이러한 의미로서의 경건은 사람들과의 수평적 관계와 연관된 개념이다.[30]

그런 다음에 이수영은 칼뱅에게서 전자는 하나님과 관련된 신앙/믿음이고 후자는 사람들과의 사랑으로서 양자가 구별되지만, 그렇다고 분리되는 개념이 아니라 서로 밀접하고 불가분리적인 관계를 맺는다고 주장한다. 전자가 없이는 후자가 불가능하며, 전자는 후자로 드러나거나 후자를 강화해주는 역할을 한다. 그래서 이수영은 결론적으로 다음과 같이 정리한다. "이제 결론적으로 우리는 깔뱅이 경건을 믿음의 하나님을 향한 측면이며 믿음이 참 믿음이 되게 하는 본

---

29 위의 책, 349-363.
30 위의 책, 363-368.

질적 요소이고, 신자들의 삶의 모든 덕목의 진정한 의미와 가치를 보증해 주는 생성적 힘을 보았다고 말할 수 있으리라 믿는다."[31]

3. 김명용 — 진정한 경건으로서의 사랑실천의 삶

김명용은 기독교 사회봉사 신학을 제안하면서 "진정한 경건이란 무엇인가?"를 물음으로부터 시작하며 야고보서 1장 27절의 말씀을 인용한다. 26-27절을 모두 인용하면 다음과 같다. "26 누구든지 스스로 경건하다religious 생각하며 자기 혀를 재갈 물리지 아니하고 자기 마음을 속이면 이 사람의 경건religion/religio/θρησκεία은 헛것이라 27 하나님 앞에서 정결하고 더러움이 없는 경건religion/religio/θρησκεία은 곧 고아와 과부를 그 환난 중에 돌아보고 또 자기를 지켜 세속에 물들지 아니하는 이것이니라"개역개정 약 1:26-27. 여기에서 "자기를 지켜 세속에 물들지 아니하는" 것이 경건의 소극적 차원이라면, "고아와 과부를 그 환난 중에 돌아보"는 것은 경건의 적극적 차원이다.[32]

위의 말씀을 근거로 김명용은 진정한 경건이란 곤경 속에 있는 자에 대한 사회적 및 경제적 책임을 감당하는 것이라고 주장한다. 이것은 이사야 58장 6-7절의 말씀과도 상통한다. "6 내가 기뻐하는 금식은 흉악의 결박을 풀어 주며 멍에의 줄을 끌러 주며 압제 당하는 자

---

31 위의 책, 371.
32 김명용, 『열린 신학 바른 교회론』(서울: 장로회신학대학교출판부, 1998), 85-89.

를 자유하게 하며 모든 멍에를 꺾는 것이 아니겠느냐 7 또 주린 자에게 네 양식을 나누어 주며 유리하는 빈민을 집에 들이며 헐벗은 자를 보면 입히며 또 네 골육을 피하여 스스로 숨지 아니하는 것이 아니겠느냐." 그러므로 김명용은 진정한 경건은 곤경에 처한 자를 돌보는 사랑이며 사회봉사이고 사회적 책임이라고 주장한다. 선한 사마리아인 이야기를 들려주시는 예수님에게 "선한 사마리아인의 삶은 하나님 앞에서의 진정한 경건의 삶이었다."[33] 그러기에 김명용은 곤경에 처한 자에 대한 사회적 및 경제적 책임을 외면하고 종교 안에서 만족해하고 있는 한국교회를 비판하며 기독교 사회봉사 신학을 제안한다.

김명용에 따르면, "기독교 사회봉사 신학은 사랑을 실천하기 위한 신학이다. 이 사랑의 실천은 가난한 자, 장애인, 소외된 자에 대한 사랑에서 시작된다. 그것의 목표는 이 세상을 사랑과 평화의 공동체로 만드는 것이다. 그리고 바로 이 사랑을 실천하는 삶이 진정한 경건이요 영생의 길이라는 것을 가르치는 신학이 기독교 사회봉사 신학이다."[34]

4. 현요한 — 경건과 학문과의 통일성

현요한은 1559년에 설립된 제네바 아카데미의 모토가 "경건

---

33 위의 책, 103.
34 위의 책, 108.

과 학문"임을 언급하면서 여기에서의 학문은 창조주 하나님 및 구속주 하나님에 대한 지식을 가리키되 단순한 사변적 지식이 아니라 하나님과 인간과의 관계에 기초한 구체적 지식이라고 설명한다. 또한 여기에서의 경건은 하나님께서 인간에게 복주심에 대한 지식이 우리에게 불러일으키는 두려움과 사랑이라고 설명한다. 이런 점에서 경건과 학문/지식은 칼뱅에게 있어서 분리될 수 없는 것이다. 그래서 현요한은 "하나님에 대한 지식이 없는 경건은 맹목적인 종교적 열광이 될 것이요, 경건 없는 지식은 공허한 사변에 그칠 것이다."라고 말한다.[35]

경건과 학문/지식 사이의 불가분의 관계를 강조하는 현요한은 제네바 아카데미의 모토에서처럼 "경건과 학문"이라고 표현하는 것 자체가 문제가 있을 수 있다고도 우려한다. "경건 속에 학문이 있고, 학문 속에 경건이 있다. 어쩔 수 없는 일이기도 하지만, 종종 이 둘을 이렇게 분리하여 말하는 것 자체가 문제를 야기하기도 한다. 그렇게 함으로써 우리는 은연중 이 둘이 다른 것처럼 생각하고 행동하는 것은 아닌가?"[36] 그러기에 현요한은 신학의 역사에서 경건과 학문이 본래 하나였지만 점차로 분리되었으며, 특히 중세 스콜라 신학은 경건보다 학문/지식에 치중하였고, 또한 계몽주의 하에서 더 심화되어 근대 신학자들도 경건보다는 학문/지식에 치중하였다고 지적한다.[37]

그러기에 현요한은 20세기 후반과 오늘날에는 경건과 학문/지

---

35 현요한, 『신학은 하나님 배우기 - 신학, 영성, 실천의 재연합』(서울: 대한기독교서회, 2011), 35-37.
36 위의 책, 37.
37 위의 책, 40-41.

식을 다시 통일하는 신학을 회복할 필요가 있다고 주장한다. 그러면 서 그는 "신학, 영성, 실천의 재연합"을 시도하기 위하여 하나님 담론 테올로기아, *theologia* 와 하나님 실천 테오프락시스, *theopraxis* 의 결합으로서의 "하나님 배우기" *theomathesis* 로서의 신학을 제안한다. 제자는 하나님을 본받으며 그리스도를 배우는 자들이기에 신학은 하나님에 관하여 말할 뿐만 아니라 하나님 자신을 배워 실천하는 것이라고 주장한다.[38] 이를 통하여 경건과 학문/지식을 통일시키고, 신학과 영성과 실천을 연합시키고 자 한다.

5. 최윤배 — 신앙과 사랑의 통합으로서의 경건

최윤배는 칼뱅의 경건론을 다루면서 경건이 칼뱅의 영성의 본질과 핵심이라고 주장하면서 "칼뱅의 영성의 본질적 표현으로서의 경건은 하나님에 대한 경외와 이웃 사랑을 주요 내용으로 한다."[39]고 주장한다. 그는 경건에 대한 자신의 연구를 더 확장하여 칼뱅의 영적 아버지로 여겨지는 개혁파 종교개혁자 마르틴 부처 Martin Bucer, 1491-1551 의 경건의 개념을 1527년에 저술된 『에베소서 주석』을 중심으로 검 토한다. 이를 통하여 부처는 "그리스도인들이 다함께 걸어 가야할 전全 과정을 … '피에타스' *pietas*, 즉 '경건'으로 이해한다."고 주장한다. 그러

---

38 위의 책, 50-54.
39 최윤배, 『깔뱅신학 입문』(서울: 장로회신학대학교출판부, 2012), 743-746.

기에 경건이 신앙과 삶에서 매우 중요하다. 그래서 부처는 경건이 "성경 전체의 요약"이라고까지 표현하였다.[40]

그리고 최윤배에 따르면, 부처에게서 경건은 신앙과 사랑으로 구성되며 이 두 가지는 동전의 양면처럼 양극적 구조를 지닌다. 즉, "고유하고도 참된 경건은 항상 하나님에 대한 신앙과 이웃에 대한 사랑을 표함한다. … 경건의 총체는 하나님에 대한 신앙과 이웃에 대한 사랑 속에서 존재한다."[41] 다만, 여기에서는 신앙과 사랑 중에서 신앙이 먼저 나온다. "성령의 은사로서의 신앙은 하나님과의 관계에서 하나님의 사랑을 받아들이는 통로가 되는 동시에, 신앙은 하나님에 대한 우리의 사랑과 이웃에 대한 우리의 사랑을 가능케 한다. 바로 이 점에서 부처의 경건 개념 속에서 '교의학'과 '윤리학'은 구별되나, 상호 떨어지지 않고, 상호 밀접한 관계 속에서 일치를 이루는 것이다."[42]

더 나아가서, 최윤배는 부처에게서의 경건이 개인적 차원에서뿐만 아니라 교회 공동체와 사회 공동체의 차원을 가지고 있으며, 또한 하나님의 나라의 지평에까지 널리 확장된다고 주장한다.[43]

---

40   최윤배, 『개혁신학 입문』(서울: 장로회신학대학교출판부, 2015), 651.
41   위의 책, 655.
42   위의 책, 660.
43   위의 책, 660.

IV. 결론

2021년에는 장신대 개교 120주년을 맞이한다. 현시점에서 연구위원회를 조직하여 그동안 장신대에서 진행되어 왔던 '장신경건훈련'에 대하여 성찰하고 앞으로의 방향을 모색하는 것은 매우 의미가 있은 작업이리라 생각한다. 이와 같은 연구 작업의 일환으로 시도된 이 글은 '경건' *pietas/piety* 에 대한 조직신학적 이해를 정리하고 제시하였다. 먼저 장 칼뱅, 프리드리히 슐라이어마허, 칼 바르트와 같은 주요한 개혁신학자들의 경건 이해를 정리하였다. 그런 다음에 '경건'에 대해서 장신대 조직신학자들의 논의들을 정리하였다. 그동안에 가르쳤던 장신대의 모든 조직신학자들을 다루어야하지만, 이 글에서는 '경건'에 대해서 별도로 논의하였던 김이태, 이수영, 김명용, 현요한, 최윤배를 중심으로 정리하였다.

본문의 내용을 요약한다면, 첫째, 종교개혁자이며 개혁교회 신학의 초석을 놓은 칼뱅은 하나님에 대한 사랑과 결합된 경외를 경건이라고 정의하고, 이러한 참된 경건을 형성하기 위한 목적으로 『기독교강요』를 저술하면서 기독교인들의 전체 삶이 일종의 경건의 실천이 되어야 한다고 강조하였다. 둘째, 슐라이어마허는 경건을 종교적 자의식의 최고의 형태로서의 절대 의존의 감정이라고 규정하면서 이러한 경건은 지식/앎과 행위/실천 뿐만 아니라 느낌/감정이 함께 결합되어 있음을 강조하였다. 셋째, 바르트는 종교 또는 경건을 인간의 가능성으로 이해하는 기존의 이해에 대해 강력하게 비판하면서 예수 그리스도는 모든 경건 너머에 계심을 역설하고 하나님의 말씀 또는 계시 중심적인 신학을 전개하였다.

그리고 장신대에서의 조직신학적 논의를 요약한다면, 첫째, 김이태는 경건과 학문/지식이 서로 분리되어 있지 않고 서로에게 침투하여 혼연일체가 되어 하나의 신학을 이룸을 강조하였다. 둘째, 이수영은 칼뱅의 경건의 개념이 일차적 의미로서 수직적 관계와 부수적 의미로서 수평적 관계가 연관되어 있음을 강조하면서 하나님에 대한 두려움과 경외와 순종을 부각시키고 그러한 경건의 꽃과 열매로서 예배와 기도를 강조하였다. 셋째, 김명용은 진정한 경건으로서의 사랑의 실천의 삶을 강조하여 곤경 속에 있는 자에 대한 사회적 및 경제적 책임을 감당할 것을 제시하였고, 이를 통하여 기독교 사회봉사 신학을 제안하고 이 세상을 사랑과 평화의 공동체로 만들 것을 역설하였다. 넷째, 현요한은 경건과 학문이라는 표현 자체가 양자를 분리할 수 있음에 우려하여 경건과 학문을 통일시키기 위하여, 신학과 영성과 실천의 재연합으로서 하나님 배우기_{테오마테시스}의 신학을 제안하였다. 다섯째, 최윤배는 칼뱅의 경건뿐만 아니라 부처의 경건을 연구하면서 부처를 따라 경건이 기독교인들이 함께 걸어 가야 할 전 과정임을 강조하고, 이 과정에서 신앙과 사랑이, 또는 교의학과 윤리학이 구별되지만 상호밀접한 관계 안에서 일치될 것을, 그리고 경건이 개인적 차원에서만이 아니라 공동체적 차원과 하나님나라의 지평의 차원에로까지 확장될 것을 강조하였다.

이러한 작업을 통해서 볼 때 우리는 '경건'을 한마디로 요약하기에는 불가능하다. 다만, 위의 정리들을 통해서 우리는 '경건'이 무엇을 의미하는지를 전체적으로 및 총제적으로 개괄할 수 있을 것이며, 다층적이고 다차원적인 면들을 포괄할 수 있을 것이다. 이러한 작업이 '장신경건훈련'이 그동안 추구하였던 '경건'의 내용들과 그 함의들을 더 선명하게 이해하고 정리하는 데에, 그리고 미래를 향해 나아가는 장신대의 경건훈련이 새롭게 지향해야 할 점들을 모색하는 데에 나름대로 논의를 풍성하게 하여 주리라 기대한다.

참고문헌

김경은. "개신교 영성훈련의 현재와 전망 - 관계적 · 통전적 경험의 내면화를 지향하며." 박상진 책임편집. 『제1회 장신신학강좌 - 한국교회와 장신신학의 정체성』. 서울: 장로회신학대학교출판부, 2016, 457-484.

김명용. 『열린 신학 바른 교회론』. 서울: 장로회신학대학교출판부, 1998.

김이태. "칼빈신학에 있어서 경건과 학문의 상관성 연구." 고 김이태 교수 저작 출판위원회 편. 『중심에 서는 신학 - 김이태의 신학세계』. 서울: 장로회신학대학교출판부, 1994, 47-63.

김인수. 『장로회신학대학교 100년사』. 서울: 장로회신학대학교, 2002.

박경수. 『교회의 신학자 칼뱅』. 서울: 대한기독교서회, 2009.

백충현. 『내재적 삼위일체와 경륜적 삼위일체』. 서울: 새물결플러스, 2015.

빌리, 크리스토퍼. 백충현 옮김. 『삼위일체와 영성 - 나지안조스의 그레고리오스의 신앙여정』. 서울: 장로회신학대학교출판부, 2018.

서정운. "경건 단련." 「교회와 신학」 11집(1979). 40-62.

오방식. "경건의 성경적 지평의 회복: 영성과의 관계에 비추어서." 「성서마당」 ???

_____. "리처드 백스터의 천상적 관상을 위한 묵상방법에 대한 연구," 「장신논단」 51-5 (2009년 12월). 303-327.

_____. "영적지도와 목회상담의 관계." 장신목회상담학회 엮음. 『일반상담과 목회상담(오성춘교수 회갑기념논문집)』. 서울: 예영커뮤니케이션, 2003. 429-471.

오성춘. 『영성과 목회 - 기독교 영성훈련의 이론과 실제』. 서울: 장로회신학대학교출판부, 1989.

유해룡. "영성훈련의 의미와 방법." 사미자 엮음. 『한국교회와 정신건강』. 서울: 장로회신학대학교출판부, 1998. 233-263

_____. "칼빈의 영성학 소고." 「장신논단」 16(2000년 12월), 544-563.

이상조. "슈페너와 몰트만의 중생(Wiedergeburt) 개념에 대한 비교 연구." 「한국교회사학회지」 53(2019), 1-34.

이수영. 『개혁신학과 경건 - 이수영목사회갑기념 문집』. 서울: 장로회신학대학교출판부, 2006.

_____. "영성의 의미에 관한 조직신학적 고찰." 한국기독교학회 엮음. 『신앙과 신학 - 오늘의 영성신학』. 서울: 양서각, 1988, 93-107.

_____. "깔뱅에 있어서의 경건의 개념." 「교회와 신학」 27(1995), 346-371.

최윤배. 『개혁신학 입문』. 서울: 장로회신학대학교출판부, 2015.

_____. 『깔뱅신학 입문』. 서울: 장로회신학대학교출판부, 2012.

_____. "깔뱅(Calvin)신학에 나타난 지식과 경건의 관계성 연구." 장로회신학대학교 신학대학원 미간행 석사학위논문(M.Div., 1987).

현요한. 『신학은 하나님 배우기 - 신학, 영성, 실천의 재연합』. 서울: 대한기독교서회, 2011.

Barth, Karl. *The Epistle to the Romans*, trans. Edwyn C. Hoskyns, Oxford: Oxford University Press, 1968.

Calvin, John. *Institutes of the Christian Religion* (1559). trans. Ford Lewis Battles. Philadelphia: The Westmnister Press, 1967.

Schleiermachr, Friedrich. *On Religion: Speeches to Its Cultured Despisers*, trans. Richard Crouter. Cambridge: Cambridge University Press, 1996.

_____. *The Christian Faith Vols. I-II*, ed. H. R. MacKintosh and J. S. Stewart, New York: Harper & Row, 1963.

제Ⅲ부

경건에 대한 성서적 이해

5장

경건에 대한 성서적 이해

배정훈 교수, 구약학

I . 서론

유해룡은 깔뱅의 신학에 근거한 개신교의 경건을 "객관적인 계시에 대한 인지와 주관적인 하나님 체험, 그리고 지성적인 추구와 동시에 감성적인 경험이 조화를 이룬 것" 이라고 정의한다.[1] 이 정의는 경건을 성서와 체험 하나님의 임재 체험의 조화로 인식하는 것이다. 객관적인 계시인 성서에 대하여 지성적으로 추구하지만, 스콜라적인 형식적인 지식에 머물지 않고 하나님 체험으로 나아간다. 또한 하나님 체험을 강조하면서도 체험이 성서의 한계를 벗어나지 않도록 노력한다. 교회의 역사에서 객관적인 성서와 주관적인 하나님 체험은 조화를 이루어야 하지만, 한쪽으로 치우치는 경우가 많이 목격되었다. 중세의 신비주의에서는 하나님과의 일치 경험을 추구하면서 내면적 신비 경험을 중요하게 여겼지만, 종교개혁가들은 주관적인 종교경험보다는 성서의 가르침에 충실한 객관적인 수용을 통하여 경건의 삶을 확인한다. 동시에 종교개혁가들은 외적인 경건의 실천을 내면적인 하나님의 체험에 바탕을 두려고 노력하였다.[2] 이 글에서는 경건과 관련된 단어를 연구하여 경건의 성서적인 특징을 살피고, 이에 근거하여 성서가 말하는 경건의 정의와 경건의 실천을 전개하고, 마지막으로 경건을 위

---

1   유해룡, "개혁교회 영성의 현재와 미래," 「신학과 실천」 2(1998), 57-75.
2   위의 글, 유해룡, "영성과 영성신학," 「장신논단」 제36집 (2009. 12), 304-331.

한 성서 읽기 방법을 시도해보려고 한다.

II. 경건과 관련된 단어 연구

1. 경건의 전제

경건이라는 단어 연구만으로는 경건을 다 연구할 수 없다. 경건을 시작하게 하는 것은 전적으로 타자이신 초월적인 하나님 앞에서 피조물이 경외의 감정누미노제을 느끼는 순간이다. 하나님은 아브라함 앞에서 말씀하신다: "나는 전능한 하나님이라." 창 17:1. 야곱은 벧엘에서 꿈을 꾸고 난 후에 말한다: "야곱이 잠이 깨어 이르되 여호와께서 과연 여기 계시거늘 내가 알지 못하였도다. 이에 두려워하여 이르되 두렵도다 이 곳이여 이것은 다름 아닌 하나님의 집이요 이는 하늘의 문이로다." 창 28:16-17 초월적인 하나님을 대면하여 두려워하는 야곱의 상태가 경건이다. 모세는 떨기나무에서 부르시는 하나님의 음성을 듣는다: "이리로 가까이 오지 말라 네가 선 곳은 거룩한 땅이니 네 발에서 신을 벗으라 … 모세가 하나님 뵈옵기를 두려워하여 얼굴을 가리매"출 3:5. 이러한 경험들의 특징은 초월적인 하나님을 대면하는 피조물인 인간의 살아있는 경험이라는 것이다. 이것을 전제로 경건이 시작된다.

2. 구약성서에 나타난 경건

구약성서에서 경건과 관련된 단어는 타밈흠 없음과 짜딕 의로운 자,
그리고 하시드 경건한 자라는 단어이다.

1) 하시드(חָסִיד/경건한 자)[3]

이 단어는 원래 "헤세드" חֶסֶד 라는 뜻에서 기원하여, 헤세드를 실
천하는 사람을 뜻하며, 하나님만이 아니라 사람에게 마땅히 의무를
충실히 이행하는 사람이나 그룹을 가리키는 의미로 개역 개정판에서
"경건한 자"로 번역되었다. 구약에서 모두 32번 나오는데 시편에서만
25번 등장한다. 초기에 이 단어는 악인과 구분되는 "경건한 사람" 또
는 악을 행하지 않는 사람의 뜻으로 사용되었다 시 43:1; 미 7:2; 시 12:1-2. 경
건이라는 뜻으로 사용된 문맥에서 하시드라는 단어는 정직한 자 또는
충실한 자들과 동의어로 사용되고 있다. 동시에 간사하고 불의한 사
람들, 형제를 잡으려 하는 악한 자들, 그리고 이웃에게 거짓을 말하며
아첨하는 입술과 두 마음으로 말하는 악인들과 대비되는 자로 나타난
다.

후기로 접어들수록 하시드라는 단어는 포로기 이후에 형성된
제의 공동체 회중들을 집합적으로 지칭하는 "성도", "거룩한 자" 라는

---

3 H. Ringgren, "חָסִיד," *Theological Dictionary of the Old Testament 5* (Eerdman: grand Rapids, 2006), 75-79.

단어로 번역된다 삼상 2:9; 잠 2:8; 시 30:5; 시 52:9; 시 89:20; 시 148:14; 대하 6:41 이와 같이 하시드라는 단어는 초기의 "경건한" 이라는 뜻에서 점차적으로 예배 공동체 구성원을 부르는 용어로 사용되었다. 그런데 그리스 시대에 들어서서 이 단어는 헬레니즘 개혁에 앞장선 사람들과 구별되는 전통 적인 신앙을 소유한 그룹으로 지칭하게 되었다: "하시딤이라고 하는 경건파 사람들이었다." 마카비상 7:13 ; "유다 마카베오가 이끄는 하시디인 이라는 유다인들" 마카비하 14:6. 그러므로 하시드라는 단어는 처음에 악인 과 구별된 사람들을 뜻하는 "경건한"이라는 의미로 사용되다가, 점차 적으로 개인적인 경건함보다는 이스라엘 민족들중에서 전통적인 신 앙을 견지하는 사람들을 지칭하는 용어로 발전되었다고 볼 수 있다.

2) 타밈(תָּמִים/흠 없음, 완전)[4]

타밈흠 없음, 완전이라는 단어는 원래 제의적인 용어로서 제사드리 기에 부족함이 없는 제물에 적용되었지만레 22:21; 레 9:2; 출 12:5; 민 6:14; 28:19, 점차적으로 사람에게 적용되었다. 사람에게 적용될 때 이 단어는 흠 없음, 또는 완전으로 번역되고, 제의적인 정결만이 아니라 도덕적인 정결을 뜻하는 단어가 되었다창 17:1, 욥 1:1; 겔 28:15; 시 15:2. 타밈을 더 잘 이 해하기 위하여 창세기 17장에 등장하는 본문을 살펴보기로 하자. 하 나님은 아브람에게 다음과 같이 말씀하신다: "나는 전능한 하나님이

---

4   Kedar-Kopfstein, "תָּמַם," *Theological Dictionary of the Old Testament* 15 (Eerdman: Grand Rapids, 2006), 707-710. J. P. J. Oliver, "תָּמִים, *Dictionary of Old Testament Theology & Exegesis* 4 (Zondervan: Grand Rapids, 1997), 307.

라 너는 내 앞에서 행하여 완전하라^{타밈}."창 17:1. 본문에서 완전^{타밈}이라는 단어와 일상적인 삶을 뜻하는 행하다^{할라크/halak}라는 동사가 함께 사용된다. 두 단어를 합하면 "행하여 완전하다"는 것은 일상의 삶에서 하나님을 의식하며 살아가며 제의적인 정결함과 윤리적인 정결함을 함께 보여주는 삶을 말한다. 창세기 17장 1절의 문맥은 완전에 대하여 더 많은 것을 보여준다. 완전은 하나님 앞에서 "내 앞에서" 이루어진다. 즉, 하나님을 의식하며 사는 삶을 말한다. 또한 완전을 이루는 도구로 할례를 요구한다: "할례를 받지 아니한 남자는 백성 중에서 끊어지리니^{카라트} 그가 내 언약을 배반하였음이니라"창 17:14. 이스라엘 역사에서 할례는 제사와 마찬가지로 죄와 악으로부터의 정결을 뜻한다. 즉, 완전은 할례를 통하여 정결을 이루고 정결하기로 하는 것을 말한다. 나아가서 아브람은 할례를 받으면서 이름이 바뀌고 자녀의 번성이라는 생명을 누리게 된다:"이제 후로는 네 이름을 아브람이라 하지 아니하고 아브라함이라 하리니...내가 너로 심히 번성하게 하리니"창 17:5, 6. 즉, 완전을 통하여 번성하는 생명을 누리는 삶을 살게됨을 의미한다.

시편 15편에서는 성전에 들어갈 수 있는 사람의 자격을 논할 때 "정직하게 (타밈) 행하는" 사람을 언급한다. 타밈^{완전}이라는 단어는 시편에서도 여러번 나온다^{시편 18:23. 26:1, 11}. 시편에서 완전이란 자신들이 신처럼 완벽하다고 자랑하거나 한 번도 죄를 짓지 않은 것이 아니라, 죄를 잘 처리하여 깨끗한 상태에 있는 것을 뜻한다. 완전이라고 번역한 타밈의 상태가 제의적이고 윤리적으로 완벽함을 의미한다면 인간이 결코 도달했다고 말할 수 없는 상태일 것이다. 그런데 시편 기자는 어느 정도의 상태에 이르렀을 때 자신이 완전하다고 평가한다.

문맥으로 볼 때 시편기자가 말하는 완전^{타밈}은 존재론적인 완전이 아니라, 죄를 해결함으로 흠 없는 상태가 되거나 제의적인 정결을 통하여 일시적인 완전상태에 도달하여 하나님의 임재를 경험할 수 있는 잠정적인 상태를 말한다. 잠정적이라고 말하는 이유는 언제든지 인간의 부정을 통하여 완전이 깨어질 수 있기 때문이다. 이와 같이 인간이 하나님의 임재 유지를 위해 필요한 제의적인 정결과 윤리적인 정결을 완전^{타밈}이라는 말로 표현할 수 있다.

3) 짜딕(צַדִּיק/의로운 자)

경건을 의미하는 단어로 "의"^{짜딕}라는 단어가 있다. 노아의 홍수 이야기 ^{창 6-9 장}에서 우리는 노아의 완전함에 대하여 듣는다. 노아는 다음과 같이 소개된다: "노아는 의인^{짜딕}이요, 당대에 완전한 자^{타밈}라. 그가 하나님과 동행하였으며^{할락}" ^{창 6:9}. 노아를 설명하기 위하여 창세기 17:1에 나오는 아브람의 경우처럼 타밈과 할락 동사를 함께 사용한다. 추가되는 것은 그러한 노아를 "의인"^{איש צַדִּיק}으로 부르고 있다는 것이다. 여기서 말하는 "의"는 개신교에서 믿음으로 얻는 의와는 달리 하나님 앞에서 흠 없이 살아가는 삶을 가리키는 말이다. 노아의 "의"는 하나님 앞에서 흠이 없는 행동을 하거나, 더러운 것으로부터 자신을 정결하게 하는 행위를 뜻한다. 개신교에서 찾기 어려운 "의"의 전통은 구약의 제사장 문헌, 특히 에스겔서에서 두드러지게 나타난다.

에스겔에서 "의인"을 다음과 같이 언급한다: "비록 노아, 다니엘, 욥, 이 세 사람이 거기에 있을지라도 그들은 자기의 공의로 자기

의 생명만 건지리라." 겔 14:14. 에스겔의 의의 정의는 다음 구절에서 두
드러지게 나타난다.

> 사람이 만일 의로워서 짜딕/צַדִּיק 정의와 공의를 따라 행하며 산 위에서
> 제물을 먹지 아니하며 이스라엘 족속의 우상에게 눈을 들지 아니하며
> 이웃의 아내를 더럽히지 아니하며 월경 중에 있는 여인을 가까이 하
> 지 아니하며 사람을 학대하지 아니하며 빚진 자의 저당물을 돌려 주
> 며 강탈하지 아니하며 주린 자에게 음식물을 주며 벗은 자에게 옷을
> 입히며 변리를 위하여 꾸어 주지 아니하며 이자를 받지 아니하며 스
> 스로 손을 금하여 죄를 짓지 아니하며 사람과 사람 사이에 진실하게
> 판단하며 내 율례를 따르며 내 규례를 지켜 진실하게 행할진대 그는
> 의인이니 짜딕/צַדִּיק 반드시 살리라 주 여호와의 말씀이니라 겔 18:5-9

　　이 본문은 누가 의인인가를 설명하고 있다. 에스겔서의 저자에
따르면, 의인의 행위는 제의적인 부분과 윤리적인 부분으로 나눌 수
있다. 제의적인 부분은 앞부분이다: "산 위에서 제물을 먹지 아니하며
이스라엘 족속의 우상에게 눈을 들지 아니하며 이웃의 아내를 더럽히
지 아니하며 월경 중에 있는 여인을 가까이 하지 아니하며" 겔 18:5-6. 우
상에게 바쳐진 제물, 우상을 섬기는 것, 그리고 부정의 여인을 통해
부정하게 되는 등의 제의적인 부정을 삼가는 것이다. 윤리적인 부분
은 뒷 부분이다: "정의와 공의를 따라 행하며, 사람을 학대하지 아니
하며, 빚진 자의 저당물을 돌려주며, 강탈하지 아니하며, 주린 자에게
음식물을 주며, 벗은 자에게 옷을 입히며, 변리를 위하여 꾸어 주지

아니하며, 이자를 받지 아니하며, 스스로 손을 금하여 죄를 짓지 아니하며, 사람과 사람 사이에 진실하게 판단하며"겔 18:7-9이다. 윤리적인 부분의 내용을 살펴보면 마땅히 이웃들에게 행해야 할 선행들이다. 즉, 에스겔을 비롯한 제사장 문헌에서 말하는 "의인"은 토라의 내용인 제의적인 계명과 윤리적인 계명을 실천하는 사람을 말한다.

3. 신약성서에 나타난 경건[5]

신약성서에서 경건에 관한 단어 연구는 다음과 같이 행할 수 있다. 먼저 구약의 전승에서 이어지는 것으로 보이는 "의로운 자"와 "흠 없음"이라는 단어들과, "경건"이라고 번역되는 유라베스εὐλαβὴς/경건라는 단어를 살펴보려고 한다.

1) 의로운 자와 흠없음

의와 완전으로 표현된 거룩한 삶의 전통은 신약에도 이어져서 제의적인 계명과 윤리적인 계명을 행하는 사람을 "흠 없다."타밈 또는 아멤프토스/ἄμεμπτος라고 부른다. 바울은 그리스도인이 된 후에 모든 것을 배설물로 여기면서 자랑스럽게 말한다.

---

5   Paul F. Stuehrenberg, "DEVOUT," *Anchor Bible Dictionary* II (Doubleday: New York, 1992), 184.

나는 팔일 만에 할례를 받고 이스라엘 족속이요 베냐민 지파요 히브리인 중의 히브리인이요 율법으로는 바리새인이요 열심으로는 교회를 박해하고 율법의 의로는 흠이 없는 자^{아멤프토스/ἄμεμπτος} 라 빌 3:5-6

구약의 전통을 따라 흠이 없게 사는 것을 자랑스럽게 여겼다는 말이다. 이 전통은 신약에서도 계속 되어 사가랴와 엘리사벳을 "의인이요 흠 없는 자"라고 표현한다: "이 두 사람이 ^{사가랴와 엘리사벳} 하나님 앞에 의인^{디카이오이/δίκαιοι}이니 주의 모든 계명과 규례대로 흠이 없이 ^{아멤프토스/ἄμεμπτος} 행하더라"^{눅 1:6}. 그런데 흠이 없이 행한다고 말할 때 기준은 계명과 규례를 지키는 것으로 제의적인 정결함과 윤리적인 정결함을 보여주고 있다.

신약 성경에서 기대하는 기독교인의 삶의 목표는 구약의 전승을 따라 곧 흠 없이 사는 것이다. 바울 서신을 비롯한 신약성경에서 구약의 전승을 이어받아 이러한 기대를 표현하고 있다. 바울은 하나님의 자녀들이 흠 없는 자녀가 되기를 요청하고^{빌 2:15}, 믿는 자들을 향하여 거룩하고 옳고 흠 없이 행했다고 고백한다^{살전 2:10}. 창세 전부터 하나님은 우리가 거룩하고 흠이 없이 하시려고 우리를 택하셨다^{엡 1:4}. 하나님은 가정을 영광스러운 교회로 세우셔서 티나 주름 잡힌 것이 없이 거룩하고 흠이 없게 하신다^{엡 5:27}. 예수의 죽음은 성도들이 거룩하고 흠 없고 책망할 것이 없는 자가 되게 하려함이다^{골 1:22}. 하나님은 성도들이 하나님 앞에서 점도 없고 흠도 없고 평강가운데 나타나기를 기대한다^{벧후 3:14}. 그뿐 아니라 흠 없는 삶은 종말에 하나님께서 우리에게 기대하시는 삶이다. 예수께서 강림하실 때에 모든 성도가 거룩함에 흠이 없기를 원하신다^{살전 3:13; 빌 5:23; 유 1:24; 딤전 6:14}.

2) 유세베이아(εὐσέβεια) 또는 유라베스/εὐλαβής[6]

경건을 뜻하는 단어군은 헬라어의 *sebomai* 또는 *eulabes*의 변형으로 이루어져 있는데, 유라베이아와 유라베스 등이 사용된다.[7]

가) 누가-사도행전에서의 경건

1차적으로 누가-행전에서 경건이라는 단어는 구약에서 신약에 이르는 과도기적인 용어로 사용되면서 경건의 내용이 무엇인지를 보여준다. 시므온은 의롭고 ^{디카이오이/δίκαιοι} 경건하고 ^{유라베스/εὐλαβής} 하나님의 위로를 기다리는 자였다. 여기에서 경건을 의 ^{디카이오이/δίκαιοι}와 동일시하고 있다. 경건한 ^{유라베이스/εὐλαβεῖς} 유대인들이 오순절에 예루살렘에 모여 있었다^{행 2:5}. 경건한 자들이 순교당한 스데반을 묻었으며 ^{행 8:2}, 바울의 눈을 뜨도록 돕던 아나니아도 "율법에 따라 경건한 사람으로 거기 사는 모든 유대인들에게 칭찬을 듣는 사람" ^{행 22:13}으로 표현되었다. 경건의 기준은 율법에 따르는 것으로 이해된다. 고넬료도 경건하다고 평가된다: "그가 경건하여 ^{εὐσεβής} 온 집안과 더불어 하나님을 경외하며

---

6 위의 책, Paul F. Stuehrenberg, "Devout," 184. 이한수, "목회서신이 말하는 경건," 「신학지남」 74 (4)(2007, 12), 43-60; 장흥길, "신약성경에 나타난 경건," 「장신논단」 제17집 (2001. 12), 44-47.

7 *eulabes*의 변형중에서 유라베스(euvlabh,j)는 네 번 나타난다(눅 2:25; 행 2:5; 8:2; 22:12) 유세베이아 (euvse,beia)의 동사는 두 번(행 17:23; 딤전 5:4), 형용사는 네 번(행 10:2, 7; 22:12; 벧후 2:9), 부사 형태는 두 번 (딤후 3;12; 딛 2:12) 나타나고 명사형태로 사도행전에서 한번 (행 3;12), 목회서신에서 열번(딤전 2:2; 3:16; 4:7-8; 6:3, 5, 11; 딤후 3:5; 딛 1:1), 베드로후서에서 네 번 (벧후 1:3, 6-7, 3:11-12) 나타난다. 공관복음서나 초기의 바울서신, 그리고 요한의 문헌에서 한번도 나타나지 않는다. 장흥길, 위의 책.

백성을 많이 구제하고 하나님께 항상 기도하더니 … 고넬료가 집안 하인 둘과 부하 가운데 경건한 사람 하나를 불러"^{행 10:2, 7}. 여기에서 경건의 내용은 "하나님을 경외하며 구제하고 기도하는 것"이다. 또 주목할 것은 하나님을 경외하는 것으로^{행 10:2, 22, 35; 13:16, 26} 여겨진 경건한 사람들이다^{13:43, 50; 16:14; 17:4, 17; 18:7}. 이 사람들은 이방인으로서 회당의 가르침에 호의적인 사람들이다.

사도행전에서 경건에 대한 오해도 등장한다. 베드로가 말한다: "이스라엘 사람들아 이 일을 왜 놀랍게 여기느냐 우리 개인의 권능과 경건으로 이 사람을 걷게 한 것처럼 왜 우리를 주목하느냐?"^{행 3:12}. 기적의 이유가 베드로의 경건 때문이라고 오해하는 사람들에게 하나님의 능력 때문이라고 수정해준다. 그러나 이러한 서술에서 경건의 능력을 전제하고 있음이 주목된다. 또 아덴 사람들은 경건을 불러일으키는 힘에 대한 언급을 한다.: " 너희가 알지 못하고 위하는^{εὐσεβέω} 그것을 내가 너희에게 알게 하리라"^{행 17:23}. 그러나 이러한 오해에도 불구하고 누가-행전에서 구약에서 이어지는 경건의 전승을 보여준다고 볼 수 있다.

나) 목회서신에서 경건

누가-행전 바깥에서 경건이라는 단어는 조직적으로 나타나지 않는다. 이 단어 자체는 그리스에서 사용되던 용어가 기독교 공동체에서 정착된다. 흩어져 있는 경건에 관한 내용들을 정리하면 경건의 기초, 경건의 유사품, 그리고 경건의 능력에 관한 진술을 발견할 수 있다. 우선 경건은 그리스도의 사건에 기초한다: "크도다 경건의^{εὐσεβείας}

비밀이여, 그렇지 않다 하는 이 없도다 그는 육신으로 나타난 바 되시고 영으로 의롭다 하심을 받으시고 천사들에게 보이시고 만국에서 전파되시고 세상에서 믿은 바 되시고 영광 가운데서 올려지셨느니라" 딤전 3:16. 이 본문에서 경건의 기초는 예수의 사건인데 "성육신, 의롭다고 인정받으심, 나타나심, 전파되심, 믿기심, 그리고 올리우심" 등이다. 이러한 경건의 비밀은 또한 그리스도의 사건에 기초한 바른 교리의 내용와 관련된다: "우리 주 예수 그리스도의 말씀과 경건에 관한 교훈을 따르지 아니하면 … 마음이 부패하여지고 진리를 잃어 버려 경건을 이익의 방도로 생각하는 자들의 다툼이 일어나느니라" 딤전 6:1-3. 예수 그리스도의 사건에 기초한 경건의 내용이 진리의 기준이 된다.

경건은 경건의 유사품과 구별되어야 한다. 경건의 내용은 망령되고 허탄한 신화와 구분되며 이 연단은 육체의 연단과도 다르다: "망령되고 허탄한 신화를 버리고 경건에 이르도록 네 자신을 연단하라" 딤후 4:7. 디도서에서 바울은 자신의 사도됨이 "경건함에 속한 지식" ἐπίγνωσιν ἀληθείας τῆς κατ᾽ εὐσέβειαν 을 위함이라고 말한다. 여기서 말하는 지식이란 당대에 교회에 큰 위협이었던 영지주의적인 지식에 대항하는 진리의 지식을 말한다. 경건이 변질되면 이익의 도구가 되며, 이익을 초월하며 자족할 때 비로소 경건은 유익이 된다: "마음이 부패하여지고 진리를 잃어버려 경건을 이익의 방도로 생각하는 자들의 다툼이 일어나느니라 그러나 자족하는 마음이 있으면 경건은 큰 이익이 되느니라" 딤후 6:5-6.

그렇지만 경건의 내용이 적절해도 경건은 모양에 머물지 않고 넘어서야 한다: "경건의 모양 μόρφωσιν 은 있으나 경건의 능력 δύναμιν 은 부인하니 이같은 자들에게서 네가 돌아서라"^{딤후 3:5}. 모양과 능력의 차이는 무엇인가? 모양만으로는 항상 배우나 끝내 진리의 지식에 이를 수 없다^{딤후 3:7}. 경건의 가장 큰 능력은 죄에 저항하고 마침내 이기는 것이다. 디모데후서에서는 경건해 보이지만 경건의 모양만 가진 사람들이 이기지 못하는 죄악을 나열한다: "사람들이 자기를 사랑하며 돈을 사랑하며 자랑하며 교만하며 비방하며 부모를 거역하며 감사하지 아니하며 거룩하지 아니하며 무정하며 원통함을 풀지 아니하며 모함하며 절제하지 못하며 사나우며 선한 것을 좋아하지 아니하며 배신하며 조급하며 자만하며 쾌락을 사랑하기를 하나님 사랑하는 것보다 더하며"^{딤후 3:2-4}.

4. 소결론

경건이라는 단어가 성경 전체에서 일관성 있게 드러나지 않기 때문에 정리하기가 쉽지 않다. 경건의 목표는 피조물이 초월적인 하나님을 대면하는 살아있는 경험이다. 구약에서 경건이라고 번역한 단어는 하시드^{경건한 자}로서 하나님과 백성들을 향하여 헤세드를 실천하는 사람이라는 뜻에서 악인과 구별되는 자를 뜻하고, 차츰 신실한 이스라엘 백성을 뜻하는 단어로 변화되었다. 이 단어가 경건 연구에 도움을 줄 수 있는 것은 하나님과 사람에게 헤세드를 실천하는 사람으로서 악에 저항하는 하나님의 백성이라는 뜻이다. 경건이라는 단어를 사용하지 않았지만 경건에 가까운 단어는 타밈^{흠없음}이라는 단어이다.

하나님 앞에 서 있는 자로서 제의적인 정결과 윤리적인 정결을 행하는 자이다. 이 특성은 제사장 문헌에서 유래한 의라는 단어로 이어진다. 즉, 의인은 하나님 앞에서 제의적인 정결을 유지하고 악을 행하지 않으며, 사람을 향하여 선행을 행하는 사람을 말한다.

구약에서 의와 흠 없음은 율법을 준수함으로 이루어지는데, 율법 안에서 제의적인 규례와 윤리적인 계명을 지킴으로 수행된다. 이러한 전통은 신약의 초기에도 이어진다. 경건을 위한 중요한 실천으로는 악에 저항하는 정결함, 기도, 금식, 그리고 늦게 형성된 구제 등이 있다. 물론 신약시대에 제의적인 규례와 윤리적인 계명이라는 율법의 기준은 더 이상 제시되지 않지만 하나님을 향한 정결과 사람을 향한 헤세드의 실천이라는 요소는 변함없이 흠 없음이라는 용어로 표현되었다. 구약의 흠 없음의 전승은 신약 초기에 이어지며눅 2:25 종말에 하나님이 성도들에게 기대하는 삶이다살전 3:13; 참조, 빌 2:15; 살전 2:10; 엡 1:4; 엡 5:27; 골 1:22; 벧후 3:14.

신약에서 구약전승 이외에 경건이라는 용어유세베이아/유라베스가 그리스의 영향아래 발전되고 사도행전, 목회서신, 그리고 베드로후서에서 기독교적인 의미로 사용되었다. 경건에 관한 다양한 사용가운데 중요한 주제를 모아보면 경건의 내용, 경건의 유사품, 그리고 경건의 모양을 넘어선 능력 등이다. 경건의 내용은 예수 그리스도 안에서 나타난 계시로서 칼뱅이 강조한 말씀으로서 객관적 계시이다. 경건의 유사품은 영지주의와 육체의 훈련을 포함하여 경건의 내용을 더하거나 빼고 잘못 해석하는 모든 경우를 제시한다. 마지막으로 경건의 모양을 넘어서서 경건의 능력을 강조한다. 경건의 능력은 곧 살아계신 하나님의 임재를 경험함으로 율법주의를 넘어서는 능력을 의미한다. 경건을 단순히 현상학적으로만 바라본다면 신앙의 실천만을 경건이라고 볼 위험이 있다. 경건의 실천 이전에 전제해야 할 것은 바로 경건을 가능하게 하는 하나님의 임재이다. 하나님의 임재의 전제 아래 경건 실천의 내용인 그리스도의 사건에 기초한 말씀 안에서 하나님의 임재를 돕는 요소들과 이웃을 향한 사랑 실천 균형을 이루는 삶이라고 볼 수 있다.

III. 성서에서 말하는 경건

1. 성서가 말하는 경건[8]

1) 경건의 정의

경건이란 피조물이 초월적인 하나님을 대면하는 살아있는 경험을 기대하면서^{창 28:16-17; 출 3:5}, 객관적인 말씀과 주관적인 하나님 체험의 균형 아래, 하나님의 임재를 준비하고 사람을 향한 사랑을 실천

---

8 앞에서 행한 단어 연구를 신학적으로 종합하고 있다.

하는 것이다.

2) 경건의 전제

경건의 전제는 하나님의 임재 경험 자체인 신적인 요소를 말한다. 신적인 요소를 강조해야 하는 이유는 하나님의 임재 체험 자체와 이를 위한 인간의 실천을 구별해야 할 필요 때문이다. 초월적인 하나님은 일차적으로 예배를 통해서 경험된다. 예배는 우리로 하여금 하나님의 현존을 경험하고 일상의 삶을 능력있게 살아가도록 돕는 도구이다. 또한 초월하신 하나님 체험은 성경을 통하여 접근할 수 있다. 성경을 묵상하면서 상상력을 통하여 하나님의 임재 곁으로 나아가려는 노력은 곧 하나님^{또는 예수}의 임재를 체험하는 기회를 제공한다. 이 요소의 핵심은 곧 살아 있는 하나님^{예수}의 임재를 직접 체험하는 것이다.

3) 경건의 실천 요소

경건의 실천을 위한 요소들로서 하나님을 향한 경건과 사람을 향한 경건이 있다. 하나님을 향한 경건은 하나님의 임재를 준비하고 소리와 같이 사라지는 행위들이다. 이를 위하여 악에 대하여 적극적으로 저항하고, 예수의 피로 죄를 씻으며, 정결을 위하여 1%의 악함과 더러움으로부터 자신을 구별하여 깨끗하게 하는 노력을 한다. 나아가서 적극적으로 하나님의 임재를 경험하기 위하여 찬송을 부르고, 말씀을 읽고, 묵상하며, 기도한다. 부지런히 예배를 참석하고 공동체 안에서 삶을 나눈다. 경건의 목표는 곧 하나님의 임재를 준비하는 것이며, 경건의 실천이 하나님의 임재와 무관한 의무와 책임이 될 때 율법주의가 됨으로 늘 율법주의의 위험을 조심해야 한다.

둘째로, 사람을 향한 경건은 수평적으로 사람을 향하여 선행을 실천하는 것이다. 하나님으로부터 오는 능력을 힘입어 이웃사랑을 실천함으로 그리스도의 향기를 드러내고, 빛과 소금의 역할을 감당하는 것이다. 구약에서 선행의 동기는 신명기와 제사장 문헌에서 서로 다르다. 신명기에서 인간은 계명을 지킴으로 하나님을 만나 하나님의 복을 받는다. 제사장 문헌 레위기 17-26장에 따르면, 선행에 하나님의 임재가 동반되며 신약에서도 이어진다 마 25:31-46. 신약에서 이웃사랑은 선행되는 그리스도의 사랑에 근거한다.

2. 경건을 막는 장애물

경건의 훈련을 위하여 그동안 경건에 이르기 힘들게 하였던 다음과 같은 장애물들을 극복해야 한다. 첫째로, 경건을 막는 장애물은 전적 타자이시며 거룩의 근원이신 하나님의 초월성에 대한 무관심이다. 경건의 체험은 전적 타자인 하나님을 대면함으로 이루어지기 때문에 전적 타자인 하나님의 초월성을 인정하지 않거나 하나님의 초월성의 중요성을 깨닫지 못한다면 경건의 여정을 시작하기 어렵다. 하나님의 초월성을 강조할 때 그동안 무시했던 하나님의 임재, 거룩, 성령, 그리고 찬양 등의 주제가 부각된다.

둘째로, 경건을 막는 장애물은 레위기를 비롯한 구약의 제사장 문헌을 재해석하지 않고 무시하려는 시도이다.[9] 개신교가 제사장 문헌을 무시하게 된 이유는 예수의 대속적 죽음이 성취된 후에 제의적 계명은 절대 중요하지 않고 오직 윤리적인 계명만 중요하다고 여기기 때문이다. 그리하여 거룩의 근원을 보여주는 유산을 상실하고, 예배에서는 하나님의 임재의 역동성을 상실하고, 삶에서는 경건의 능력을 잃어버렸다.

셋째로, 경건을 막는 장애물은 제사장 문헌의 무시로 인하여 개신교가 신명기 편향적인 신학을 견지하게 된 것이다. 구약성경은 선택과 계명을 강조하는 신명기와, 거룩과 성화를 강조하는 제사장 문헌이 조화를 이루고 있다. 그런데 제사장 문헌의 유산을 율법주의로 여기는 전제 아래 개신교는 구약성경을 신명기에서 나타나는 선택^{칭의}과 계명^{선행}으로 이해하게 된다. 신학의 한 축을 잃어버린 이러한 편향적인 신학은 곧 인간의 계명 준수만을 강조하게 만들었다. 제사장 문헌과 균형을 이루지 못한 신명기 중심의 개신교 신학은 예배를 계명으로 이해함으로 하나님의 임재를 고려하지 않는 예배를 초래하였다. 그리하여 예배가운데 계시의 내용인 진리는 강조하지만, 계시의 형식인 하나님의 임재를 매개하는 성령을 무시함으로 건조하고 차가운 예배, 의지와 이성이 강조되는 예배로 만들었다.

---

9 모세 오경 중에서 특히 이스라엘 백성들의 제사제도와 관련된 문헌을 제사장 문헌(Priestly Litera-ture)이라고 부르는데 제사장 문헌은 제사법전(Priestly Code)과 성결법전(Holiness) 으로 이루어졌다. 제사법전의 주요 부분은 성막의 청사진을 제시하고 성막 제작을 완료하는 출애굽기 25-31장; 35-40장, 그리고 제사제도와 정결법과 관련된 레위기 1-16장이다. 또한 창세기, 출애굽기 그리고 민수기 등에 나타나는 여러 구절들이 제사법전에 속한다. 성결법전은 이스라엘 백성의 거룩한 삶을 다루는 레위기 17-26장을 가리킨다.

Ⅳ. 경건을 위한 성경 읽기

1. 성경읽기의 전환: 성서와 체험의 균형

성경을 읽는 것은 당연히 경건을 위하여 읽는 것을 의미한다. 그러나 역사비평학 이후에 성서학은 본문을 해석하기보다는 본문을 설명하는 데 초점을 맞추었다.[10] 본문의 객관적인 의미와 본문 뒤에 있는 역사의 재건에 초점을 맞추는 사이에 경건을 위한 성서 읽기는 멀어져 갔다. 경건을 위한 성경읽기는 곧 성서와 체험을 균형 있게 읽으려는 시도이다. 경건을 성서와 체험의 균형으로 이해할 때 성서와 체험이 중요한 두 개의 요소이다. 성서에서 시작하여 체험으로 접근하는 방법과 체험에서 시작하여 성서로 접근하는 방법이 있을 것이다. 체험에서 시작하여 성서로 접근하는 방법은 하나님의 역동감 있는 임재를 체험하는 장점이 있지만, 그 체험이 성서를 벗어나 주관주의와 비성서적인 경향으로 나아갈 수 있다. 성서에서 시작하여 체험으로 접근할 때는 성서의 한계 안에서 성서의 본문text을 계시로 전제하고 그 안에서 체험을 찾아 나가는 것이다. 이 방법의 장점은 성서의 한계를 염두에 두기에 안전한 출발이라는 것이며, 단점은 성서의 내

---

10   역사비평방법에 대하여는 다음 책을 참조하라. 배정훈, 『한국교회를 살리는 정경해석방법의 이론과 실제』(서울: 장로회신학대학출판부, 2017), 17-49.

용을 객관적으로 추구하다 보면 체험을 역동감 있게 살려내는 것이 쉽지 않다는 것이다. 성경의 객관성을 강조하는 역사비평학의 도입 이래로 체험은 주관적인 것으로 치부하고 무시되어 왔다. 경건의 훈련을 위하여 우리는 성서에 기초하여 체험으로 이르는 길, 곧 경건을 위한 성서 읽기를 개발해야 할 것이다.

성서를 체험으로 읽는 것은 방법론적으로 어려움이 있는 것이 사실이다. 성경은 다음 두 가지로 분류할 수 있다. 첫째는 단순한 서술 형식으로서 논리적이고 객관적인 사실을 통해서 진리와 접촉할 수 있는 형식이다. 둘째로, 이야기 형식으로 상상력을 통하여 진리와의 대화를 가능하게 한다. 경건을 위한 성경읽기를 위하여 이중에서 두 번째 형식인 이야기체가 선호된다. 이를 위하여 모세오경, 시편, 복음서나 역사서 등의 성경이 사용된다.

2. 이냐시오의 경건을 위한 성경읽기[11]

경건훈련을 위하여 많이 참조하는 이냐시오의 방법론은 성서를 통하여 하나님의 임재를 체험하도록 돕는 것이다. 이냐시오는 영적 수련을 위한 매뉴얼에서 제1주간 죄의 묵상, 제2주간 예수 그리스도의 생애의 신비, 제3주간은 예수님의 수난과 죽음에 이르는 과정,

---

11 유해룡, "영적수련의 매뉴얼로서 영신수련의 역동성연구," 「장신논단」 48(2016. 3), 308-333. 유해룡, "영성형성의 모델 연구," 「기독교 사상」 38(1994. 5), 91-108.

제4주간 예수님의 부활과 영광을 다룬다. 제2주간부터 제4주간 동안은 예수 그리스도의 생애에서 시작하여 부활과 승천에 이르는 여정을 살핀다. 이미 역사비평학에서도 예수에 관한 많은 연구가 있지만, 어떻게 이 본문을 가지고 체험으로 나아갈 수 있을까? 이는 과거에 있었던 예수의 역사를 객관적으로 재건하는데 멈추지 않고, 예수의 사건을 현재화하여 성경을 읽는 신앙인들이 예수를 대면하도록 돕는 것이다. 성서에서 예수의 역사성이나 교리를 찾기보다는 예수의 임재를 직접 대면하려는 시도이다.

경건을 위한 성경 읽기를 하려면 복음서에 담긴 예수의 생애와 현실에 서 있는 우리의 간격을 초월하여 지평융합을 이루어야 한다. 상상력을 통하여 과거와 현재의 간격을 메워 살아계신 예수를 대면하게 해야 한다. 복음서에 대한 묵상을 통하여 예수의 임재를 경험한다는 것은 성경을 객관화하면서 하나님의 초월성을 제거한 위기 시대의 성서해석을 잘 극복하고 있다. 그런데 복음서를 읽는다고 저절로 체험을 경험하는 것이 아니다. 이 방법의 적용을 위하여 두 가지가 필요하다. 첫째로, 먼저 복음이 필요한 죄인 된 자신의 모습을 깨닫게 함으로 복음서 안으로 들어가게 한다. 이 단계의 목표는 죄로 인하여 절망하게 하는 것이 아니라, 은혜로 구원받은 존재임을 깨닫고 예수와 적극적인 관계를 시작할 수 있도록 준비시키는 것이다. 둘째로, 상상력을 이용하여 예수의 객관적인 역사가 담긴 복음서의 그리스도 앞에 서게 하는 것이다. 즉, 독자와 본문의 평행을 극복하고 본문 안의 예수 앞에 서도록 돕는 것이다. 복음서에서 예수의 임재에 직면하도록 돕기 위하여 이러한 신학적인 통찰이 필요하다.

3. 경건을 위한 시편 읽기

경건을 위한 성경 읽기를 위하여 사용되는 책은 시편이다. 구약의 다른 책들보다 시편은 하나님을 대면한 개인과 공동체의 체험이 담겨 있다. 인간이 경험할 수 있는 모든 상황 가운데 다양한 방법으로 하나님을 찾았던 신앙 선배들의 하나님 체험이 그대로 담겨 있다. 하나님을 갈망하는 시편 기자들의 상황과 하나님의 임재를 갈망하는 독자의 간격을 초월하여 독자가 시편의 상황으로 들어가서 하나님의 임재를 경험하게 하는 것이다. 시편에서 역시 상상력을 통하여 독자가 시편의 자리로 옮겨 하나님을 갈망하는 기도를 하게 된다. 특별히 시편에서 자신의 상황과 유사한 상황을 찾을 수 있다면 더 절실한 하나님 체험에 돌입할 수 있을 것이다. 시편은 다윗 이야기와 함께 읽을 때 효과적이다. 시편에 전제되는 다윗의 역사적 정황을 따라간다면 절실한 기도가 가능할 것이다.

4. 경건을 위한 야곱 이야기 읽기

경건의 눈으로 야곱의 인생을 살펴볼 때 우리는 그가 고비 때마다 거룩하신 하나님을 만남으로 변화되었다는 것을 알 수 있다. 야곱은 그의 인생에서 하나님의 임재 체험을 다음과 같이 총 세 번 체험하게 된다.

	정황	사건	계시
1	도망자로 고향을 떠나다	벧엘에서 하나님의 임재를 체험하다	꿈과 말씀
2	하란에서 고향으로 돌아오다	얍복강가에서 하나님과 씨름하다	하나님의 사자들
3	도망자로 세겜을 떠나다	다시 벧엘로 올라가 정결해지다	하나님의 말씀

야곱의 하나님 체험은 야곱의 인생에서 중요한 순간에 이루어졌다. 원래 야곱은 강한 자아를 가진 자연인이었다. 자기의 이름대로 수단과 방법을 가리지 않고 사람들과 싸워 이기려고 애쓰던 교활한 존재였다. 또한 야곱은 하나님을 체험하려고 애쓴 사람도 아니었다. 야곱에게 하나님의 다가오심이 부담이 되었다. 그러나 하나님이 주도권을 가지고 야곱을 찾아 오셨을 때, 야곱은 천천히 변화되어갔다. 야곱은 인생의 결정적인 순간에 세 번 거룩하신 하나님을 체험한다. 하늘과 땅을 연결하는 사닥다리와 천사들이 나타나는 꿈[창 28:12], 하나님의 사자들과의 만남[창 32:1-2]과 얍복강가에서 하나님이 걸어오신 씨름[창 32:24-28], 그리고 하나님의 말씀[창 35:1] 이다.

5. 경건을 위한 모세 이야기 읽기

모세는 하나님을 대면한 이후 계속된 하나님의 임재를 향한 여정을 걸어감으로 구약에 나타난 신비주의의 원조가 된다. 구약성경에서 신비주의는 피조물의 한계 안에서 하나님의 임재를 충분히 음미함으로 더 할 수 없는 황홀경을 경험하는 것이다. 이러한 신비주의는 바로 모세가 하나님의 임재를 체험한 사건들로부터 시작하여, 모세의 지성소 체험, 보좌전승, 에스겔의 메르카바merkabah 전승, 그리고 기독교의 기원과 관련 있는 승천전승에 이르기까지 발전한다. 모세는 떨기나무와 불꽃을 통하여 거룩한 하나님을 체험하고 하나님의 거룩한 땅에서 공생애를 시작하게 되었다. 하나님의 임재 체험을 통하여 지도자로서의 소명을 받고, 이스라엘 백성들을 출애굽 시키고 그들이 시내산에서 하나님의 임재를 체험하도록 도우면서, 거룩함의 3중 구조에 대한 계시를 보여주었다. 모세는 시내산 꼭대기에 올라가서 사십일 사십야를 산에 있으면서 하나님의 임재를 체험하고, 제한적이지만 하나님의 등을 봄으로써 더 깊은 하나님의 임재를 체험하였으며, 예수의 얼굴에 보일 영광을 예표함으로 하나님의 임재를 체험하기를 원하는 모든 신앙인의 모델이 되었다.

6. 경건을 위한 신학적 성경 읽기

이러한 방법은 조직신학적 사고를 활용하여 성경에서 얻은 바람직한 인간의 신앙여정을 정하고, 그 여정을 따라 현재에서 하나님 체험으로 나아가는 것이다.[12]

---

[12]　팀 켈러, 오종향 옮김 『센터처치』 (서울: 두란노, 2016), 80-89.

1) 복음의 핵심은 창조, 타락, 구속, 회복의 구조로 이루어진다. 이 구조를 한 싸이클로 삼아 하나님 체험을 하도록 돕는다. 이는 또한 "본향, 죄와 추방, 구속, 그리고 귀향"으로 읽을 수 있다. 이는 신약의 탕자 이야기^{눅 15:11-32}와 유사하다. 원래 에덴 동산에서 하나님과의 교제하는 것이 인간의 본래적인 모습이다. 죄와 추방으로 인한 인간의 비극은 계속 되었고, 예수의 구속을 통하여 인간은 천국에 대한 소망을 갖게 된다.

2) 이스라엘 백성들이 경험한 "애굽에서의 생활 - 출애굽 - 광야 - 가나안을 향하여"라는 경험을 통하여 인간의 죄에 직면하고 가나안 땅을 향해 가는 존재로서의 자기 정체성을 확립한다.

7. 경건을 위한 성경 읽기의 추구

경건을 위한 성경 읽기의 문제점은 무엇일까? 위에서 예를 든 이야기체의 성경은 복음서만이 아니라, 신구약의 다양한 인물에서 발견되는 이야기이다. 상상력을 활용한다면 인물의 하나님^{예수} 체험을 현재화하는 방법이 가능할 것이다. 하나님^{예수}의 임재 체험이 가장 중요한 경건의 핵심이기는 하지만, 이것들만 강조한다면 자칫 체험 만능주의인 신비주의의 유혹에 빠질 수도 있다. 그래서 바울은 신비로운 체험을 자랑하지 않고 약한 것을 자랑하겠다고 했다^{고후 12:5}. 즉, 하나님의 임재 체험은 일상이라는 상황과 관련을 맺어야 한다. 이런 면에서 경건훈련을 받는 학생들은 하나님^{예수}의 임재를 체험함으로부터 시작하여 다양한 상황에서 하나님^{예수} 의 임재를 통하여 일상이 변화되는 경험을 함께 추구해야 할 것이다.

체험의 재발견이 중요한 이유는 역사비평학이나 교리중심의 교회가 그동안 살아계신 하나님 체험을 보여주는데 무능했기 때문이다. 초월하신 하나님에 대한 갈망은 특별히 복음서와 시편을 통하여 초월하신 하나님과 예수께 접근할 기회를 제공하였다. 우리의 체험을 열어주기 위하여 가장 효과적인 시편과 복음서가 중요하지만, 차차 성서의 확장성을 위하여 노력해야 할 것이다. 즉, 복음서에서 경험하는 경향은 임재 경험으로 인간의 갈증은 해소되지만, 다른 신약성경과의 균형이 필요하다. 예수와의 만남만을 강조한다면 다양한 상황속에서 형성된 바울의 교회론이 생략되고 급진적인 이상적인 교회론에 머물 위험이 있는 것이다. 즉, 예수와의 만남을 돕는 경건이 신약성서에서의 교회와 후대에 형성된 교회론을 통하여 더 심화될 필요가 있는 것이다. 구약에서도 마찬가지이다. 시편을 통하여 살아계신 하나님을 체험하는 것은 특히나 하나님의 초월성을 잊어버린 계몽주의 시대 이후로 신앙인들에게 필요한 요소로서 제도와 교리를 강조하는 것과 차별을 이룬다. 그러나 구약성서에서 나타나는 다양한 하나님의 모습과 조화를 이루지 못한다면 제한된 하나님 이해가 될 수 있는 것이다. 즉, 시편에서 나타난 하나님 이해를 전제하고 다양한 장르와 역사에 드러난 하나님 이해를 보완하면서 하나님이 주인이신 신앙세계의 다양한 요소들을 경험해야 한다는 것이다. 이를 위해서는 구약성경의 이야기 형식을 비롯하여 다양한 장르의 성경을 통하여 경건훈련으로 나아갈 수 있도록 노력해야 한다. 신약성서에서도 복음서만이 아니라, 바울 서신, 일반 서신을 비롯한 다양한 장르를 하나님 경험으로 나아가는 자료가 되도록 시도해야 한다.

V. 결론

개신교에서 말하는 경건은 성서와 체험의 균형을 통하여 가능하다. 성서에서 말하는 경건은 하나님의 임재 자체를 전제하며 하나님을 향한 경건과 사람을 향한 경건의 요소가 있다. 또한 경건을 막는 장애물로서 초월하신 하나님 이해, 제사장 문헌의 무시, 신명기 일변도의 신학, 유대교 율법주의에 대한 인식 부족 등이 있다. 경건을 위한 성경읽기를 위하여 복음서, 시편, 그리고 많은 이야기 형태의 성경이 사용된다. 성경이 균형있게 경건을 위하여 읽을 수 있도록 많은 노력이 필요하다.

참고문헌

배정훈. 『한국교회를 살리는 정경해석방법의 이론과 실제』. 서울: 장로회신학대학출판부, 2017.

유해룡. "영성형성의 모델 연구," 「기독교 사상」 38(1994. 5), 91-108.

_____. "개혁교회 영성의 현재와 미래." 「신학과 실천」 2(1998), 57-75.

_____. "영성과 영성신학." 「장신논단」 제36집 (2009. 12), 304-331.

_____. "영적수련의 매뉴얼로서 영신수련의 역동성연구." 「장신논단」 48(2016. 3), 308-333.

이한수. "목회서신이 말하는 경건." 「신학지남」 74(4)(2007, 12), 43-60.

장흥길. "신약성경에 나타난 경건." 「장신논단」 제17집 (2001. 12), 44-47.

팀 켈러, 오종향 옮김. 『센터처치』. 서울: 두란노, 2016, 80-89.

Ringgren, Helmer. "חָסִיד". In *Theeological Dictionary of the Old Testament* V, 75-79. William B. Eerdmans Publishing Co., 1986.

Kedar-Kopfstein, Haifa B. "תָּמַם". In *Theological Dictionary of the Old Testament* XV, 707-710. William B. Eerdmans Publishing Co., 1986.

Oliver, J. P. J. "תָּמִים." In *Dictionary of Old Testament & Exegesis* V. 4, 307. Grand Rapida: Zondervan Publishing House, 1997.

Stuehrenberg, Paul F. "Devout." 184 in *Anchor Bible Dictionary* II (1992).

제IV부

경건훈련의 역사

6장

✿

고대교회에서의 경건훈련

서원모 교수, 역사신학

21세기 한국 개신교회, 더 좁혀 말한다면 예장 통합교단의 사역자는 어떠한 경건과 영성[1]을 갖추어야 하나? 필자는 역사신학적 관점, 특히 고대교회의 역사에 비추어 이 질문에 대한 답변을 탐구하고자 한다. 따라서 본고는 경건과 영성의 역사를 서술하기보다는 필자의 문제의식에 따르는 역사적 자료를 발굴하는 형식을 띨 것이다.

　　이를 위해 먼저 오늘날 개신교 사역자에게 필요한 경건과 영성의 핵심 내용이라고 여겨지는 네 가지 주제를 화두로 제시하고(Ⅰ), 이를 염두에 두면서 고대교회의 영성과 경건의 이론과 실천에 대한 주요 내용을 정리하고(Ⅱ), 이러한 내용을 기초로 21세기 경건과 영성의 방향을 모색할 것이다(Ⅲ).

Ⅰ. 21세기 경건과 영성의 화두

　　필자는 사역자의 경건, 성령 안의 삶, 지행합일, 친교 네 가지를 21세기 한국 교회 경건과 영성의 주제를 정하기 위한 화두로 삼고자 한다. 우선 이 네 가지 개념을 간략히 서술하겠다.

1　여기서는 경건과 영성을 구분 없이 혼용해서 그때그때 필요에 따라 사용할 것이다.

1. 사역자의 경건

사역자의 경건은 목회경건 pastoral piety 이란 개념을 기초로 발전된 개념이다. 목회경건은 저명한 칼뱅 연구자 맥키 Elsie McKee 가 칼뱅의 영성과 관련된 자료를 편집하여 출판하면서 붙인 이름이다.[2] 사실 pastoral이란 여러 의미를 지니고 있으며,[3] 맥키가 칼뱅을 통해 목회경건의 구체적 내용을 어떻게 다루었는지는 칼뱅 전공자에게 위임하고자한다. 여기서는 '사역자의 경건'에 나타난 함의만을 살펴볼 것이다.

사역자의 경건은 수도자의 경건과 대비되는 개념이다. 종교개혁 이전까지, 아니 지금까지도 기독교 영성과 경건의 이론과 실천은 수도운동에 크게 영향을 받았다. 수도운동 monasticism 에도 여러 가지 흐름이 있지만, 고대교회사의 관점에서 수도운동을 수덕운동 asceticism 과 구분해서 이해한다면, 수도운동은 세상과 교회와의 분리라는 특징을 지니고 있다. 가족과 세속 직업을 떠나 광야와 산에 들어가 기도에 전념하거나 공동체를 이루어 구별된 집단을 형성하는 것을 일반적인 특징으로 삼을 수 있다. 여기서 이러한 수도자의 삶의 자리와 달리 세상 안에서 하나님의 소명에 따라 사역하는 사역자의 삶의 자리에 필요한 영성과 경건이 바로 사역자의 경건이다. 개신교 사역자는 대부분 가족이 있고, 일상생활 속에서 사람들을 만나야 하며, 세계 안에서 주어진 사역직무을 수행해야 한다. 사역자의 경건은 이러한 사역자의 삶의

---

2   Elsie Ann McKee, *John Calvin: Writings on Pastoral Piety*, The Classics of Western Spirituality (New York: Paulist Press, 2001).

3   Wonmo Suh & Jungsun Kim, "Trauma and Pastoral Piety: Conceptualization of a Framework for Ecclesial Spirituality," *Korean Journal of Christian Studies* 113 (2019), 235-269을 참조하라.

자리에서 사역자의 정체성을 확립하며, 사역을 효과적이고 지혜롭게 수행하는 내적인 원천을 제공해야 한다.

2. 성령 안의 삶

기독교 영성과 경건은 한마디로 성령 안의 삶이라고 정의할 수 있다고 본다. 특히 부활신앙의 관점에서 성령을 부활의 영이라고 강조할 필요가 있다. 여기에는 성령과 교제하고 성령에 맞추고 협력하고 순종하는 내용이 모두 포함된다. 성령의 역사와 경험은 너무나 다양해서 일관적으로 파악하기 어렵다. 성령이 어떤 분이며, 어떻게 일하시고, 자신은 어떻게 성령과 교제하며 성령의 음성을 들으며 순종하는지, 또 교회 공동체와 사역 현장에서 성령은 어떻게 활동하는지 포괄적이고 실제적으로 탐구하며 체득하는 것이 영성과 경건의 과제이다. 어쩌면 이 일은 모든 사역자에게 평생 동안의 작업이 될 것이며, 사역자뿐만 아니라 교회 공동체와 모든 그리스도인이 추구하고 공동으로 풀어야 할 과제일 것이다.

영성훈련과 영성형성의 목적과 목표는 성령 안의 삶이라고 말할 수 있다. 무슨 일을 하든지 끊임없이 성령과 대화하고 교제하며 성령의 음성을 들으려 하고 성령에게 순종하고, 계속해서 그 길이 무엇인지를 찾아가고 알아가는 과정이 영성과 경건의 내용이다. 교리적으로 성령이 누구이며 무슨 일을 하는지 정리하는 것은 쉬울 수 있다. 하지만 영성과 경건에선 각자에게 또 공동체에서 성령이 어떻게 일하시는지 경험적으로 숙의하는 과정이 필요하다. 이를 위해선 공동체 안에서 성령 경험을 나누고 분별하는 과정이 중요하다고 본다.

3. 지행합일

지행합일이란 말은 진정성, 코람 데오, 정직, 산상수훈, 사랑의 실천 등 다양한 차원을 아우르는 말로 이해하면 좋겠다. 지행합일은 한국 개신교회의 신학과 목회와 경건의 총체적인 위기를 인식하고 그 대안을 모색하고, 더 나아가서 한국 사회의 고질적인 병폐를 고치고 근본적으로 새롭게 변화시킬 수 있는 공공적 가치로 제시할 수 있다.

한국 교회는 이신칭의에 대한 잘못된 이해, 주일의 삶과 평일의 삶의 분리, 찬양 모임이나 다양한 집회에서 일어나는 부흥과 각성의 경험과 일상생활의 괴리라는 심각한 문제를 안고 있다. 한국 교회가 사회적 신망을 잃은 것도, 구한말과 같은 지도력을 행사하지 못하는 것도, 교회나 사회의 기독교 지도자들이 신앙과 삶의 괴리, 지행·언행의 불일치를 보여주었기 때문이다. 이러한 현상을 바로잡을 구원론, 성화론, 교회론, 영성과 경건의 이론과 실제가 분명히 정립되지 않았다는 것이 더욱 심각한 문제다.

필자는 지행합일을 기초로 해서 기독교인과 사역자와 교회의 정체성을 만들어가는 것이 이 시대의 요청이라고 확신한다. 지행합일을 중심으로 삼는다면, 주일예배 설교에만 참여하는 신자가 대다수인 대형교회 체제가 바람직할까, 오히려 국가나 사회에 대한 분리주의적

태도를 수정한다면 제자도를 강조하는 재세례파의 교회론이 더 적합하지 않을까, 또한 지행합일을 강조할 때 율법주의, 공로주의와 엘리트주의에 빠지지 않겠는가 질문할 수 있다. 하지만 이 시대 기독교인의 가치와 정체성을 요약하고 갖가지 죄악을 물리치고, 이 사회에 만면한 거짓과 불의를 근본적으로 바로잡을 대안은 코람 데오의 실천밖에 없다고 느껴진다.

4. 친교

친교는 공동체, 대화, 소통, 교제, 연합, 일치, 공감 등을 아우르는 말로 생각하면 좋겠다. 목회와 선교 사역은 관계 안에서 이루어진다. 바른 신학과 실천으로 교회 개혁과 갱신을 추구하면서도, 사람들과 좋은 관계를 맺고 관계 속에서 원만하게 일하는 사역자가 필요하다. 또 사역자는 홀로 고립되는 것보다 동료 사역자와 함께 협력하고 연합할 때 더 효과적으로 사역할 수 있다. 무엇보다 어려움과 자신의 약점도 진솔하게 나눌 수 있는 친밀한 관계가 필요하다. 모든 그리스도인은 하나님 앞에 단독자로 서면서도, 말씀을 나누고 함께 기도하고 서로 격려하고 돕고 돌보고 힘 실어주고 권면하고 도전하는 친교 안에 있을 때 온전해질 수 있다.

친교는 상대방의 말에 대한 주의 깊은 경청, 그의 신발을 신고 그의 눈으로 세계를 보는 공감적 소통능력, 그의 정서적 고통 안으로 깊이 들어가는 케노시스적 사랑과 이러한 마음을 상대방에게 의미 있게 소통할 수 있는 능력을 포함한다. 또한 이러한 공동체를 든든히 세우고 구성원 각자의 능력과 은사를 계발하고 활용할 수 있도록 돕는 일도 친교에 속한다. 코로나 19는 대면 모임뿐만 아니라 온라인 공간을 활용한 친교도 가능할 수 있다는 것을 보여준다.

Ⅱ. 고대 교회 영성과 경건의 이론과 실천

이제 위의 네 가지 화두를 염두에 두면서 고대교회사에 나타난 영성과 경건의 주제들을 선별적으로 살펴보겠다. 고대 교회는 예수와 사도들의 역사와 직접 연결되므로, 성경을 준거점으로 해서 이후의 역사를 요약하고 평가하는 역사신학적인 작업이 필요하다고 생각한다.

A. 예수 사건과 원시기독교

1. 그리스-로마 세계와 유대교 전통: "온 맘으로"

미국의 저명한 역사학자 피터 브라운 Peter Brown 은 고대 후기 몸과 영혼의 관계에 대한 흥미로운 통찰을 제시한다. 브라운에 따르면 그리스-로마 세계에선, 몸은 영혼과 다르며 영혼이 몸에서 완전히 자유롭게 되는 것이 최선이지만 영혼은 몸의 영역을 관리하도록 위임을 받았으므로 몸을 잘 다스려야 한다고 생각했다. 몸은 여자나 노예처럼 다루기 어려우며, 방임과 과도한 억압을 피하고 부드럽게 힘을 가해야 한다고 보았다. 브라운은 이러한 사유를 "자비로운 이원론" benevolent dualism 이라고 부른다.[4]

반면 유대교 전통에선 몸과 영혼의 이원론이 아니라 하나님과 인류의 이원론이 지배적이다. 몸과 영혼이 모두 하나님을 대면한다. 하나님은 몸과 영혼을 모두 창조하셨고 양자를 모두 심판하신다. 인간은 창조주의 뜻에 순종하거나 거부할 수 있는 마음을 지닌 자로서 하나님을 대면하며, 온전한 마음, 한 마음 singleness of heart 을 가지는 것이 유대교의 이상이었다.[5] 마음을 다하고 뜻을 다하고 힘을 다하여 하나님을 사랑하라는 가르침은 한 마음의 경건을 잘 요약해준다.

---

4 Peter Brown, *The Body and Society: Men, Women, and Sexual Renunciation in Early Christianity* (New York: Columbia University Press, 1988), 26-29.

5 Peter Brown, *The Body and Society*, 33-39.

예수도 유대교 전통을 따라 한 마음을 품으라고 가르쳤다. 한 사람이 두 주인을 섬기지 못하며 하나님과 재물을 겸하여 섬길 수 없고^{마 6:24}, 먼저 하나님의 나라와 의를 구하라^{마 6:33}고 가르쳤다. 또한 바울의 목표는 주와 연합하여 한 영이 되는 것이었다^{고전 6:17}. 몸은 하나님의 성전이요, 성령의 처소이며 그리스도의 지체이다. 이렇게 볼 때 결혼한 사람은 마음이 나뉠 수 있다^{고전 8:33-34}는 말은 종말이 임박한 상황에서 바울이 독신을 선호한 배경을 알려준다.

21세기 영성과 경건에서 '온 맘'의 영성을 강조할 수 있다. 무엇을 하든지 온 맘으로 하는 것은 진정성과 코람 데오의 영성과도 연결된다. 두 마음으로 나뉘지 않고 현재를 충만하게 사는 것이 영성의 내용이다.

2. 예수 사건

예수는 종말론적인 하나님 나라의 도래를 선포했으며, 이 점에서 세례자 요한의 활동과 연결된다. 하지만 예수는 요한의 금욕과 광야로의 은둔을 받아들이지 않았다. 세례자 요한과 같이 예수에게도 하나님 나라는 미래적인 사건이지만, 예수는 하나님 나라가 자신과 함께 현재적으로 도래했다고 선포한다는 점에서 독특하다^{특히 마 11:12; 눅 11:20, 17:20-21}. 예수의 식탁교제는 이러한 새로운 현실을 나타내며, 예수는 이사야가 예언한 구원이 실현되었다고 선언한다^{눅 7:22-23}. 그럼에도 예수의 말씀은 도전받고 위협을 받았으며^{참. 막 4:3-7}, 이는 결국 십자가

의 죽음으로 귀결된다. 예수는 가르침과 사역을 통해 하나님의 궁극적인 행위를 선포하고 실현했다.[6]

예수는 율법을 이스라엘에게 주는 하나님의 선물이라고 이해했지만, 한편으론 율법의 요구를 과격하게 만들고[마 5:22,28], 다른 한편으론 안식일 계명에서 나타나듯 자유로운 이해를 보여준다[막 2:27]. 원수 사랑의 요구[마 5:44]는 황금율과 이웃사랑을 넘어선다. 예수는 레위기 19:18과 신명기 6:4-5의 쉐마를 연결시켰으며 동료 인간을 돌보는 것에 초점을 두어 율법을 해석한다. 예수는 하나님의 본래적인 뜻을 중심으로 율법을 자유롭게 해석했으며, 예언자나 율법학자와 달리 '나는 너희에게 이른다.' '진실로 너희에게 이르노니'라는 표현으로 자신의 권위를 보여주었다.[7]

예수께서 사람들에게 자신을 따르라고 요구했다는 것은 분명하다. 좁은 의미로 '따른다'는 단어 ἀκολουθέω 는 예수의 제자들의 삶의 방식을 뜻한다. 예수는 제자들을 불러 방랑, 청빈, 가족 관계 포기, 하나님나라의 선포와 치유 활동 등 자신의 삶에 참여하도록 권했다. 하지만 이 단어는 더 넓은 의미로 모든 기독교인들의 실존 양식을 묘사하기 위해 사용되었으며, 외적으로 따름이 아니라 회개의 결단이 모든 사람에게 요구되었다. 또한 그리스도를 닮은 사도들과 기독교인들의 삶은 '따르다' ἀκολουθέω 라는 단어보다는 '모방하다/본받다' 바울에겐 μιμητής, 라틴어로는 imitari, imitatio 는 표현이 더 많이 사용되었다.[8]

---

6   Eduard Schweizer "Jesus Christus I," in *Theologische Realenzyklopädie*, hg. Gerhard Müller, Band XVI (Berlin: Walter de Gruyter, 1987), 670-726, 여기선 712-713.

7   Eduard Schweizer "Jesus Christus I," 717.

21세기 영성과 경건에선 예수 사건과의 진지한 만남이 요구된다. 복음서를 통해 역사적 예수의 삶과 말씀을 깊이 성찰하고 오늘날 자신에게 주는 의미를 찾는 것이 경건의 기초가 되어야 한다.[9]

3. 원시 기독교

a. 예수 따름

타이센은 부활절 이후 원시기독교에서는 두 부류의 제자들이 있었다고 주장한다.[10] 한 부류는 나를 따르라는 예수의 말씀을 문자적으로 지킨 방랑하는 카리스마 지도자들이며,[11] 또 다른 부류는 가정과 자기 지역에 머물면서 예수를 따랐다. 하지만 바울의 사례에서 볼 수 있듯이, 장거리 여행, 도시 활동, 선교 상황, 생업활동 포기 등의 요인으로 인해 다양한 형태의 방랑하는 지도자들이 있었다고 보인다. 또한 방랑하는 지도자들과 지역 교회 사이에는 긴밀한 협력이 존재했다. 예수의 과격한 말씀은 따로 고립되어 전해지지 않고 다른 말씀과 섞여서 나오므로, 특정한 집단이 아니라 교회 전체에게 주어졌다고

---

8 Ulrich Luz, "Nachfolge Jesu I," in *Theologische Realenzyklopädie*, hg. Gerhard Müller, Band XXIII (Berlin: Walter de Gruyter, 1994), 678-686, 여기선 678-679.

9 역사적 예수에 대한 가장 좋은 개괄서로 게르하르트 로핑크, 『예수마음코칭: 평신도를 위한 역사비평학』(서울: 생활성서사, 2014)를 추천하고 싶다.

10 Gerd Theißen, "Wanderradikalismus," in *Studien zur Soziologie des Urchristentums*, Wissenschaftliche Untersuchungen zum Neues Testament 19 (Tübingen: Mohr Siebeck, 1989), 79-105.

11 말씀 자료(Q), 『열두 사도들의 가르침(디다케)』와 차명 클레멘스의 『동정녀들에게 보낸 두 편지』에서 그 전거가 발견된다.

생각할 수 있다. 제자들에게 주는 예수의 말씀은 문자적으로 지켜야 할 명령으로 이해되지 않았으며, 다양한 방식으로 변용되어 실천되었다.[12]

'나를 따르라'는 예수의 말씀은 오늘날에도 큰 도전을 준다. 예수의 말씀을 문자 그대로 받아들이면서도 현실적인 윤리와 도덕을 제시하는 다른 말씀과 연결시켜 통합적으로 이해하고, 자신의 삶의 자리에서 실천가능한 방법을 찾는 것이 21세기 영성의 내용이다.

b. 부활 신앙

기독교는 특정한 한 사람, 곧 예수가 다시 살아나셨다는 부활 신앙에 의해 성립되었다. 예수의 부활은 나사로와 나인성 과부의 아들처럼 다시 소생하는 부활이 아니라 죽음 자체를 극복하고 영원히 사는 종말의 부활 사건이었다참. 마 27:52-53. 특히 바울은 유대교의 죽은 이들의 부활 사상을 기독론적으로 통합하고 기독교인의 실존을 부활 신앙에 기초해서 제시했다. 그는 주의 재림에서 죽은 이들의 부활과 산 이들의 변화를 소망한다살전 4:14-18. 또한 그는 예수의 부활과 죽은 이들의 부활을 연결시키고, 아담을 통해 모든 사람이 죽음에 떨어졌지만, 그리스도 안에서 모든 사람이 생명을 얻을 것이며, 죽음의 권능, 썩음 자체가 극복될 때에 구원이 이루어진다고 강조한다고전 15장. 바울

---

12 Ulrich Luz, "Nachfolge Jesu I," 682.

에게 구원은 전인의 변용이며, 성령은 종말적이고 미래적인 변화의 보증이다^{고후 5:5}. 기독교인의 실존은 죽음과 부활의 변증법으로 설명된다. 예수의 부활 능력의 현존에 대한 경험은 그의 고난에 참여하고 죽으심을 본받을 때 이루어지며, 고난과 죽으심에 동참하는 것은 앞으로 죽은 이들의 부활에 참여하리라는 소망을 가능하게 한다.[13] 기독교의 소망은 만물을 자기에게 복종하게 할 수 있는 분의 힘에 따라 "우리 낮은 몸을 자기 영광의 몸의 형체"를 닮게 만드실 예수 그리스도에게 두어진다^{빌 3:10-14, 21}.

신약성경 모든 저자는 부활 신앙의 빛 안에서 저술했다. 예수의 부활을 자신의 부활과 연결시키고 바울과 같이 종말론적으로 살아가는 것이 21세기 영성과 경건의 기초가 되어야 한다.

c. 성령

성령의 경험이 교회를 형성했다는 것은 누구도 부인할 수 없을 것이다. 구약성경에서 성령은 종말론적인 공동체에 주시는 하나님의 선물로 이해되었다^{사 32:15, 44:43; 겔 11:19, 36:26-27, 37:14; 욜 3:1-2}. 처음 교회는 감동적이고 충격적으로 성령을 경험했고, 예언과 환상과 방언과 꿈과 기적과 치유 등 성령의 은사를 누렸으며, 기도와 찬양도 영의 선물로 이해되었다^{엡 5:19, 골 3:16}. 복음 설교는 치유와 기적과 연결되었으며, 이

---

13 Paul Hoffman, "Auferstehung I/3," in *Theologische Realenzyklopädie*, hg. Gerhard Krause & Gerhard Müller, Band IV (Berlin: Walter de Gruyter, 1979), 450-467, 여기선 453-457.

는 성령의 현존을 나타내는 표징들로 여겨졌다. 교회는 성령을 경험하면서 종말론적인 성취가 이루어지고 참 하나님의 백성이 모이고 있다는 확신을 가졌다.

이런 점에서 성령은 부활의 영이다. 예수의 부활은 영에 의해 이루어졌으며롬 1:3-4, 벧전 3:18, 딤전 3:16, 부활한 예수의 현현은 영의 사건이었다행 7:55, 요 20:22. 바울에 따르면 성령은 "예수를 죽은 자 가운데서 살리신 이의 영"이요, 하나님이 우리 안에 거하시는 "그의 영으로 말미암아" 우리 "죽을 몸도 살리"실 것이다롬 8:10-11. 더욱이 "육신에 따르지 않고 그 영을 따라 행하"면 우리는 율법의 요구를 이룰 수 있다롬 8:3. 특히 성령의 열매에서 나타나듯, 영이 권력과 반대되는 개념과 연결되는 것이 흥미롭다.[14]

바울에게 몸은 인간의 친교와 교제의 차원을 나타낸다는 것을 이해한다면, 개인이나 공동체가 하나님의 성전이라는 것은 쉽게 이해될 수 있다. 영은 몸에게 일치와 연합을 일으키는 하나님의 선물이다. 주님은 영을 통해 자신의 몸인 공동체에 현존하며, 이는 성찬에서 잘 표현된다. 영은 하나님의 자녀를 만들고 부활의 '보증금'으로 몸의 부활의 근거가 된다엡 1:14. 영을 가진 이는 부활의 영적인 몸을 고대하며고후 4:16, 5:5, 이러한 변화는 몸이 육신의 영역에 있느냐, 영의 영역에 있느냐에 달려있다. 영의 내주는 몸을 하나님을 영화롭게 하는데 사용하도록 요구한다고전 6:19-20. 영은 공동체적이며 부활 소망의 관점에서

---

14 Klaus Berger, "Geist/ Heiliger Geist/ Geistesgaben III," in *Theologische Realenzyklopädie*, hg. Gerhard Krause & Gerhard Müller, Band XII (Berlin: Walter de Gruyter, 1984), 178-196, 여기선 186. 영(과 지혜)이 온유(고전 4:21, 갈 5:22), 겸손(엡 4:2-3), 고요 (벧전 3:4).

이해해야 한다.[15]

21세기 영성과 경건은 성령 안의 삶을 추구한다. 부활의 영이며, 개인이나 공동체 안에 내주하는 성령의 경험을 공동체 안에서 나눌 수 있어야 한다. 특히 영을 통한 그리스도와의 인격적인 교제, 영에 순종하는 몸, 몸을 통한 다른 사람들과의 친교를 강조할 필요가 있다.

d. 세례

부활을 통한 종말론적 구원의 연속성은 세례를 통해 이루어졌다. 초기 교회에서 세례는 종말론적 구원사건인 그리스도의 사건이 현재화되고, 성령의 현존을 경험하고, 종말론적 구원의 공동체에 들어가는 예식이었다. 세례 받은 자는 죄의 능력에서 분리되고 그리스도의 몸으로 연결되며 다가올 세계의 권능에 참여한다고 이해되었다.[16]

바울은 이러한 세례 전승을 받아들이고 더욱 발전시켰다. 그는 세례 받은 자를 구속받고 거룩하게 되고 의롭게 되었다고 묘사한다고전 1:30, 6:11. 세례 받은 자는 그리스도의 몸에 결합하며, '그리스도 안에' 새로운 존재가 된다고전 12:13, 갈 3:26-28. 주님은 영 안에 현존하여 고전 15:45, 고후 3:17 세례 받은 자에게 영을 선사할 뿐만 아니라 모든 사회적 벽이

---

15 Klaus Berger, "Geist/ Heiliger Geist/ Geistesgaben III," 189-190.

16 Udo Schnelle, "Taufe II," in *Theologische Realenzyklopädie*, hg. Gerhard Müller, Band XXXII (Berlin: Walter de Gruyter, 2001), 663-674, 여기선 665-666.

허물어지는 새로운 공동체를 세운다^{갈 3:26-28}. 세례와 영은 긴밀하게 연결되며, 영을 통해 세례는 단순히 과거 사건이 아니라 현재와 미래에도 영향을 미친다.[17]

바울에게 세례는 그리스도의 죽음과 부활에 참여하는 것이다^{롬 6:1-14}. 우리는 세례를 통해 예수의 죽으심과 연합하여, 죄의 몸이 죽고 죄의 권세에서 해방되었으므로, 성령을 따라 새 생명 가운데 행하고, 하나님에 대해 살아야 한다. 기독교인의 새로운 삶은 예수 그리스도의 십자가와 부활로 가능하고, 세례에서 소유되며, 성령에 의해 시행된다.[18]

21세기 영성과 경건은 세례의 언약과 신앙에서 중심점을 갖는다. 영성과 경건은 세례의 의미대로 살아가는 것이며, 세례 언약은 기도와 묵상과 공동체의 예배에서 개인적으로, 공동체적으로 계속 확인되고 갱신되어야 한다.

e. 성찬

예수는 마지막 만찬에서 많은 사람을 위한 대속물로 드려질 자신의 죽음에 대해서 언급한다. 이 죽음으로 많은 사람, 곧 인류와 하나님과의 새로운 관계가 확립되며, 이는 하나님과 종말론적인 구원공동체와의 새 언약 사상과 연결된다. 성찬에서는 예수와 그의 사람들

[17] Udo Schnelle, "Taufe II," 666-667.
[18] Udo Schnelle, "Taufe II," 668.

과의 직접적인 교제가 종말론적 완성으로 놓여진다. 예수께서 죽기 전에 자신의 행위로 규정한 예식을 교회가 시행할 때 교회는 예수가 마지막 만찬에서 자신의 행위를 연결시킨 그 사건과 스스로를 연결시키고, 이 사건이 스스로를 규정하게 한다.[19]

바울은 높여진 그리스도가 성령을 통해 성찬에 현존한다는 것을 암시한다 고전 12:13. 잔에 대한 말씀에서는 높여진 그리스도가 십자가에 달리신 분으로 스스로를 나타낸다는 것이 강조된다. 바울의 몸과 영의 개념은 성찬에서의 그리스도의 임재를 더 분명하게 알려준다. 교회 공동체가 성찬을 나누기 위해 함께 모일 때, 주님은 영을 통해 자신의 몸인 공동체 안에 현존한다. 특히 빵과 포도주가 주님과 그의 죽음을 나타내기 때문에 그의 몸, 곧 성찬을 시행하는 공동체의 현실 안에서 주님의 영적인 현존은 매우 실제적이라고 이해될 수 있다.[20]

21세기 영성과 경건은 성찬을 통한 그리스도와의 연합을 강조한다. 성찬은 주님의 대속적인 죽음을 중심에 놓지만, 종말론적인 희망, 영을 통한 주님의 임재, 감각으로 경험할 수 있는 그리스도와의 연합, 세례 언약의 갱신이 경험되는 자리가 되어야 한다.

19 Gerhard Delling, "Abendmahl, II," in *Theologische Realenzyklopädie*, hg. Gerhard Krause & Gerhard Müller, Band I (Berlin: Walter de Gruyter, 1976), 47-58, 여기선 55-56.

20 Klaus Berger, "Geist/ Heiliger Geist/ Geistesgaben III," 189.

B. 고대 교회

여기서는 고대 교회의 영성과 경건을 둘로 나누어 고찰하고자 한다. 하나는 삶의 자리를 구분하여 역사적인 측면을 살피고, 다른 하나는 영성과 경건의 이론적인 측면을 살피고자 한다.

1. 삶의 자리

a. 순교자

고대교회 영성과 경건의 원형은 순교에서 찾을 수 있다. 순교에 대한 갈망은 안티오케이아의 이그나티오스에게 전형적으로 나타난다. 그는 동료 그리스도인들에게 맹수의 먹이가 되도록 놔두라고 부탁하면서 순교를 통해 하나님을 만날 수 있고,[21] 그리스도의 제자가 되며,[22] 그리스도를 만날 수 있을 것이라고 고백했다.[23] 그가 찾는 것은 "우리를 위해 돌아가신 그분이며" "원하는 것은 우리를 위해 다시 살아나신 그분"이다.[24] 특히 그는 순교를 그리스도를 따라 하나님께

---

21 안티오케이아의 이그나티오스 『로마인들에게』 4. 1.
22 안티오케이아의 이그나티오스 『로마인들에게』 4. 2.
23 안티오케이아의 이그나티오스 『로마인들에게』 5. 3.
24 안티오케이아의 이그나티오스 『로마인들에게』 6. 1.

바치는 번제로 생각하고 자신은 "하나님의 밀이니 맹수의 이빨에 갈려서 그리스도의 깨끗한 빵이 될 것"이며,[25] "하나님께 바치는 희생제물이" 되기를 간구했다.[26] 리옹의 순교자 블란디나의 죽음을 바라보는 자들은 "그 자매 안에서 그들을 위해 십자가에 달리신 분을 보았으며" "그녀는 희생제물로 드려졌다."고 서술한다. 또한 카르타고의 순교자 펠리키타스는 처형 때에 자신이 그리스도를 위해 고통을 당하듯이 그리스도가 자신 안에서 고통을 당할 것이라고 말했다.[27] 이처럼 순교는 그리스도의 고난과 죽음을 본받고 그리스도와 연합하는 일이라고 이해되었다. 순교자는 그리스도의 고난과 죽음에 참여하기 때문에 그리스도의 영광과 부활에도 참여할 것을 기대했다.

또한 순교자들이 그리스도의 고난과 죽음을 본받고 극심한 고문과 육체적 고통을 이길 수 있는 것은 부활한 주님의 영의 능력에 힘입고 주님이 함께 하기 때문이라고 여겨졌다. 따라서 순교로 나아가는 이들은 특별한 영적인 은사를 지니고 있어서 미래를 예언하고 죄인들을 교회와 화해시킬 수 있다고 여겨졌다.[28] 또한 순교는 영적인 싸움으로 이해되었다. 마귀는 그리스도인들에게 다양한 고문과 고통의 방식을 만들어내고 기독교인이 배교하도록 유혹하며, 따라서 모든 고통을 인내하며 끝까지 신앙을 지키고 순교하는 일은 마귀와의 싸움

---

25 안티오케이아의 이그나티오스『로마인들에게』4.1.

26 안티오케이아의 이그나티오스『로마인들에게』4.2.

27 『페르페투아의 순교기』15.

28 예를 들어 폴리카르포스는 기도 중에 자신이 어떻게 죽을지 환상을 보았으며(『폴리카르포스의 순교기』5), 카르타고의 페르페투아는 먼저 세상을 떠난 동생을 위해 기도하여 그가 고통에서 벗어난 것을 알게 되었고(『페르페투아의 순교기』7-8.), 그녀와 함께 순교한 사투루스는 자기의 주교와 교사가 무릎을 꿇고 자신들을 화해시켜달라고 요청하는 환상을 보았다(『페르페투아의 순교기』13).

에서 승리하는 일로 여겨졌다.[29] 또 다른 순교의 동기로는 몸의 부활의 증명, 그리스도와의 결혼,[30] 새로운 생명을 얻는 출산으로 이해되었다.[31] 마지막으로 순교는 피의 세례로 모든 죄를 용서 받고 하늘에 오를 수 있다고 생각되었다.

또한 순교자들은 피를 흘리고 하늘의 제단에서 기도를 통해 많은 사람들을 구원으로 이끈다고 이해되었다. 순교는 그리스도를 특별한 방식으로 현존하게 한다고 가르쳐졌고, 순교가 아닌 다른 방식의 삶도 순교의 이념과 비슷하기 때문에 거룩하다고 인정되었다. 예를 들면 전염병의 희생자를 돌보며 생명을 바친 그리스도인들과 수도운동에 귀의한 자들은 존경을 받았다.

21세기 영성과 경건은 순교 신앙을 원형으로 삼는다. 오늘날은 순교가 멀게 여겨지며, 가톨릭교회나 정교회의 순교자와 성인 공경이나 순교사화는 우리에게 낯선 것도 사실이다. 하지만 오늘날도 순교가 일어나고 있으며, 신앙을 위해 목숨까지 바쳤던 순교자들의 신앙을 진지하게 성찰하는 일은 영성과 경건에서 필수적이라고 여겨진다.

b. 수덕자와 수도자

고대 교회에선 다양한 방식과 이념으로 수덕/수도운동이 발전

---

29 페르페투아는 남성으로 변화되어 이집트 검투사와 싸워 승리하는 꿈을 꾸고 깨어나서 자신이 짐승들이 아니라 마귀와 싸울 것이라는 것을 깨달았다(『페르페투아의 순교기』 10).

30 페르페투아는 그리스도의 참 아내로, 하나님의 연인으로 원형경기장으로 들어갔다(『페르페투아의 순교기』 18).

31 안티오케이아의 이그나티오스, 『로마인들에게』.

했다. 신적인 일에 참여할 때 일정한 정도의 금식, 금욕 내지 절제를
행하는 것은 고대사회의 일반적인 현상이었다. 유대인과 이방인들은
절제와 동정이 인간의 몸이 신적인 계시를 받기에 적절하게 만든다고
생각했다.[32] 초기 기독교에는 하나님을 위해 결혼하지 않고 독신으로
사는 사람들이 존재했고, 호교가들은 이들을 높은 도덕적 수준을 보
여주는 증거로 제시되었다.[33] 호교가 아테나고라스는 동정과 금욕의
삶은 하나님과의 친밀한 교제를 가능하게 한다고 보았다.[34]

　　2세기의 이단자들은 결혼 자체를 정죄하고, 인간의 자유를 회
복하고 성령을 소유하고 죽음의 권능을 지배할 수 있는 능력으로 동
정을 제시했다. 반면 정통교회는 결혼한 가정으로 이루어졌으며, 엄
격한 성 윤리를 추구하면서도 결혼을 하나님의 선물로 받아들였다.
이레나이우스와 테르툴리아누스는 인간의 몸은 성령을 받기 위해 점
진적으로 준비된다고 강조했으며 성적 연합보다는 죽음이 더 큰 문제
라고 가르쳤다.

　　3세기부터 기독교 세계의 여러 지역에서 동정과 독신을 추구
하는 자들이 나타났고, 수덕을 실천하는 자들은 교회공동체 안에서
특별한 존경을 받았다. 영혼과 그리스도의 결혼, 그리스도의 신부라
는 개념을 통해 수덕생활에 대한 신학적 기초가 마련되었다. 순교기,
특히 아그네스, 펠라기아, 카이킬리아와 같은 동정녀들의 순교기에서

32　필론에 따르면 모세는 시내산에서 하나님을 만난 후 성행위를 경멸했다.
33　로마의 클레멘스는 독신자들의 존재를 전제하며,『열두사도들의 가르침(디다케)』는 방랑하는 수
　　덕자들에 대해 언급한다.
34　"당신은 우리 가운데 많은 남녀가 하나님과 더 친밀한 교제로 생활하기를 소원하여 결혼하지 않
　　은 채로 지내는 것을 발견할 것입니다. [왜냐하면] 동정과 고자의 상태로 남아 있는 것이 하나님
　　에게 더 가까이 가도록 하기 때문입니다"(아테나고라스『그리스도인을 위한 청원』33).

는 이러한 개념이 풍성하게 나타난다. 동정의 삶은 순교를 대체하는 가장 귀한 삶이며, 수덕의 삶은 순교자처럼 완전한 자기희생을 요구하고, 순교 정신이 수덕자들 안에 살아있어야 했다.[35]

21세기 영성과 경건은 성령 안에서 자신을 다스리는 삶을 강조한다. 고대 교회의 수덕禁慾에선 동정과 독신이 주요 덕목이 되었지만, 오늘날, 특히 개신교에선 그렇지 않다. 하지만 수덕禁慾, 경건, 영성, 훈련은 단어의 뉘앙스는 다르지만 모두 성령 안에서 살아가는 삶을 말한다. 2000년 교회사 속에 나타난 개인적이고 공동체적인 훈련 방법을 탐구하면서 오늘날 우리에게 맞는 방식을 찾아내야겠다.

c. 수도자

3세기 말 이집트와 동시리아에서는 기독교인들이 가족과 거주 세계를 떠나 광야와 산으로 들어가 청빈과 금욕의 삶을 실천하는 수도운동이 일어났다. 이는 기독교에서 오랫동안 선언되고 초기 형태로서 실천된 수덕의 삶이 성숙하고 발전되어 궁극적이고 가능한 형태로 표출된 것으로 이해될 수 있다. 그 후 수도운동은 기독교 세계 곳곳에 널리 확산되어, 에우세비오스는 다음과 같이 기독교를 두 가지 길로 규정했다.

---

35 올림포스의 메토디오스는 동정과 순교를 직접 비교했고, 다른 사람들은 순교자들 다음에 수덕자들을 나열했다.

주님에 의해 교회에게 주어진 두 가지 방식의 삶이 존재한다. 하나는 본성 위에, 일반적인 인간의 삶을 넘어서는 것이다. 이는 결혼, 출산, 재산 혹은 부의 소유를 인정하지 않는다. […] 이들은 하늘의 존재들과 마찬가지로 인생을 내려다보고 전 인류를 위해 전능하신 하나님에 대한 사제의 임무를 수행한다. […] 그리고 더 겸손하고 더 인간적인 방식은 사람들로 하여금 순수한 결혼에 참여하며 자녀를 낳고 정부를 맡으며 군인들이 의를 위해 싸우는 군인들에게 명령하도록 한다. 이는 그들로 하여금 농부, 교역, 여타의 다른 세속적인 관심사뿐만 아니라 종교에 대해 생각하도록 한다.[36]

수도운동의 기원을 이방종교와 철학이나 마니교, 유대교의 쿰란공동체에서 찾기도 하지만, 그리스도를 따른다는 개념이 기본 동기라고 볼 수 있다. 첫째, 수도자는 그리스도의 겸비의 길, 좁은 길을 걸어가려고 했으며, '모든 것을 버리고 주를 따랐다'[마 19:27]고 고백할 수 있었다. 둘째, 수도자는 주님을 따르는 삶이 십자가의 길이라는 것을 잘 알고 있었으며, 자신의 삶의 고통을 지고 그리스도와 함께 죽기를 원했다. 셋째, 수도자는 아브라함, 모세, 엘리야, 세례자 요한, 사도들의 삶에서 수도운동의 원형을 보았다. 넷째, 수도자는 순교자들에게서 영감을 발견했고 주님께 자신을 드리는 순교자의 신앙을 일상적인 수덕의 구체적인 요구에까지 적용하였다. 그는 자신의 삶을 피 없는 순교이며, 피 흘리는 순교와 동일한 확신에서 실천되기 때문에 순교

---

36   에우세비오스『복음의 논증』I.8.

자의 월계관에 합당하다고 생각했다. 다섯째, 그리스도를 따르는 것은 천사단에 합류하는 것이요 낙원의 삶을 사는 것으로 이해되었다. 마지막으로 수도자는 종말적인 의식을 가지고 자신의 죽음을 늘 생각하며 항상 깨어 주님의 오심을 기다리려고 했다.

　개신교에서도 수도운동이 있지만, 수도자의 삶의 자리는 개신교에서는 아직도 정착하기 어렵다고 느껴진다. 다만 수도자에 대한 편견은 없어지면 좋겠다. 또 비혼이 많아지는 현실에서 수덕/수도 운동의 '하나님을 위한 독신'이란 개념을 개신교 영성에서도 발전시켜야 할 것이다.

d. 목회자

　고대 교부 문헌 중에 목회/사목직에 대한 가장 대표적인 작품은 나지안조스의 그레고리오스의 『도피 변론』, 요안네스 크리소스토모스의 『사제직(성직론)』, 암브로시우스의 『성직자의 의무』, 그레고리우스 대종의 『목회 규칙』이다. 특히 크리소스토모스는 활동적 삶과 관상적 삶을 대조하면서 활동적 삶이 더욱 큰 영혼의 도량이 요구되기 때문에 사제직이 더 고귀하다고 보았다. 수도사는 자신의 죄에 대해 책임을 지지만, 사제는 다른 사람의 영혼 구원과 죄에 대해 책임이 있기 때문이다.[37] 그레고리우스 대종도 덕행이 뛰어난 이가 목회직을 맡으려 하지 않는 것을 경계하면서 자신이 지닌 선을 다른 사람의 선익

37　요한 크리소스톰, 채이석 옮김, 『성직론』(서울: 엠마오, 1992).

을 위해 사용해야 한다고 주장한다.

그레고리우스 대종은 목회직은 "예술 중의 예술"이라고 묘사하면서, 목회자는 일이 잘 되면 우쭐해지기 쉽고, 많은 일들로 마음이 흩어져 자기 성찰을 소홀히 하여 교만해지기 쉽다고 하면서 목회자의 자질을 열거한다. 목회자는 품행이 신자들보다 뛰어나야 하며, 생각이 순수하고 신중하며, 모범을 보여주며 덕행이 뛰어나야 한다. 목회자는 침묵을 지키면서 말을 유익하게 해야 하며, 관상에 뛰어나지만, 동정심을 가지고 신자들의 세상일에 관심을 두어야 한다. 또한 목회자는 외적인 일과 내적인 일에 균형을 잡아야 하며, 덕행과 악덕을 구별하고 때로는 악덕을 묵과하고 때로는 면밀히 조사하며, 매일 성경의 가르침을 묵상해야 한다. 이어서 그레고리우스는 신자들을 가르치고 훈계하는 방법을 자세히 서술한다. 그는 다양한 성향의 사람들에게 알맞은 방식으로 다르게 가르칠 것을 권고하며, 권고의 말을 내기 전에 말하려고 하는 모든 일을 행위로 선포해야 한다고 지시한다.[38]

21세기 영성과 경건은 사역자의 경건을 추구한다. 사역자는 자신을 성찰하고 하나님과의 깊은 관계를 경험해야 하지만, 자신의 고유한 직무를 수행하며 하나님의 백성을 섬기며 인도해야 한다. 따라서 사역자의 경건은 다른 사람과 교회의 유익을 위해 일한다는 사역의 고유한 목적을 지향해야 하며, 이 목적을 효과적으로 달성하기 위한 영성과 경건이 되어야 한다.

---

38 본문은 박노문, "聖 大 그레고리오 교황의 '사목규범서'(Regulae Pastoralis Liber)에 드러난 司牧職에 대한 考察" (수원가톨릭대학교 대학원 박사학위논문, 2000) 부록에 수록되어 있다.

2. 경건과 영성 이론

이제 고대 교회의 주요한 경건과 영성 이론을 살펴보기로 하자. 여기서는 오늘날 우리에게 주요한 신학 주제를 정리하고자 한다.

a. 썩지 않음과 하나님의 닮음

교부들, 특히 그리스 교부의 영성과 경건 신학의 주요 개념은 신화이다. 신화라는 용어와 개념에 대해 개신교에서는 거부감이 많은 것이 사실이다. 하지만 신화는 기본적으로 몸의 부활 사상과 연결된다. 교부들의 신화 개념은 영혼과 몸, 두 차원으로 나눠 생각할 때 분명히 이해할 수 있다.

고대 교부들에게서 몸의 부활 사상은 신화 사상과 연결된다. 교부들의 부활 사상은 썩지 않음과 죽지 않음이란 단어로 표현될 수 있다. 인간을 몸과 영혼으로 구분할 때, 썩음과죽음은 몸과 관련된다. 썩음은 물질의 해체로 이해될 수 있기 때문이다. 특히 지혜서는 창세기를 해설하면서 하나님이 인간을 썩지 않을 존재로 창조하시고, 본성의 모습, 곧 하나님의 형상에 따라 인간을 지으셨지만, 악마의 시기로 죽음이 들어왔다고 가르친다지혜서 2:23-24. 지혜서에 따르면 썩지 않음은 죽음을 넘어서는 "거룩한 삶에 대한 보상", "흠 없는 영혼들이 받을 상"지혜서 2:22이다. 거룩하고 하나님에 알맞은 삶은 썩지 않음을 보장하며, 썩지 않음은 하나님 가까이에 있게 해주는 것이며지혜서 6:17-19, 하나님을 아는 것은 죽지 않음의 뿌리이다지혜서 15:3. 썩지 않음과 죽지 않음은 하나님의 속성이며 딤전 6:16, 바울은 죽은 자들의 부활과 관련해서 이러한 표현을 집중적으로 사용한다 고전 15장. 썩지 않음이라는 하나님의 고유한 속성에 참여함으로써 사람이 하나님과 닮는다는 신화 개념은 고대 교부들의 모든 전통에서 발견된다.

특히 이레나이우스 신학에서 썩지 않음은 핵심적인 개념이었다. 썩지 않음은 하나님, 썩지 않는 말씀, 썩지 않음의 보증인 성령과 관련되며, 사람 혹은 육체는 이에 참여할 수 있다. 어떻게 인간이 썩지 않을 하나님의 생명에 참여하여 썩지 않게 되느냐가 이레나이우스의 주요한 문제였다. 영지주의에게서 영은 영이 아닌 것과 교류할 수 없으므로 육신은 영의 속성인 썩지 않음을 받을 수 없다. 하지만 이레나이우스에게 영과 육신은 서로 교류하며, 모든 구원 경륜은 육신과 영의 더 큰 연합으로 인도한다. 그에게 영의 일은 육신의 점진적인 영화를 통해 아버지의 썩지 않는 빛을 바라보도록 육신을 성장시키고 준비시키는 것이었다.

이레나이우스는 하나님의 일을 창조와 구원 두 가지로 구분하고, 인간도 두 단계, 곧 하나님의 형상으로의 창조 단계와 영에 의한 육신의 변용, 곧 아들과 같은 모습이 되어 성육신한 말씀과 닮아 종말론적인 성취를 이루는 단계로 구분한다. 인간은 죄로 인해 썩지 않음을 잃었으며, 죄는 죽음을 세상에 가져왔다. 인간은 스스로는 썩지 않음을 되돌려 놓을 수 없다. 신적인 썩지 않음에의 참여는 그리스도 안에서 인간과 하나님의 연합에 기초를 두며, 따라서 성육신은 인간은 신화의 중심이다. 그리스도의 육신은 신적 생명이 인간에게 주어지는 수단이다. 인간의 썩지 않음과 신화는 그리스도의 육신의 영화에 의해 시작되기 때문이다. 그리스도의 사역이 인류 전체와 관련된다면, 썩지 않음을 각 사람에게 전달하는 것은 성령이다. 이레나이우스에 따르면 부활한 그리스도의 영광의 몸에서 성령을 통해 그리스도의 썩지 않음이 사람에게 주어진다.

이레나이우스는 성령론을 인간론과 관련시켜 전개한다. 성령은 예수께서 세례를 받을 때 예수에게로 강림했는데, 이는 "인류 안에 거하고 인류와 함께 안식하고 하나님의 작품 안에 내주하여 그들 안에서 하나님의 뜻을 행하고 옛 습관을 그리스도의 새로움으로 새롭게 하는데 익숙해지도록"하기 위해서이다.[39] 이레나이우스는 인간을 몸과 혼과 영으로 구분하기도 하고 몸과 혼으로 구분하기도 한다. 그는 영과 혼과 몸의 연합과 일치가 완전한 사람을 이룬다고 가르친다.[40] 그에게 영은 인간의 구성 요소라기보다는 하나님의 영의 영향을 받고 썩지 않음과 관련된 부분이다. 우리는 지금 하나님의 영의 일부를 받아 완성을 향해 나아가며 썩지 않음을 위해 준비되며 하나님을 받는데 점차로 익숙하게 된다. 성령의 보증이 지금 '아바, 아버지'라고 울부짖게 한다면 엡 1:3; 고후 5:5, 앞으로 주어질 영의 완전한 은총은 우리를 하나님과 닮게 하고 아버지의 뜻을 이루게 할 것이며, 사람을 하나님의 형상과 닮게 만들 것이다.[41] 이레나이우스에 따르면 완전한 자는 하나님의 영이 내주하여 혼과 몸을 흠 없이 보전하고 하나님에 대한 신앙을 붙들고, 이웃과 바른 관계를 유지하는 자이다.[41]

---

39 이레나이우스『이단 반박』III. 17. 1.
40 이레나이우스『이단 반박』V. 6, 1,
41 이레나이우스『이단 반박』V. 8. 1.

이레나이우스의 신학은 후대의 신학, 특히 그리스 교부의 구원론의 초보적이지만 원형적인 형태를 보여준다. "하나님이 인간이 되신 것은 인간이 하나님이 되기 위해서다"는 아타나시오스의 말은 이레나이우스의 신학을 배경으로 이해할 때 더욱 분명하게 파악할 수 있다.[43] 이레나이우스는 부활과 종말의 완성을 중심에 두고 성육신과 성령을 연결시켰으며, 세례를 통해 내주하는 영이 하나님을 받기 위해 몸을 준비시킨다고 가르쳤다. 이레나이우스의 신학적 논리를 오늘날 적용하기 어렵더라도 그리스도의 부활, 부활의 영, 몸과 영의 교류, 성령 안의 삶에 대한 그의 통찰은 21세기 영성과 경건의 핵심 주제가 될 수 있다.

b. 깨끗한 마음과 성령

영혼의 차원에서 신화는 깨끗한 마음과 하나님 관상과 연결되며, 교부들은 마음이 깨끗한 자는 하나님을 본다[마 5:8]는 말씀에서 그 근거를 찾았다. 알렉산드리아의 클레멘스에 따르면 "하나님과 교제하며, 특히 자신을 완전히 선하게 만들고, 그렇지 못하더라도 지식으로 나아가거나 그것을 열망하고, 악한 행위로부터 완전히 자신을 분리시킨 자는 영혼을 더럽혀지지 않고 전적으로 순수하게 해야 한다."[44] 아타나시오스는 영혼은 거울과 같아서 거울이 맑을 때에 하나님을 볼

---

42 이레나이우스 『이단 반박』 V.6.1.
43 아타나시오스 『말씀의 성육신』 54.
44 알렉산드리아의 클레멘스 『양탄자』 VII.7.49.

수 있다고 주장하는데, 이는 영혼이 맑게 정화됨에 따라 더욱 분명하게 하나님의 형상을 반영한다는 뜻이다.

교부들은 성령이 세례를 통해 주어진다고 가르치면서도, 성령은 거룩한 사람들에게서 활동한다는 것을 강조했다. 오리게네스에 따르면, 아버지는 존재를 주고, 말씀은 이성적 존재가 되게 하여, 아버지와 말씀의 능력은 피조물에 두루 미치지만, 오직 성인들만 성령에 참여할 수 있고 성령은 거룩한 이들에게만 주어졌다.[45] 성령은 "이미 더 좋은 것으로 돌아섰고 예수 그리스도의 길을 따라 걷는 이들" 곧 선을 행하며" "하나님 안에 머물러 있는 이들"에게만 활동한다.[46] 본질적으로 거룩하지 못한 이들이 성령에 참여함으로써 거룩해지도록 하는 것이 성령의 은총이다. 성령에 참여하여 거룩하게 되어 순수하고 맑아질수록 지혜와 지식의 은총을 받기에 합당해지며, 불결과 무지의 모든 얼룩을 없애고 깨끗하게 되면 원래의 깨끗하고 순수한 모습으로 진보하여 완덕에 도달하며, 이를 통해서만 하나님을 받아들일 수 있다.[47]

이러한 오리게네스의 사상은 카이사레이아의 바실레이오스에 의해 요약되었다. 정욕은 육신에 대한 애정으로 인해 영혼에 덧붙여지며, 영혼을 하나님의 교제에서 떼어놓는다. 악을 통해 영혼에 박힌 수치를 제거하고, 자연본성의 아름다움으로 나아가고, 정결함을 통해

---

45 오리게네스 『원리론』 I.3.8. 『원리론』은 이성효, 이형우, 최원오, 하성주가 해제하고 역주하여 출판되었다(한국연구재단총서 학술명저번역 567 (서울: 아카넷, 2014)).

46 오리게네스 『원리론』 I.3.5.

47 오리게네스 『원리론』 I.3.8.

원래의 형상을 회복할 때, 보혜사에게 다가갈 수 있다. 보혜사 성령은 자신 안에 있는 보이지 않는 분의 형상을 보여주며, 사람은 그 형상 안에서 원형의 아름다움을 본다. 성령은 마음을 높이고 약한 자들을 이끌고 진보한 자들을 완성한다. 성령을 지닌 영혼은 성령에 의해 영화롭게 되며 영적으로 되며, 다른 사람들에게 은혜를 보낸다. 이 영혼에는 "미래에 대한 예지, 신비의 이해, 감춰진 일들의 파악, 선한 선물의 분배, 하늘의 시민권, 천사들과의 가무, 끝이 없는 기쁨, 하나님 안에 거주, 하나님과 닮음, 그리고 열망의 절정인 하나님 됨"이 일어난다.[48]

어떻게 성령 안에서 살아가고 개인적으로 공동체적으로 성령이 더 자유롭고 강하게 활동하게 할 것인가는 경건하게 살려고 하는 모든 기독교인과 사역자의 열망일 것이다. 교부들은 성례적인 성령의 내주, 성령의 주도권과 은총을 강조하면서도 정화와 거룩함과 순종을 통해 성령이 더 강력하게 활동한다고 보았다. 오늘날에는 예수를 주님이라고 고백하는 믿음과 성령과의 인격적인 교제가 강조되지만, 고대 교부처럼 성령의 활동을 위한 정화와 거룩한 삶을 강조하지는 않는다. 21세기 영성은 오늘날 성령 안에 사는 삶이 무엇인지 성찰하고 실천해야 할 것이다.

48　바실레이오스『성령론』9.23.

c. 평정^{아파테이아}과 신비

교부들에게서 정화를 통한 신화는 하나님을 보고 하나님과 연합하는 관상과 신비와 연결된다. 신플라톤주의의 창시자 플로티노스는 신비철학의 체계를 만들어 교부들에게도 많은 영향을 주었다. 타락한 영혼은 자기중심이 되었으며, 참된 자기가 아닌 거짓 자기에 중심을 두며, 들뜬 상태로 무엇이든 붙들어 매달리고자 하여 본성이 흐트러지고 초점을 잃는다. 영혼이 자기 안으로 되돌아가는 수단은 정화이며, 정화의 목적은 평정과 고요함이다. 윤리적 정화와 지적 정화를 통해 영혼은 순수하고 투명한 지성이 되고 자신이 신과 동질이라고 발견한다. 하나와의 합일은 영혼의 힘이 아니라 별안간 자기를 초탈함으로써 이루어진다.

하지만 무로부터 창조를 강조하는 교부들은 관상을 통한 영혼과 신성의 합일, 영혼과 신과의 동질성을 받아들이지 않는다. 영혼이 거룩해지는 것은 성육신의 결과이며 은총의 행위이다. 특히 니사의 그레고리오스는 『모세의 생애』에서 하나님의 초월성을 강조한다. 영혼은 끊임없이 하나님을 그리워하고 알고자 하지만, 궁극적인 만족도, 결정적인 합일도, 시간을 벗어난 활동 상태도 없고, 다만 어둠 속으로 더 깊이 빠져간다. 이것은 에펙타시스^{따라 나아간다}라고 불린다. 그럼에도 하나님이 현존하시다는 느낌이 어둠 속에서 주어진다. 영혼은 무지의 어둠 속에서 거울에 비친 하나님을 관상하며, 거울을 통해 하나님과 함께 할 수 있지만, 하나님은 늘 알 수 없는 분으로 머물러 있다.

폰토스의 에바그리오스는 사막 교부들의 영성을 이론적인 체계로 발전시켰다. 그는 실천학, 자연학, 신학 세 단계로 영성을 구분한다. 실천학은 영혼의 동요하는 부분을 정화하는 영적인 방법이고, 자연학은 피조물의 본성에 관한 앎으로 피조물이라는 거울을 통해 하나님을 아는 단계이고, 신학은 순수 기도로써 매개물 없이 영혼이 하나님을 직접 관상하는 것이다. 여기선 실천학만 살펴보겠다.

에바그리오스는 영혼을 지성^{누스}라고 정의하고, 이성적 부분, 화처^{튀모스}, 욕처^{에피튀모스}로 나눈다. 화처와 욕처는 영혼의 동요하는 부분으로 이를 통해 사념^{악한 생각} 혹은 정욕이 들어와 지성이 진정한 앎에 도달하는 것을 방해한다. 동요는 탐식, 부정한 생각^{음욕}, 재물을 사랑함, 슬픔, 화, 태만, 허영, 교만, 여덟 가지로 구분되며, 동요의 뿌리는 자기만족이다. 마음에 숨겨진 동요가 행위로 드러날 때 사념으로 표현되며, 사념은 수많은 방법으로 사념을 부추긴다. 사념과 악덕은 하나님의 계명을 지키고 행동으로 옮길 때 물리칠 수 있다. 실천학의 목표는 영혼이 평정^{아파테이아}, 곧 모든 동요로부터 해방된 상태이다.[49]

교부들의 수도 영성은 개혁교회에서 받아들이기 어려운 점이 많다. 영혼을 신성과 동질로 보지 않고 존재론적 차이를 인정하더라도, 하나님의 형상론을 기초로 자신 안에서 하나님을 관상하고 하나님의 현존을 느낀다는 가르침은 매우 낯설다. 에바그리오스의 실천학도 독수도자에게 주는 가르침이므로, 일상의 삶에서 과연 평정의 상태가 무엇을 의미하는지 질문할 수 있다. 그렇지만 하나님의 궁극적

---

49 폰투스의 에바그리오스, 남성현 옮김, 『실천학』(서울: 새물결플러스, 2015).

인 초월성에 대한 그레고리오스나 경건의 길에서 악한 생각과의 싸움을 거쳐야 한다는 에바그리오스의 가르침은 오늘날도 도움을 줄 수 있다고 본다. 우리는 하나님의 형상보다는 그리스도와 성령의 내주를 강조할 수 있고, 수도자보다 훨씬 더 어려운 사역이란 상황에서 경건의 삶을 방해하는 사념과 싸워야 한다고 생각할 수 있다. 21세기 영성은 수도 영성의 유산을 진지하게 받아들이고, 수도 영성의 깊은 인간학적이고 신학적인 통찰을 개혁신학 입장에서 또한 현대의 여러 학문과 자신의 영적 경험에서 성찰하고 활용할 수 있는 방법을 찾아가야 할 것이다.

d. 자유의지와 은총

교부들은 대부분 자유의지를 강조했다. 서방에서 아우구스티누스의 원죄와 은총에 대한 사상이 제시되기 전까지 교부들은 운명론, 결정론에 맞서 인간의 자유와 책임과 심판을 강조했다. 그럼에도 교부들의 자유의지론에는 늘 하나님의 활동, 섭리와 은총이 전제가 된다는 점을 잊어서는 안 된다. 여기서는 오리게네스와 아우구스티누스, 두 교부의 자유의지와 은총에 대한 이해를 다루겠다.

오리게네스는 『원리론』에서 세계 창조와 타락과 구원에 대한 우주론적 전망을 제시하는데, 여기에는 자유의지와 하나님의 사랑과 자비라는 두 축이 있다. 이성적 본성의 특성은 자유의지이며, 자유의지의 능력은 절대로 훼손되지 않는다. 종말 이후에도 타락이 있을 수 있고, 또 다른 세계가 이어진다는 오리게네스의 주장은 세계의 완성

이후에도 선악을 택할 수 있는 자유의지가 계속 남아있어 타락이 일어날 수 있다는 논리의 귀결이다. 그렇지만 오리게네스 신학의 또 하나의 축은 하나님의 섭리와 은혜이다. 하나님은 이성적 본성의 자유의지를 훼손하지 않고서 모든 방법을 동원하여 자신의 뜻을 관철시킨다. 최후의 심판도 궁극적으로는 교정적이고 교육적인 것이며, 사탄도 회개할 수 있는 것은 하나님의 사랑과 능력과 지혜가 피조물보다 크기 때문이다.

오리게네스에게 하나님의 은혜와 섭리는 항상 작용하고 있으므로, 자유의지의 협력 여부가 중요하다. 하나님은 자유의지의 하나하나의 움직임에 맞춰 합당하게 일어날 일을 정해놓으셨다. 단순하게 표현하면 하나님은 모든 일을 미리 아시고, 자유의지가 하나님과 협력할 때에는 더 많은 은혜를 주셔서 천사의 도움을 더 많이 받고, 하나님에게서 돌아설 때에는 은혜를 거두셔서 악령의 공격을 더 많이 받는 식으로 세계의 질서를 마련하셨다.[50] 바울의 회심과 죄인 중의 괴수라는 고백도 하나님의 예지와 섭리로 일어났다. 은혜가 작용하고 주도하지만 결국은 인간이 자유의지로 스스로 돌아서고 협력해야 한다.

아우구스티누스는 펠라기우스 논쟁에서 아담의 범죄 이후 인간 본성이 타락했다고 가르쳤다. 인간은 모두 아담과 하와로부터 나왔으므로 범죄에 대한 징벌로 부패된 본성을 물려받았다. 원죄의 핵심은 무지와 무능력으로, 인간은 하나님과 그 뜻을 알지 못하고 선을 알고 원해도 행할 수 없는 처지에 있다. 옛 언약의 율법은 하나님의

---

50 오리게네스 『기도론』 VI. 4

계명이 무엇인지를 외부에서 알려주지만, 사람은 그 계명을 성취할수 없다. 아우구스티누스는 계명의 내용은 하나님을 온 맘으로 사랑하라는 것이라고 제시하고 성령의 사랑이 내면에 부어질 때 기쁨으로하나님을 사랑할 수 있다고 주장한다.[51] 이런 의미에서 아우구스티누스는 선행은총을 가르치며, 이후의 삶에서는 협력 은총과 견인의 은총이 있어야 한다고 주장한다.

아우구스티누스는 사람은 이 땅에서 완전하게 될 수 없다는 것을 강조한다. 그럼에도 아우구스티누스는 성령의 은총이 인간을 내면적으로 변화시켜 더 의롭고 온전하게 만든다고 가르쳤고, 은총이 먼저 작용하지만, 자유의지도 모든 힘을 다해 순종하고 따른다고 가르치기 때문에 오리게네스의 체계와 그리 다르지 않다고 볼 수 있다. 다만 신앙의 삶을 시작하려면 선행은총이 예정에 따라 주어지며, 예정은 예지에 기초하지 않고 하나님의 주권에 기초한다고 보는 점이나, 자유의지에 공덕에 따라 은혜가 비례적으로 주어진다는 표현 대신 은혜의 주도성을 강조한다는 점에서 아우구스티누스는 오리게네스를 비롯한 그리스 교부와 다르다.

자유의지와 은총의 관계는 21세기 개혁교회 영성과 신학에서 핵심적인 주제가 될 수 있다. 아우구스티누스의 가르침대로 인간이 무지와 무능력을 타고 나며, 현대 사회에선 죄와 비참이 더욱 커졌다고 이해할 수 있다.[52] 하지만 이 시대에도 우리를 부르시고 소명대로

---

51 아우구스티누스 『성령과 은총』의 주요 논지이다.
52 물질만능주의, 과학기술의 발달, 디지털 문화의 확산으로 중독, 가정 해체, 제도 종교에 대한 반감이 강화되고 있다.

살게 하는 은총의 능력도 강력하게 작용한다. 은총이 작용하지만 자유의지의 단호한 결단과 불굴의 노력이 필요하며, 경건에 실패하더라도 하나님의 자비와 사랑을 의지하여 돌아서고 계속 경건의 삶을 붙들어야 한다. 또 이전의 구습에서 어느 정도 해방되면, 은총의 도움을 받아 또 다른 문제를 다룰 수 있게 될 것이다. 21세기 영성은 은총과 자유의지의 변증법을 체득할 것을 요구한다.

III. 장신대 경건교육과 훈련을 위한 제언

지금까지 신약성경과 고대교회를 중심으로 영성과 경건의 이론과 실제를 살펴보았다. 이러한 내용들은 앞으로 장신대 경건교육과 훈련의 방향을 모색하는데 자료가 될 수 있을 것이다. 이제 초연결화, 초지능화, 초개인화, 초융합화로 특징지어지는 4차 산업혁명 시대를 염두에 두면서 장신대 경건교육과 훈련을 위해 몇 가지를 제언하고자 한다.

첫째, 신학 교육의 목적을 지속적으로 확인하고, 그 목적을 이룰 수 있도록 신학 교육을 개혁하고 갱신해야 한다. 어떤 학생이 되어 졸업하기를 원하는지, 또 실제로 그러한 인재를 양성하도록 우리의 교육이 이루어지고 있는지, 그 목적을 이루기 위해 어떻게 교육 체계와 환경을 개선해야 할 것인지 성찰하고 노력해야 한다. 경건교육과 훈련이란 측면에서 우리는 어떤 학생으로 졸업하기를 원하는 것일까? 신학대학원의 교육 목표 중 하나가 "경건훈련을 통한 교역자의 인격태도 함양"이라면 지금의 모든 경건훈련과 교육과정을 통해 교역자의 인격태도 함양이 이루어지고 있는가? 교역자의 인격태도가 무엇이고 이를 함양하는 방법과 체계가 무엇인가? 채플과 경건학기 등 우리의 실제적인 교육실천이 이 목표와 어떻게 연결되는지 실제적인 고민이 필요하다고 보인다. 아니면 경건교육과 훈련을 통해 우리가 이루려고 하는 목표를 실제적으로 제시할 필요가 있다.

둘째, 자기주도형 훈련과 맞춤형 훈련이 강조되어야 한다. 코로나19로 온라인 예배를 보면서 느낀 것은 몸과 함께 온 마음이 참여하는 것이 경건의 주요 내용일 수 있겠다고 절감했다. 결국 사역자가 홀로 하나님 앞에 서고 무슨 일을 하든지 코람 데오의 삶을 체득하는 데까지 나아가지 않는다면 이 시대의 거센 도전을 이겨낼 수 없으리라 느껴진다. 외적으로 주어진 의무를 채우는 데에 급급하지 않고, 자기성찰, 내면의 치유, 좋은 습관의 형성 등을 자기 주도적으로 계획하고 실천할 수 있도록 분위기가 조성되어야 할 것이다.

셋째, 친교와 공감의 능력을 계발할 수 있도록 도움을 주어야한다. 3년 동안 수업을 같이 들어도 옆에 있는 학우의 속사정을 알 수 없을 때가 많다. 특히 대형강의와 바쁜 수업 일정, 교회사역과 학업의 부담으로 서로 깊이 있는 만남을 가지지 못할 때가 많다. 자기 이야기를 진솔하게 나눌 때 자신을 세우고 대인관계 능력을 발전시키고 공동체가 형성될 수 있다. 신학 지식을 습득할 때도 대화와 토론이 효과적이지만, 경건교육과 훈련의 측면에선 자신의 이야기를 솔직하게 터놓을 수 있는 친밀한 집단의 형성을 장려할 필요가 있다. 경건학기 기숙사 생활을 통해 이러한 든든한 유대가 형성되는 것을 본다.

마지막으로 교수와 학생, 학생과 학생 간의 인격적 만남이 이루어질 수 있도록 노력해야 한다. 신학생활 등 여러 가지로 교육이 개편되었지만, 학생도 교수도 너무도 바쁜 일정 속에 인격적 만남을 위한 시간적인 여유, 마음의 여유를 가지기 어렵다. 300명 가까이 되는 많은 학생, 졸업학점의 3분의 2정도를 80명 이상의 대형 강의로 수강해야하는 교육 현실, 여러 가지 기구로 인한 교육인력의 분산 등 악조건 속에서 어떻게 실제적인 교육 효과를 얻을 수 있는 분위기를 만들수 있을지 고민할 필요가 있다.

어찌 보면 이러한 현실 속에서 경건교육과 훈련을 이 정도로 시행할 수 있었던 것은 경건지도교수의 숨은 노력이 컸다고 여겨진다. 하지만 지금은 목적을 이루기 위한 뼈를 깎는 개혁이 일어나지 않으면 살아남지 못하는 절대절명의 위기의 시기라고 느껴진다. 이 위기는 경건과 영성의 위기이고 위기를 돌파할 방향과 힘도 경건과 영성에서 만들어질 것이다.

7장

🜍

중세 및 근현대교회의 경건훈련

이상조 교수, 역사신학

I . 들어가는 말

한스 퀑은 『교회』*Die Kirche*에서 교회의 본질Wesen과 형태Gestalt를 구분하면서도 "교회의 본질은 형이상학적인 불변성 내에 존재하는 것이 아니라, 항상 변하는 역사적 형태 속에서만 나타난다. … [교회의] 근원적이며 지속적인 본질을 이해하기 위해서는 항상 변하는 역사적 형태를 주목해야 한다"[1]고 강조한다. 한마디로 교회의 본질은 역사 속에서 형성되고 구체적인 형태로 규정되어 존재하는 실제적인 교회의 모습 속에서만 파악될 수 있다는 것이다.[2] 그런데 교회의 본질과 형태에 대한 퀑의 생각은 '경건'에 대한 연구에도 그대로 적용된다. 기독교 역사 속에 등장하는 경건의 내용은 언제나 하나님 '경외'와 믿음의 본*이 되신 예수 그리스도를 '뒤따름'으로 요약할 수 있다. 그런데 그러한 경건의 내용은 언제나 구체적인 형태로 나타났다. 따라서 경건에 대한 온전한 이해는 신학적 개념으로 파악하기보다는 교회의 역사 속에서 구체적으로 표현된 경건의 모습 속에서 파악할 때 가능하다.

우리말 '경건'에 해당하는 희랍어 표현은 '유세베이아' *ευσέβεια* 이다. '유세베이아'는 신이나 존경받을 만한 사람에 대한 경외감이나 의

---

[1] Hans Küng, *Die Kirche*, 정지련 옮김, 『교회』(서울: 한들출판사, 2007), 5.
[2] 위의 책, 6-7.

무감을 나타낼 때 사용되었다. 그래서 〈칠십인역〉에서는 하나님에게 신세를 진 사람이 지니는 의무를 표현할 때 이 단어를 사용하였다.[3] 희랍어 '유세베이아'에 해당하는 라틴어 '피에타스'Pietas 또한 원래 신이나 부모, 형제, 자매, 친구에 대한 합당한 의무감과 그런 의무감에서 기인한 행위를 표현할 때 사용했다.[4] 한마디로 '유세베이아'나 '피에타스'는 단순히 마음의 경외감만을 의미하지는 않고, 경외하는 마음이 구체적인 행위로 표현될 때 사용되었다. 이러한 '경건' 이해는 신약성경 사도행전, 목회서신, 베드로후서 에도 그대로 나타났다. 신약성경에서 '유세베이아'는 하나님과 예수 그리스도를 예배하는 마음과 경외감뿐만 아니라 그런 마음으로 살아가는 윤리적인 삶의 방식을 의미했다.[5] 특히 목회서신과 베드로후서에서는 '하나님을 기쁘시게 하는 책임 있는 그리스도인의 행동과 삶을 표현'할 때 '유세베이아'라는 단어를 사용하였다.[6] 이러한 성경적 전통으로, 이후 교회 역사 속에 등장하는 신앙 공동체에서 '경건하다'는 말은 단순히 신앙의 어떤 내적인 상태를 표현하기보다는 하나님에 대한 믿음을 따라 사는 구체적인 행위와 관련되어 사용되었다.[7]

이러한 이해는 '경건'에 해당하는 독일어 표현인 'Fröm-

---

3 Walter Bauer, "ευσέβεια," in *Griechisch-deutsches Wörterbuch zu den Schriften des Neuen Testaments und der übrigen urchristlichen Literatur* (Berlin: Walter de Gruyter, 51971), 644-645.

4 Karl Ernst Georges (ed.), "Pietas," in *Ausführliches Lateinisch-deutsches Handwörterbuch* (Basel/Stuttgart: Schwabe & Co. Verlag, 1967), Bd. 2, 1702-1703; P. G. W. Glare, "Pietas," in *Oxford Latin Dictionary* (Oxford: Oxford at the Clarendon Press, 1985), 1378.

5 장흥길, "신약성경에 나타난 경건," 「장신논단」 제17집 (2001. 12), 44-47.

6 위의 논문, 47.

7 Manfred Seitz, "Frömmigkeit II: Systematisch-theologisch," in *Theologische Realenzyklopädie* 11 (1983), 674. (이하 *TRE*로 표기함)

migkeit'에서 더욱 명확해진다. 독일어 'Frömmigkeit'는 종교개혁 이후 독일어권 개신교에서 경건을 표현할 때 사용하던 단어로, 라틴 어의 "pietas, devotio, religio" 세 단어의 의미를 모두 지니고 있으면 서도 종교적 실천을 포함하는 의미로 사용되었다.[8] 그래서 어떤 사람 이 '경건하다'는 것은 그 사람이 '종교적'이라는 말이요, 그 사람이 믿 고 있는 종교에서 요구하는 종교적 실천의 온전한 실행으로서의 '헌 신'을 포함하고 있다는 의미를 담게 되었다. 즉, 하나의 종교를 따라 살고, 행하고 그 종교가 가르치는 것을 따라 살도록 이끄는 것이 경건 인 셈이다.[9] 그러기에 '경건'은 단순히 종교적인 내면적 성향disposition 과 태도attitude만을 의미하지 않고 언제나 종교적 실천과 결부되어 사 용되곤 했다. 또한 '경건'은 단순히 개인에게만 국한되지 않고 수도원 과 같은 종교적 단체를 특징지을 때 사용되기도 했다.[10] 이처럼 기독 교 전통, 특히 개신교 전통에서 경건은 단순히 내면적이고 추상적인 '신앙심'이나 '종교성'을 표현하기보다는 구체적인 신앙의 행위와 실 천을 나타낼 때 사용되었다.[11]

그런데 오늘날에는 '경건'보다는 '영성' Spirituality이라는 말을 더 많이 사용한다. 알리스터 맥그라스 같은 복음주의 신학자도 종교개혁 의 영성에 대해서 말하길 "영성이란 그리스도인의 삶을 가리키는 말 이다. 단지 그 사상만이 아니라, 그리스도를 믿는 개개인과 공동체의

---

8 Walter Sparn, "Frömmigkeit II: Fundamentaltheologisch," in ⁴*Religion in Geschichte und Gegenwart*, Bd. 3, p. 389. (이하 ⁴*RGG*로 표기함)

9 Hans-Jürgen Greschat, "Frömmigkeit I: Religionsgeschlichtlich," in *TRE* 11 (1983), 671.

10 Erwin Fahlbusch, "Piety," in *The encyclopedia of Christianity*, 224.

11 Manfred Seitz, "Frömmigkeit II: Systematisch-theologisch," 674.

삶에서 눈앞에 드러나게 한 방식을 가리킨다."고 언급하기도 했다.[12] 이처럼 오늘날 사람들은 학문적인 대화를 위해서도 그렇고, 대중적인 종교성의 차원에서도 '경건'이라는 말보다는 '영성'이라는 말을 더 선호하는 경향을 띠고 있다.[13] 왜 그럴까? '경건'보다 '영성'이라는 말을 선호하는 이유를 학문적으로 여러 각도에서 찾을 수는 있겠으나, 무엇보다도 경건이라는 말이 금욕적인 뉘앙스나 도덕주의적 혹은 율법주의적인 뉘앙스로 채색되다보니 영성이 말하려는 포괄적 의미를 제대로 나타내지 못하고 있기 때문이리라 여겨진다.[14]

　　개신교회의 역사를 보더라도 시대별로 경건이 지니는 의미와 경건 형태에 여러 변화가 있었다. 본 논문은 이러한 경건 이해의 변화를 살펴보아 '개신교적 의미의 경건성'을 균형있게 파악하는 것을 목적으로 하고 있다. 교파간의 신학적 강조점이 있기에 '개신교적 경건성'의 한 예로 본 논문은 16~20세기 개신교회의 루터교회에서 형성되고 발전된 경건 이해를 검토하고자 한다. 개신교적 의미의 경건 이해를 파악하기 위해서 먼저 후기 중세의 경건 의미와 형태를 살펴볼 것이며(Ⅱ), 그러한 중세적 경건 이해와는 다른 강조점을 지닌 개신교적 의미에서의 경건 이해를 파악하기 위해 16~18세기 루터교회 전통에서 이해되고 변화된 경건의 의미를 파악할 것이다(Ⅲ). 그런 후에 19~20세기 경건 이해에 변화된 양상을 간략히 살펴봄으로써(Ⅳ) 개

---

12 Alister Mcgrath, *Roots that Refresh: A celebration of Reformation Spirituality*, 박규태 옮김, 『종교개혁시대의 영성』(서울: 좋은씨앗, 2005), 40.

13 Erwin Fahlbusch, "Piety," 224.

14 김경재, 『그리스도인의 영성 훈련』(서울: 대한기독교서회, ²1990), 93.

신교적 경건 이해에 대한 균형 잡힌 시각을 제시하고자 한다.

II. 후기 중세의 경건 이해

고대 교회의 교부들과 신자들에게 예배는 하나님 경외의 가장 기본적이면서도 중요한 믿음의 표현이었다. 또한 침묵, 간구와 기도, 금식, 순종, 절제, 금욕 등의 구체적인 실천도 필수적인 요소로 여겼다. 경건한 신자에게 그러한 모습은 자명한 것이었다.[15] 이와 더불어 수도원에서 형성되어 발전하기 시작한 하나님 경외와 그리스도를 본받기 위한 경건 형태는 시간이 흐르면서 제도권 교회에서도 받아들여졌다. 규칙적인 기도 생활, 말씀 묵상과 연구 그리고 노동이 그것이었다.[16]

중세는 종교가 개인의 삶과 의식 구조는 물론이요, 사회의 문화, 제도, 윤리, 법 등의 규범적인 가치체계 형성에 커다란 영향을 주게 된 소위 '기독교 세계' Corpus Christianum 혹은 '기독교 사회' Societas Christiana였다. 그러한 중세 시대에 교회와 수도원 전통에서 실천하던 경건은

---

15 Manfred Seitz, "Frömmigkeit II: Systematisch-theologisch," 674.
16 위의 논문, 675.

7장 중세 및 근현대교회의 경건훈련

단순하게 표현되었다: 〈일곱 성례전과 함께하는 삶 sacramenta, 특히 예배 속에서 거행된 성만찬을 통해 얻어지는 구원의 확신과 믿음의 성장, 성경을 읽고 lectio 그 안에 담긴 내용을 심사숙고하기 meditatio, 다양한 형태로 기도하기 oratio, 하나님을 관조하기 contemplatio, 시련을 통한 믿음을 경험하기 tentatio, 그리고 카리타스 caritas 아래에서 진행된 여러 섬김과 봉사의 실천〉.[17] 이런 것들이 교회에서 인정되고 권고된 경건의 모습이었다. 중세 시대의 이런 경건 내용과 형태를 요약하면 다음과 같다: 〈천상의 모형으로서 지상에 존재하는 교회에서 거행되는 성례전 중심의 예배생활과 수도원에서의 규칙적인 기도와 말씀 묵상과 노동, 그리고 도시와 시골에서 실천되던 신도들의 대중경건의 모습〉. 그 구체적인 모습을 살펴보면 다음과 같다.

중세 시대, 도시와 시골에 살고 있던 신자들은 미사에 참여하는 것이 당연했다. 매일매일 아침과 저녁에 찬송으로 작은 규모의 예배를 드렸고, 주일과 휴일에는 3~4회 예배당을 방문해 정식으로 예배드렸다.[18] 이때 교회에서는 하나의 미사만 거행된 것이 아니라 여러 제단에서 다양한 종류의 예배가 동시에 거행되곤 했다. 영혼 구원이 가장 중요했던 당시의 신앙심으로 인해 어떤 사람들은 가족 중에 죽은 자를 위한 미사도 드렸는데, 그 이유는 죽은 사람의 죄가 감해지고, 연옥에서 고통의 시간을 경감시킬 수 있다고 믿었기 때문이었다. 또한, 의무로 규정된 고해성사와 예배 속에서 이루어진 각종 성례전

17 위의 논문, 677.
18 Rudolf Pacik, "Mysterienspiel statt Feier der Gemeinde. Liturgie im Mittelalter," in *Welterfahrung und Welterschließung in Mittelalter und Früher Neuzeit*, hg. von Anna Kathrin Bleuler (Heidelberg: Universitätsverlag Winter, 2016), 229.

을 통해 사람들은 하나님을 향한 신심을 함양하며 경건 생활을 영위하였다.[19] 한마디로 중세에는 교회의 공식적인 예배생활 자체가 가장 중요한 경건의 내용이자 형태였던 셈이다. 또한, 각종 축일에는 교회 안뿐만 아니라 교회 밖에서도 대중들의 경건 함양을 위한 예배가 거행되곤 했다. 특히 13세기에 시작된 성체축일 Corpus Christi: Fronleichnam 은 예배당 안이 아니라 예배당 밖에서 성체행렬을 이루어 마을을 지나면서 예배를 드리는 예식이었는데, 일반 사람들은 '성스러운 주님의 몸'을 눈으로 보면서 신심을 함양하였다.[20]

교회에서 행해지는 일곱 가지 성례전 세례성사, 성체성사, 견진성사, 고해성사, 병자성사, 성품성사, 혼인성사 은 신자들이 지켜야 할 중요한 경건의 요소였으며, 면죄부를 통해 구원의 의미를 강화하는 것도 경건의 중요한 요소였다.[21] 그 밖에 일곱 가지 성례에는 속하지 않지만 준성사 準聖事, Segenszeichen 라는 것도 있었다. 이는 말 그대로 성사에 준하는 의례로서, 일곱 가지 성례가 예수 그리스도에 의해 제정된 것이라면 준성사는 교회의 오랜 전통과 관습에서 기인한 것으로 '축복'이나 '구마' 驅魔 예식이 이에 해당되었다.[22] 이러한 준성사를 통해 신자들은 하나님에 대한 신실한 믿음을 표현하고 경건한 생활을 하였다.

19 Hellmut Zschoch, *Die Christenheit im Hoch- und Spätmittelalter* (Göttingen: Vandenhoeck & Ruprecht, 2004), 282f.

20 Heinrich Holze, *Die abendländische Kirche im hohen Mittelalter (12./13. Jahrhundert), in Kirchengeschichte in Einzeldarstellungen* I/12, 최영재, 권진호, 황훈식 옮김, 『중세 전성기의 서방 교회』(천안: 호서대학교출판부, 2015), 435-438.

21 Michael Basse, *Von den Reformkonzilien bis zum Vorabend der Reformation, in Kirchengeschichte in Einzeldarstellungen* II/2, 홍지훈, 이준섭 옮김, 『개혁공의회부터 종교개혁 전야까지』(천안: 호서대학교출판부, 2015), 245-251.

22 김덕영, 『루터와 종교개혁』(서울: 도서출판 길, 2017), 251.

교회에서 주관하던 예전 중심의 예배 외에도 '대중경건'Volks-frömmigkeit의 모습이 일반인들에게 널리 퍼져 있었다. 마리아 숭배와 더불어 성경과 고대로부터 전승되어 온 성인을 경배하는 성인숭배Heili-genverehrung와 성유물숭배Reliquienverehrung도 경건의 중요한 요소였다. 당시 사람들은 단순히 성인을 조각한 상 앞에 촛불을 켜고 기도하는 것만으로 만족하지 않고, 성인의 존재를 '현재' 경험하고 싶어 했다. 그래서 교회는 성인유물과 같은 '유형적인' 것, 곧 '성유물'Reliqien을 갖는 것이 중요했다. 그 유물은 성인의 뼈의 일부이거나 성인이 한때 소유했던 물건이었다. 신실한 신자들은 성유물이 안치된 예배당 처소에 와서 기도하며 죄 용서를 간구하곤 했다. 매우 특별한 날에 교회는 이러한 성유물을 교회에서 꺼내 일정한 예식을 거쳐 도시를 통과하며 사람들이 그 유물을 볼 수 있게 했다. 왜냐하면, 당시 대중들은 성유물이 '특별한 힘'을 갖고 있다고 여겼기에 그 유물을 보는 사람에게 그 힘이 전해진다고 믿었다. 이런 연유로 성유물숭배는 대중의 경건 생활에 중요한 역할을 했다.[23]

그뿐만 아니라 성지순례도 신자들의 경건 생활에 중요한 요소였다. 성지순례는 예수 그리스도의 발자취를 더듬어 천국에 갈 수 있다는 적극적 믿음의 표현이기도 했으며, 동시에 면죄의 기능도 갖고 있어서 죄를 지었거나 죄의식을 느낀 사람들은 고행의 형태를 취하는 순례를 통해 죄를 용서받고자 하였다. 특히 참회를 위한 성지순례는

---

23 Hellmut Zschoch, *Die Christenheit im Hoch- und Spätmittelalter*, 284-286; Heinrich Holze, 『중세 전성기의 서방 교회』, 429-435; Michael Basse, 『개혁공의회부터 종교개혁 전야까지』, 251-259.

13세기 이후 세 종류의 모습으로 나타났는데, 주교에 의해 부과된 공적 고해를 위한 성지순례, 교구의 성직자가 명령할 수 있는 비교적 덜 엄격한 고행으로서의 성지순례, 숨겨진 죄에 대한 개개인 스스로 행하던 고행으로서의 성지순례가 그것이었다.[24] 이러한 성지순례는 육체적 고행을 감수하며 정신적 안정을 얻고 사회로의 재편입을 허가하는 중세의 대표적인 구제 수단으로 사용되었기에 순례에 참여하는 사람에게는 경건의 중요한 요소가 되었다.[25]

이상에서 살펴본 중세 시대의 경건 내용과 형태를 통해 교회와 일반 신자들이 추구한 바는 무엇이었을까? 바로 '예수 그리스도의 고난에 동참하기'였다.[26] 그리스도의 고난을 묵상하고 그 고난에 동참하는 것이야말로 경건 함양의 궁극적인 목표였다. 자신의 영혼 구원을 위해 그리스도께서 당하신 고난을 상상하고, 슬픔까지 구체적으로 느끼기 위해서 사람들은 교회력에 따른 고난 절기뿐만 아니라 매주 금요일마다 고난의 봉헌 미사를 드리기도 했으며, 기도와 금식은 물론 성지순례를 통해 그리스도의 고난을 경험하고자 했다.

후기 중세에는 성직자들과 신자들 사이에서 그리스도의 고난에 동참함으로써 하나님에 대한 열망을 구체적으로 표현하고자 새로운 경건 운동이라 일컫는 '새로운 헌신운동' Devotio Moderna 이 발전하였다. 헌신운동은 그동안 진행해오던 전통적인 성례전 중심의 예전적인

24 Emil Göggel, "Heiligen- und Reliquienverehrung im Mittelalter," in *Unser Münster: Breisacher Stadtpatrone Gervasius und Protasius* (Breisach: Münsterbauverein Breisach e.V., 2014), 63.

25 Michael Basse, 『개혁공의회부터 종교개혁 전야까지』, 257.

26 Richard Kieckhefer, "중세 후기 헌신운동의 주요흐름," in (ed.) Jill Raitt, Bernard McGinn, John Meyendorff, *Christian Spirituality: High Middle Ages and Reformation*, 이후정, 엄성옥, 지형은 옮김, 『기독교 영성(II)』(서울: 은성출판사 2004), 140.

경건생활과 각종 대중경건의 생활에 더욱 강력한 신앙적 의미를 부여했다. 1370년, 오늘날의 네덜란드 데벤터 Deventer 지방에서 그로테 Gerhard Grote, 1340-1384에 의해 시작된 '새로운 헌신운동'은 개인적으로는 내적인 경건 함양을, 공동체적으로는 당시 부패한 수도원적 삶을 개혁하고자 노력하였다.[27] 이 운동은 내적 평화를 추구하였는데, 구체적으로는 자신을 부인하고 침묵으로 예수 그리스도의 고난과 구속, 죽음, 최후심판, 천국과 지옥을 묵상하면서 내적 평화를 추구하였다. 동시에 이러한 내적 평화를 추구하고자 마음과 뜻을 모아 사람들은 공동생활 '공동생활 자매단' '공동생활 형제단'을 하게 되었는데, 이러한 공동체는 수도원처럼 나름의 규칙은 있었으나 전통적인 수도원에 존재하던 '서원' 제도는 없었다.[28]

'새로운 헌신운동'이 추구하는 경건의 궁극적 지향점 역시 '예수 그리스도의 고난에 동참'함으로 예수 그리스도를 닮는 것이었다. 이를 위해 사람들은 그리스도의 생애, 특히 그의 성육신, 수난 및 죽음을 매일 묵상하며 그 고난을 본받고자 했다. 또한, 예배당 안에는 그러한 그리스도의 고난을 형상화한 성화와 제단화들이 있어서 사람들은 그러한 예술작품을 보며 그리스도의 고난을 묵상하면서 경건한 생활을 할 수 있었다.[29] 이런 흐름에서 나온 작품이 바로 토마스 아 켐피스 Thomas a Kempis, 1380-1471의 『그리스도를 본받아』 De Imitatio Christi 이다. 토

---

27 Anton G. Weiler, "Gerhard Grote," in *TRE* 14 (1986), 274-277; 276.

28 최용준, "데보티오 모데르나(Devotio Moderna) 운동에 관한 역사적 고찰," 「신앙과 학문」 제24집 (2019), 35.

29 위의 논문, 43-44.

마스에게 있어서 그리스도를 본받는 것은 영적으로도, 육체적으로도 매우 중요했기에 실제로 청빈한 삶이 중요했다.[30] 그래서 토마스는 이 책에서 진정으로 영원한 축복, 참된 행복을 얻기 원하는 사람이라면 그리스도의 가난, 검소, 겸손 및 자기 부인의 삶을 따라가야 한다고 권면하였다.[31]

한편 중세 수도원의 수도사들은 그리스도의 고난에 동참하기 위해 앞에서 언급한 경건 생활의 다양한 모습이외에도 규칙적인 기도 와 노동, 그리고 말씀 묵상과 연구를 하였다. 수도원에서 생활하는 수 도사의 일상은 매우 단조로웠다. 여름[부활절부터 11월 1일까지]과 겨울[11월 1일부터 부활절까지]에 약간의 차이는 있었으나, 대부분의 수도원은 오늘날의 시간 으로 새벽 2시경에 일어나 하루를 시작했으며 해가 질 무렵인 6시 30 분 정도에 하루의 일과를 마무리했다. 일례로 베네딕트도 수도원의 〈성무일도〉에 따르면 수도사들은 아침기도[3시], 제1시기도[6시], 제3시기 도[9시], 제6시기도[정오 12시], 제9시기도[15시], 저녁기도[18시], 잠자리에 들기 전에 드리는 끝기도와 자정에 드리는 야간기도 시간을 가졌다.[32] 오전 과 오후 식사와 노동, 독서 등의 시간과 오후의 낮잠 시간으로 하루가 진행되었다. 수도사에게 노동은 잡념을 물리칠 수 있는 좋은 도구였 으며 수도원 생활의 주요한 대적이었던 게으름을 물리칠 수 있는 수 단이기도 했다. 성경이나 성경을 해설한 교부들의 글을 읽는 독서는

---

30 중세 사람들이 경건의 실제적인 모형으로 삼고자 했던 '사도적 청빈의 삶'(vita apostolica)은 12세 기에 일어난 청빈운동에서 구체화되어 13세기 탁발수도회를 거쳐 전 유럽으로 퍼졌다.

31 Thomas a Kempis, *De Imitatio Christi*, 구영철 옮김, 『그리스도를 본받아』, I.1.1. (서울: 가이드포 스트, 2011), 18.

32 P. Basilius Steidle (ed.), *Die Benediktusregel: Lateinisch-Deutsch*, Kapitel 8-16 (Beuron: Beuroner Kunstverlag, 1980), 90-101.

혼자 속으로 읽는 '묵독'이 아니라 '낭독' 곧, 한 사람이 낭독하고 나머지는 듣는 형태였다.

영적 독서와 기도를 통해 그리스도의 고난에 동참하기를 원했던 수도사들의 경건은 '거룩한 독서' lectio divina 의 모습으로도 나타났다. 귀고 2세 이후 체계화된 이 '거룩한 독서'는 〈읽기 lectio, 묵상하기 meditatio, 기도하기 oratio, 관상하기 contemplatio 〉의 네 단계로 정착되었다. '읽기'는 소리를 내어 성경 본문을 읽는 것이었다. '묵상하기'란 기본적으로 '기억의 훈련'이었다. 즉 성경 구절을 "반복하여 기억하고, 마음에 새겨 감상하고 맛보는 것"이 묵상이었다.[33] 이러한 묵상은 오늘날에 생각하듯이 성경을 '눈으로 보고 머리와 마음으로 생각하는 것'이라기보다는 함께 모여 한 사람이 '입'으로 소리 내어 읽으면 나머지 사람들은 '귀로 들은 것을 마음에 되새기며 감상하고 맛보는 행위'였다. 그러기에 수도사들이 행했던 독서는 일차적으로는 눈으로 보는 행위가 아니라 성경 말씀을 귀로 듣고 마음에 새기는 행위였다. 이것이 바로 수도사들이 실천했던 묵상의 방식이었다. 이런 과정 이후에는 자연스레 '기도'의 자리로 나아가게 되었다. '관상하기'는 말씀을 토대로 침묵 속에서 조용히 눈을 감고 마음속에 떠오르는 여러 가지 생각·정서들을 글자 그대로 바라보는 것으로, 하나님의 임재 가운데 머무는 것을 말한다. 그러기에 '거룩한 독서'는 하나님과 내적인 일치를 지향하는 경건의 모습이었다. 이러한 기도와 말씀 묵상과 연구, 노동

---

33 Jean Leclercq, 이마르띠노 옮김, "전례와 관상," 『코이노니아 선집 5: 기도와 전례』(칠곡: 분도출판사, 2004), 256.

은 수도사들의 가장 중심된 경건의 요소였다.

III. 개신교회의 경건 이해(16-18세기의 루터교회를 중심으로)

1. 종교개혁기의 경건 이해 (루터를 중심으로)

종교개혁자 마르틴 루터 시대에 목회자와 신도들의 경건 생활은 어떠했을까? 가장 기본이자 중심이 되었던 것은 올바른 복음 이해에 따른 '설교 중심의 예배'와 복음을 바르게 이해하기 위한 '말씀 교육'이었다.

1510년에서 1546년 사이, 루터는 거의 9천 번의 설교를 했다. 루터는 한 주일에 여러 번 설교했으며, 하루에 두 번 이상 설교한 적도 있다.[34] 그가 많은 설교를 했다는 것은, 당시에 크고 작은 예배가 많이 있었다는 것이다. 실제로 1526년에 작성된 『독일 미사』*Deutsche Messe*를 통해 루터 당시, 비텐베르크의 교구 교회에서 한 주간 예배와 설교가 어떻게 이루어졌는지를 확인할 수 있다. 월-금요일까지 이른

---

[34] Walther von Loewenich, *Luther's Theology of the Cross*, 박호용 옮김, 『마르틴 루터: 그 인간과 그의 업적』(서울: 성지출판사, 2002), 471.

아침마다, 토요일에는 저녁에 각각 예배가 있었다. 월요일과 화요일 아침에는 독일어로 십계명, 믿음, 주기도, 세례와 성만찬에 관해서 가르치도록 했다. 수요일 아침에는 마태복음 전체를 읽고, 목요일과 금요일 아침에는 사도들의 서신서와 신약성서의 다른 본문을 가르치도록 했다.[35] 주일에는 예배가 세 번 있었는데, 오전 5시 겨울에는 6시 예배에 서신서를, 오전 8시 겨울에는 9시에는 복음서를, 오후 예배에는 구약 말씀을 본문으로 각각 설교하도록 하고 있다.[36]

이를 통해 보건대 루터는 중세 때부터 매일 드리던 예배 자체를 없앤 것이 아니라, 예배의 내용을 설교 중심으로, 좀 더 정확히 말하면 예배에 참석하는 사람이 성경에 주목하도록 예배의 내용을 바꾼 셈이다. 그렇다면 루터는 성경의 어떤 부분에 주목해서 설교했을까? 바로 예수 그리스도, 곧 '복음'이다. 루터는 종교개혁적 '복음' 이해에 따라 설교하고 가르쳤을 뿐만 아니라, 다른 목회자와 성도들도 복음적으로 설교하고, 가르치고, 배우도록『교회력에 따른 설교집』,『대교리문답』,『소교리문답』등의 책을 저술하였다.

복음적인 설교의 모형으로 루터가 최고의 책으로 꼽은 것이 바로 대강절, 성탄절, 사순절과 부활절, 오순절 순서로 이어지는『교회력에 따른 설교집』Kirchenpostille 이다. 그중에서도 루터는『대강절 설교집』Adventspostille 과『성탄절 설교집』Weihnachtspostille 을 자신의 저서 중에서 백미白眉로 꼽았는데, 그 이유는 그 안에 '복음'의 정수가 담겨 있다고

---

35 Martin Luther, *D. Martin Luthers Werke. Kritische Gesamtausgabe (Weimarer Ausgabe)* 19, 79, 17ff. (이하 *WA*로 표기함)

36 Martin Luther, *WA* 19, 78, 25ff; vgl. Walther von Loewenich,『마르틴 루터: 그 인간과 그의 업적』, 420.

여겼기 때문이다.[37] 루터는 이 『교회력에 따른 설교집』을 여러번 증보해서 출판할 정도로 매우 사랑했다. 그런데도 종교개혁적 복음 이해를 따라 설교하는 데 어려움을 느낀 목회자들이 루터에게 '어떻게 복음적인 설교를 할 수 있는지'에 관해서 묻자, 루터는 『복음서에서 우리가 무엇을 찾아야 하고 무엇을 기대해야 하는지에 대한 간략한 가르침』 Ein kleiner Unterricht, was man in den Evangelien suchen und erwarten soll, 1521을 작성하기도 했다. 원래 이 소책자는 루터가 바르트부르크 체류 시절에 저술한 것인데, 훗날 루터의 비평전집인 Weimarer Ausgabe에서는 『성탄절 설교집』 Weihnachtspostille 의 서문에 실려 출판되었다.[38]

루터는 1528년에 관할 지역의 교회를 시찰한 후, 사람들이 종교개혁적 복음 이해에 따른 기독교 신앙에 대한 통찰이 부족함을 깨달았다. 그래서 그는 '교리문답'의 주제에 따른 설교를 통해 신앙의 정수를 가르쳤다.[39] 1529년에 루터는 목회자와 교사, 성인과 어린이들에게 기독교 복음의 정수를 가르치기 위한 책을 저술하였는데, 그것이 바로 『대교리문답』 Großer Katechismus 과 『소교리문답』 Kleiner Katechismus 이다. 이 두 권의 책에는 십계명, 사도신경, 주기도문, 성례세례와 성만찬 등에 대한 복음적 이해가 담겨 있다. 이를 통해 루터는 모든 그리스도인이 구원을 얻기 위해 알아야 하는 가장 중요한 내용으로서 복음을 소

---

37 Gottfried Arnold, "Vorbericht," in *D. Martin Lutheri / Kirchen-Postille, / das ist, / Auslegung / Der / Episteln und Evangelien / auf alle Sonntage und Feste / durchs gantze Jahr [...],* (Leipzig: Thomas Fritschen, 1710), §3. "Lutherus ipsemet Postillam suam Ecclesiasticam vocat Librum suum optimum." (급진적인 경건주의자 고트프리드 아놀드가 루터의 『교회력에 따른 설교집』 서문에서 인용한 것을 발췌한 것임을 밝힌다.)

38 Martin Luther, *WA* 10,1,1;8-18.

39 Reinhard Schwarz, *Luther* (Göttingen: Vandenhoeck & Ruprecht, ⁴2014), 193-194.

개하였다. 『대교리문답』은 성인을 가르칠 교사나 목회자를 위한 것이었다. 『소교리문답』은 설교를 잘 알아듣지 못하는 어린이들을 위해 쉽게 작성된 것으로, 특히 가정에서 활용되도록 작성되었다. 『소교리문답』에는 부모가 자녀들에게 바른 기독교 신앙을 가르치고, 자녀들이 그 배운 내용을 구체적인 삶에 적용하고 암기할 수 있도록 성경 구절도 포함되어 있었다. 이러한 방식으로 루터는 일반 가정에서도 바른 복음 이해에 따른 경건 생활을 실천할 수 있도록 하였다.[40]

루터는 복음적 예배드리기와 올바른 복음 이해를 위한 성경 공부를 종교개혁적 경건의 모형으로 제시했을 뿐만 아니라, 기도 생활에서도 철저히 말씀에 근거한 기도를 하도록 강조하였다. 일례로 루터는 자신의 이발사였던 페터 베스켄도르프 Peter Beskendorf 에게 보낸 편지 『기도에 대한 단순한 방법 - 좋은 친구를 위해』 Eine einfältige Weise zu beten für einen guten Freund, 1535 에서 자신의 예를 들어 일반 신자가 어떻게 성경에 근거하여 복음적으로 기도하는지를 설명해 주었다.[41] 그 내용을 요약하면 다음과 같다: 〈루터는 먼저 기도하기 위해 하루 중 특별한 시간, 즉 가능하면 아침이나 저녁 시간을 비워놓는다. 기도하기 위해서 루터는 먼저 성경 말씀 중에서 시편 읽기를 시작으로 십계명, 주기도, 교리문답의 일부와 이에 해당하는 성경의 본문을 읽고 묵상한다. 그런 후에는 묵상한 본문 말씀을 가지고 기도의 자리로 나아간다.〉 이런 식으로 기도하도록 루터는 자신의 평생 친구이자, 이발사였

---

40   Martin Brecht, *Martin Luther. Bd.2: Ordnung und Abgrenzung der Reformation* 1521-1532 (Stuttgart: Calwer Verlag, 1986), 269-273.

41   Martin Luther, *WA* 38, 351-373.

던 베스켄도르프에게 권고하였다. 아울러 이 편지에서 루터는 오래 기도하는 것이 중요한 것이 아니라 '자주 그리고 열정적으로' oft und hitzig 기도할 필요가 있다고 강조하였다.[42]

반면에 루터는 중세 시대의 경건의 핵심이라 할 수 있는 희생제사 중심의 미사와 중세의 수많은 종교적 실천, 즉 준성사準聖事, 마리아숭배, 성인숭배, 성유물숭배, 성지순례, 각종 교회 축일, 면죄부 구매, 수도원에서의 금욕적 삶, 금식 등이 복음의 순수성을 왜곡하고 다양한 방식으로 주술적 요소와 결합 되어 있는 이른바 "연출된 경건"이라며 거부했다.[43] 루터는 철저히 종교개혁적 복음 이해에 따라 경건도 말씀에 대한 반응으로 나온 결과이지 인간 편에서 도출된 행위는 곧바로 복음의 순수성을 훼손하는 율법이 된다고 보았다. 말씀으로 창조된 믿음이야말로 루터에게 가장 중요했다.[44] 그런 의미에서 루터의 경건 이해는 철저히 그의 믿음 이해와 관련되어 있다.

루터에게 있어서 "믿음은 하나님을 통해서 또는 그리스도를 통해서 일어나며, 인간이 비록 전심으로 이 믿음에 현재 참여한다 해도 인간의 업적 Werk 은 아니다. … 믿음이란 하나님의 무서운 심판으로 인해 일어나는 영적 시련 한 가운데서 하나님의 은총의 말씀을 신뢰하는 것이다 vertrauen."[45] 그러기에 인간의 어떠한 행위나 노력, 공로에 의

---

42 Martin Luther, *WA* 38, 351-373; 372, 30. (참조) Walther von Loewenich, 『마르틴 루터: 그 인간과 그의 업적』, 483-484.

43 김덕영, 『루터와 종교개혁: 근대와 그 시원에 대한 신학과 사회학』(서울: 도서출판 길, 2017), 169; 251.

44 Paul Althaus, *The Theology of Martin Luther*, 이형기 옮김, 『루터의 신학』(서울: 크리스챤다이제스트, 2001), 64.

45 Bernhard Lohse, *Luthers Theologie in ihrer historischen Entwicklung und in ihrem systematischen Zusammenhang* (Göttingen: Vandenhoeck & Ruprecht, 1995), 219.

한 '의'가 자리할 곳은 없다. 믿음이란 하나님과 그 분의 말씀에 대한
전적인 신뢰요, 이러한 신뢰 속에서 자연스레 하나님께 인정받는 삶
의 모습이 바로 경건인 것이다. 루터에게 있어서 경건은 전적으로 신
뢰하는 하나님 말씀에 대한 반응인 것이다. 1520년에 저술한 『그리
스도인의 자유』 Von der Freiheit eines Christenmenschen 에 '믿음과 경건'에 대한
루터의 이러한 이해가 잘 드러나 있다.

> 나아가 믿음이란 이런 것이다. 다른 사람을 믿는 사람은 그가 이 사람
> 을 경건하고 진실한 사람 eynen frumen warhafftigen man 으로 여기기 때문에
> 믿는 것이다. 이 믿음이야말로 한 사람이 다른 사람에게 해줄 수 있는
> 최고의 영예이다... 그러므로 영혼이 하나님의 말씀을 굳게 믿을 때 그
> 는 하나님을 참되고 warhafftig 경건하고 frum 의로운 gerecht 분으로 여기
> 는 것이다. 이로써 영혼은 그가 행할 수 있는 최고의 영예를 하나님께
> 올려 드린다... 하나님께서 영혼이 당신의 참됨 warheit 을 인정하고 믿음
> 으로 당신에게 영광 돌리는 것을 바라보시면, 하나님께서도 그 영혼
> 을 또한 경건하고 참되다 frum und warhafftig 여기신다. 영혼은 이러한 믿
> 음으로 경건하고 진실하게 된다.[46]

　　루터의 이러한 경건 이해는 루터가 사용한 독일어의 '경건' 표
현에서도 드러난다. 루터는 신약성경을 독일어로 번역할 때 경건에
해당하는 희랍어 '유세베이아'를 독일어 'fromm' 신앙심이 깊은, 경건한, 혹은

46　Martin Luther, *WA* 7, 25, 5-21.

'Frömmigkeit' 경건로 번역하질 않고, 오히려 'gottselig' 하나님께 귀의한, 경건한로 번역하곤 했다. 게다가 루터가 자신의 글에서 'fromm' 옛 독일어로는 frvmm 혹은 frumm, frum 이라고 사용했을 때 그 의미를 오늘날의 의미로 파악하면 'treu' 충실한, 성실한, 신실한 혹은 'rechtschaffen' 성실한, 곧은, 정직한, 올바른 으로 이해하는 것이 더 적절하다. 이런 맥락에서 루터가 자신의 설교나 글에서 사용하는 '경건한 사람' ein frumm Mann 의 의미는 성경 말씀을 통해 우리에게 다가오시는 하나님께로부터 '의롭다' iustus, rechtfertig, gerecht 고 여김 받은 사람으로 이해하는 것이 더 낫다.[47] 그러기에 루터의 경건 이해는 철저히 말씀에 대한 반응으로서의 믿음 이해의 맥락에서 이해돼야 한다.

말씀에 대한 반응으로서의 루터의 경건 이해는 중세 천 년 이상 실행되어오던 경건의 방향을 바꾸었다. 즉, lectio, meditatio, oratio, contemplatio의 순서를 oratio, meditatio, tentatio로 바꾸었다.[48] 루터는 1539년 독일어 전집 제1권의 서문에서 '신학을 바르게 공부하는 방법'을 제시하였다.[49] 여기에서 그는 '기도, 묵상, 영적시련' Oratio, Meditatio, Tentatio 의 개념을 들어 바른 신학 공부 방법을 설명했다.

루터는 먼저 '기도'를 강조하였는데, 그 이유는 아담의 타락과 함께 죄로 인해 어두워진 인간의 이성으로는 성경에 나타난 하나님의 계시 말씀을 온전히 깨달을 수 없기 때문에 성령에 의해 이성이 밝아

---

47 Uta Heil und Annette Schellenberg, "Vorwort," in *Frömmigkeit: Historische, systematisch und praktische Perspektiven* (Göttingen: V&R unipress, 2016), 8.

48 Manfred Seitz, "Frömmigkeit II: Systematisch-theologisch," 677.

49 Martin Luther, *WA* 50, 657-661.

져야만 성경의 진리를 바르게 이해할 수 있다고 보았기 때문이다. '묵상'이란 성경을 직접적으로 연구하는 과정으로 성령에 의해 조명된 이성으로 성경 본문을 이해하기 위해 문법적으로 파악하고 주석하는 학문적 연구 작업을 의미한다. '영적 시련'은 성경 연구를 통해 깨달은 바를 각 개인이 구체적인 삶의 현장에서 경험하는 것을 의미한다.

이상에서 살펴본 성경읽기와 성경연구는 루터에게만 국한된 것이 아니라, 개신교회 전체의 신학 공부 방법이면서, 동시에 개신교회의 목회자와 신학생, 일반 신자들이 추구해야 할 경건 생활의 모습으로 나타났다. 실제로 종교개혁 이후 루터교회가 되었든 개혁교회가 되었든 개신교적 전통에서 경건 생활을 위해 가장 강조하는 것은 '성경읽기, 성경공부, 성경연구'였다.[50] 설교 중심의 예배에서도 성경에 대한 이해와 그 안에 담겨 있는 복음이신 예수 그리스도에 대한 명확한 깨달음이야말로 경건의 중요한 요소였다. 그리고 이러한 깨달음 추구는 한시적으로, 어떤 고정된 형태를 취하기보다는 일평생 말씀과 씨름하면서 이루어지는 과정이자 목표였다.[51] 그리고 이 과정과 목표

---

50 16세기 개혁교회와 장로교회 전통에서 대표적인 성경연구 모임이 바로 '예언모임'이었다. 예언모임이란 하나님의 말씀을 심도 있게 연구하고 나누는 성경연구모임이다. 1525년 6월 19일 취리히 목회자들의 연대와 교육을 위한 성경연구모임으로 시작된 '예언모임'은 개혁교회가 전파되는 곳마다 이루어지면서 개혁교회의 독특한 특징이 되었다. 취리히(prophezei), 스트라스부르(christliche übung), 로잔(classis), 제네바(congrégation), 잉글랜드(prophesying), 스코틀랜드(exercise) 지역마다 예언모임을 지칭하는 이름은 달랐지만 성경 연구를 위한 모임이라는 성격은 동일하였다. ※ 참조: 박경수, "스코틀랜드『제1치리서』에 나타난 장로교회 정치체제의 근간,"「신학논단」 제97집 (2019. 9), 55-56.

51 이런 의미에서 개혁교회의 창시자인 장 칼뱅에도 '신학은 곧 경건'이라고 이해했다. 칼뱅에게 있어서 경건은 신학이 지향하고 있는 목적이요 방향이었다. 칼뱅의 경건 개념 또한 하나님을 아는 지식에 그 뿌리를 두고 있으며, 그의 신학함의 자세와 태도일 뿐만 아니라, 하나님을 섬기고 경배하는 목적과도 일치하고 있다. 한마디로 칼뱅 신학의 주된 특징은 바로 '끊임없이 경건을 추구하는 것이었다'고 할 수 있다. ※ 참조: H. W. Simpson, "Pietas in the Institues of Calvin," in *Our Reformational Tradition : A Rich Heritage and Lasting Vocation* (Potchefstroom: Potchefstroom University for Christian Higher Education, 1984), 179-191.

가 바로 개신교적 의미의 경건의 내용이요 목표인 셈이다.

일평생 말씀과 씨름하면서 이루어지는 과정이자 목표라는 루터의 경건 이해가 잘 드러난 것은 『로마의 교서가 부당하게 정죄한 모든 사항의 근거와 이유』*Grund und Ursach aller Artikel D. Martin Luthers, so durch rö-mische Bulle Unrechtlich verdammt sind*, 1521라는 글에서이다. 이 글은 로마교황청이 루터를 이단으로 정죄하자 그에 대한 응답으로 루터가 1521년 11월 작성한 것인데, 이 글에서 루터는 다음과 같은 고백을 한다.

> (우리의) 삶이란 그 자체로 경건한 것 *Frommsein*이 아니라, 경건하게 되고자 하는 것이다 *Frommwerden*. 삶이란 이미 아무 문제없는 건강한 것 *Gesundsein*이 아니라, 건강하게 되고자 하는 것이다 *Gesundwerden*. 삶은 이미 완결된 존재 *Sein*가 아닌, 그리되어가고 있는 것이다 *Werden*. (우리의) 삶은 정적 속에 멈춰 서 있는 것 *Ruhe*이 아니라, 하나의 연습 *Übung*이다. 우리는 아직 온전한 존재는 아니지만, 그러나 그리되어가는 존재이다. 삶은 이미 완성된 것도 아니고 그렇게 완성되어 온 것이 아닌, 흔들리면서도 되어가는 과정이다. 삶이란 그 끝에 도착한 것이 아니라, 도착지를 향해 가는 길이다. 삶은 모든 것을 타오르게 하거나 빛나게 하는 것이 아니라, 모든 것을 깨끗케 하는 것이다.[52]

---

[52] Martin Luther, *WA*, 7, 337, 30-35. "Das Leben ist nicht ein Frommsein, sondern ein From-mwerden, nicht ein Gesundsein, sondern ein Gesundwerden, nicht ein Sein, sondern ein Werden, nicht eine Ruhe, sondern eine Übung. Wir sind´s noch nicht, wir werdens aber. Es ist noch nicht getan oder geschehen, es ist aber im Gang und im Schwang. Es ist nicht das Ende, es ist aber der Weg. Es glüht und glänzt noch nicht alles, es reinigt sich aber alles." (루터의 옛 독일어서체는 19세기에 출판된 *Walch* 제2판을 참고하였음을 밝힌다.)

이상에서 살펴본바 루터의 종교개혁으로 시작된 16세기 개신교회의 경건의 핵심에는 성경적 복음 이해가 놓여 있으며, 그러한 내용을 구현할 방식은 복음적으로 성경을 풀어내는 예배 설교와 복음적인 성경 이해를 위한 성경공부와 성경연구의 형태임을 알 수 있다.

2. 17세기 경건 이해 (독일 정통주의 루터교회를 중심으로)

16세기 루터의 종교개혁으로 수도원 제도는 철폐되었지만, 신학생과 일반 신자 사이에서 중세의 기독교적 삶의 모양이 단번에 사라진 것은 아니었다. 종교개혁을 추종하던 신학생들_{훗날 목회자}은 수도원에서 자란 수도사들이었다.[53] 학교의 신학 수업은 종교개혁적인 복음 이해의 눈으로 성경연구와 묵상에 집중하였고, 신학생들은 규칙적인 예배와 기도 생활을 이어갔다. 그들의 경건 생활은 개인적으로든 공동체적으로든 중세로부터 이어져 오던 경건의 틀_{예배, 성경 묵상, 기도}을 여전히 지니고 있었다. 그런데, 시간이 흐르면서 도시와 시골, 교회와 신학교 등에서 이루어지던 이러한 경건의 외형은 점차 약화되었고, 17세기 교파주의 시대에 이르러서는 기도와 예배의 횟수도 줄어들게 되었다. 그러자 개신교 목회자와 신학생, 신자들은 개신교적인 경건을 위해서 개인과 가정 중심으로 설교집, 기도서, 경건 서적 등을 읽으며

---

53 이상조, "16-17세기 비텐베르크 대학의 신학교육의 역사적 전개 과정과 교회에 미친 영향 연구 - 교과과정, 교재, 교수들의 성향을 중심으로," 「장신논단」 제44-4집 (2012), 127.

나름의 경건 생활에 집중하게 되었다. 이런 식으로 유럽 대륙의 루터 교회와 개혁교회, 잉글랜드의 청교도들은 경건 생활을 하였다. 그 내용을 좀 더 살펴보면 다음과 같다.

　　루터의 종교개혁 이후에도 개신교회의 경건 생활의 가장 기본이자 중심에는 예배가 있었다. 하지만 중세 때부터 매일매일 드리던 예배는 점차 횟수가 줄어들었다. 도시와 시골에 살던 사람들은 교회 안팎에서 "성경적인 내용의 그림과 새김글, 시간을 알리는 종소리, 기도시간을 알리는 소리" 등을 통해 신심을 함양할 수 있는 상징과 기억을 되새기곤 했다.[54] 주일에 시골 교회에서는 두 번 예배를 드렸다. "그 가운데 이른 오후의 예배 시에는 교리문답을 복습하거나 해석하였다. 도시 교회에서는 주일과 축일에 3~4회의 예배를 드렸다. 이른 아침 예배는 하인이나 농부나 노동자를 위한 것이었고, 그 후에는 시민들과 중산층을 위한 예배를 드렸다. 점심 예배에서는 교리문답교육을 하였으며, 저녁예배에서는 서신서를 토대로 한 설교를 하였고, 또 다른 음악적인 요소가 가미되었다."[55] 주중에는 도시와 시골교회에서 적어도 두 번의 아침예배가 있었다. 아침예배 시간에 목사는 종종 성경의 한 권을 택해 연속적으로 읽으며 해석하는 시간을 갖곤 했다. 또한 아침과 저녁에 학생들이 주관해서 드리는 기도회Gebetsgottesdienst가 있었다. 그 외에도 주중에 도시에서는 여러 종류의 예배와 설교가 계속해서 이어졌다.[56] 이처럼 주일과 주중의 예배 생활을 통해 목회자와

54　Ernst Koch, *Das konfessionelle Zeitalter - Katholizismus, Luthertum, Calvinismus* (1563-1675), in *Kirchengeschichte in Einzeldarstellungen* 2/8, 이성덕, 이상조 옮김, 『교파주의 시대: 가톨릭주의, 루터교, 칼빈주의(1563-1675)』(천안: 호서대학교 출판부, 2015), 366.

55　위의 책, 366-367.

신자들은 성경 중심의 복음 이해를 강화하면서 경건 생활을 했다.

또한 루터교회 내에서는 후기 중세 경건의 유산으로 전해져 온 '그리스도의 수난'에 대한 집중적인 묵상도 공존했다. 루터가 '연출된 경건'이라 비판한 마리아숭배나 성인숭배 등의 대중경건 형태는 사라졌지만, 그러한 형태를 통해 표현하고자 했던 '경건 내용으로서의 그리스도의 수난'에 대한 묵상은 여전히 교회의 예배에서, 특히 사순절 기간에 집중적으로 이루어졌다. 이때 진행된 수난 경건은 중세적 의미의 고난에 동참하는데 머무는 것이 아니라, 종교개혁적 의미로 재해석되었기에, "회개를 촉구하기 위해 고난당하고 죽으신 그리스도의 고통을 느끼는 것으로 끝나지 않고, 죄인들에 의해 죄 없이 당하신 하나님의 아들의 고난과 그 분의 대속에 대한 믿음이 주는 위로"로서 이해되었다.[57]

그러나 무엇보다도 종교개혁 이후 루터교회를 포함하여 모든 개신교회의 경건은 교회와 각 가정 및 개인에게 설교집과 기도서 및 경건 서적이 대량으로 출판, 보급되어 경건 생활에 커다란 영향을 준 것으로 특징지어진다. "비텐베르크 종교개혁의 영향을 받는 지역의 경건한 그리스도인은 책과 더불어 산다." Daß fromme Christen in Gebieten, die von der Wittenberger Reformation erfaßt worden waren, mit Büchern lebten 는 말이 등장할 정도로 루터교회의 교인들은 집에서 저녁에 설교집이나 묵상집 등의 경건 서적을 읽으며 자신의 경건 생활을 영위하였다. 구체적인 예로 1550-

---

56 위의 책, 367.
57 위의 책, 379.

1700년 사이에 독일어권에서는 적어도 한 목회자의 설교집이 해마다 출판되었고, 교리문답서에 설명을 곁들인 설교집도 나왔다.[58] 또한 묵상을 위한 엄청난 양의 경건 서적이 출판되어 신학교와 교회에서는 물론이요 가정에서도 널리 읽힐 정도였다. 1600년경에 유행한 경건 서적 중에 세간에 널리 보급되고 영향을 끼친 것은 예나Jena 대학교의 신학 교수인 요한 게르하르트Johann Gerhard, 1582-1637가 지은 『거룩한 묵상』Meditationes sacrae, 1607과 루터교회의 목사 요한 아른트Johann Arndt, 1555-1621가 지은 『참된 기독교에 관한 네 권의 책』Vier Bücher vom wahren Christen-tum, 1610 등이다. 또한, 잉글랜드의 청교도 작품인 루이스 베일리Lewis Bayley, 1565?-1631의 『경건의 실천』Practice of Piety: Directing a Christian How to Walk that He May Please God, 초판의 출판년도는 알려져 있지 않지만 제3판은 1613에 런던에서 출판됨도 대륙의 개혁교회와 루터교회에 널리 보급되어 영향을 끼쳤다.

이상에서 17세기 루터교 정통주의 시대의 경건 교육을 살펴본 바, 교회와 신학교는 종교개혁적인 복음 이해를 따라 설교와 성경연구에 집중하였음을 알 수 있다. 그래서 설교집과 교리문답집 등의 서적이 많이 출판되었다. 동시에 종교개혁 이후 수도원 제도가 서서히 사라지고 예배의 횟수가 점차 줄어들기 시작하면서 목회자, 신학생, 일반 신자들의 경건 생활은 공적 예배의 참여보다는 점차 개인과 가정을 통해 이루어지고 있음을 알 수 있다. 이러한 경건 생활을 위해 참조했던 것은 성경과 더불어 각종 기도서, 경건 서적 및 설교집 등이었다. 개신교 목회자나 신학생들의 경건 교육 또한 중세 시대처럼 엄

---

[58] 위의 책, 382.

격한 수도원 제도의 바탕 속에서 이루어지질 않았다. 점차 신학교는 올바른 복음 이해를 가르치고자 교리교육 중심의 성경 연구에 집중하였으며, 개개인은 다양한 경건 서적을 활용하여 자발적으로 말씀묵상을 하고, 묵상한 것을 삶의 현장에 적용하였다.

3. 17-18세기 경건 이해 (루터교회 경건주의의 '경건 모임'을 중심으로)

17-18세기에 유럽의 개신교회에서는 종교개혁과 종교개혁 이후 정통주의에 대하여 순수한 교리보다는 경건한 생활을, 믿음보다는 경건 pietas 을, 칭의보다는 거룩함과 '하나님과의 더 친밀한 하나됨'을 강조하는 "경건의 방향 전환" Frömmigkeitswende 이 일어나기 시작했다.[59] 잉글랜드의 청교도주의와 유럽 대륙의 개혁교회와 루터교회에서 경건주의운동이 일어나면서 사람들은 신앙생활에 있어서 '개인주의화' 와 '내면화'를 요구하며 개인적인 경건과 개신교회 안에 공동생활에 대한 새로운 형태를 발전시켰다.

경건주의자들이 강조한 '경건성'은 첫째 개인의 내면성으로 나아간 경건 이해였다. 단적인 예를 요한 아른트 Johann Arndt, 1555-1621 와 그의 책 『참된 기독교에 관한 네 권의 책』 Vier Bücher vom wahren Christentum, 1610 에서 발견할 수 있다. 이 책에서 아른트는 슈페너, 프랑케, 친첸도르프

---

59 Johannes Wallmann, *Der Pietismus* (Göttingen: Vandenhoeck & Ruprecht, 2005), 28.

와 달리 종교개혁자 마르틴 루터의 사상을 의지하지는 않았다. 물론 그는 경우에 따라서는 루터가 『로마서 서문』에서 언급한 '살아있는 믿음'을 참조하기도 했고, 루터의 『그리스도인의 자유』의 구절을 인용하기도 했다.[60] 그러나 아른트가 루터를 언급한 것은 부차적인데 머물 뿐이었다. 그는 기본적으로 종교개혁 이전의 중세 신비주의로부터 영향을 받아 자신의 경건성을 표현하였다. 특히, 중세의 신비주의자 폴리뇨의 천사Angela de Foligno, 1248-1309의 프란치스코 신비주의에서, 요한 타울러의 독일 신비주의와 익명의 『독일신학』Theologia deutsch에서, 토마스 아 켐피스의 『그리스도를 본받아』De Imitatio Christi에서, 후기 중세의 '새로운 헌신운동' Devotio Moderna의 작품에서, 신비주의적인 경건성을 수용하여 개신교적 의미로 변화시켜 나름의 '경건성'을 형성했다.[61]

『참된 기독교에 관한 네 권의 책』에서 아른트는 세 단계의 신비주의를 서술하였다: 정화, 조명, 하나님과의 영혼의 합일 puratio, illuminatio, unio mystica. 하지만 아른트는 순수 신비주의의 의미에서 하나님과의 합일을 위한 길을 보여 주지는 않는다. 그가 이 책에서 제시한 신비주의는 구원의 신비주의가 아니라 거룩함의 신비주의였다. 이는 구원을 위한 하나의 길이 아니라, 세례와 칭의에서 인간에게 이미 주어진 구원을 완전히 체득하는 방편으로서의 신비주의였다. 그래서 아른트는 신비주의자들이 사용한 '자기부인, 겸손, 침착, 은혜의 달콤함을 맛봄,

---

[60]   위의 책, 37.
[61]   Hans Schneider, "Johann Arndts Vier Bücher von wahren Christentum offene Fragen der Quellen- und Redaktionskritik," in Der fremde Arndt: Studien zu Leben, Werk und Wirkung Johann Arndts (1555-1621) AGP 48, (Göttingen: Vandenhoeck & Ruprecht, 2006), 197-215.

하나님과의 영혼의 합일' 등의 개념들을 적극적으로 사용하였다.[62]

『참된 기독교에 관한 네 권의 책』에서 아른트는 그리스도인들을 진정으로 하나님을 경외하는 것 pietas 으로 이끄는 데에 지대한 관심을 두었다. 그는 그리스도인 사이에 만연한 하나님의 부재 impietas 에 반대했다. 아른트는 자기 시대에 아직 존재하지 않는 이론적인 무신론이 아니라, 그리스도를 말로만이지, 진심으로 고백하지 않고 행동에서는 그리스도를 부인하는 실제적인 무신론을 강력히 반대했다.[63] 그런 의미에서 회개와 지속적인 요구에서 출발하여 자기부인과 겸손을 강조함으로 특징지어진 아른트의 경건성은 17세기 교리보다 경건한 생활을, 믿음보다 경건성 pietas 을, 칭의보다 거룩함을 강조하는 경건의 방향 전환의 단적인 예라 할 수 있다.

경건주의자들이 강조한 '경건성'의 두 번째 방향은 개신교회 안에 새로운 공동생활의 형태를 만들어 낸 '경건 모임'이었다. 17세기 개신교인의 가정에서는 각종 기도서와 경건 서적을 읽으며 경건 생활을 영위하였다. 교회와 신학교에서는 전통적으로 해오던 예배와 설교, 교리문답식의 성경 연구가 계속되었다. 하지만, 16세기의 성경 이해가 아닌, 교파 교리의 권위와 합법성을 논증하기 위한 한 '방편'으로 설교를 하였고, 성경을 '명제적'으로 인용하였다.[64] 특히, 후기 루터교 정통주의 시대의 대학교 커리큘럼에서 성경을 강해하는 시간은 거

---

62 Johannes Wallmann, *Der Pietismus*, 38.

63 위의 책, 39.

64 '명제적으로 성경을 인용하고 해석한 17세기 루터교 정통주의의 성경 해석 방법'의 단적인 예는 다음의 논문에서 확인할 수 있다: 이상조, "17세기 루터교 정통주의 루터상(Lutherbild)의 역사적 발전 과정,"「한국기독교신학논총」 제76-1집 (2011), 97-118.

의 사라졌으며, 교리적으로 중요한 '성경의 전거' dicta probantia 로 사용되었다.

　　이에 반해 경건주의자들은 성경을 교리해석을 위한 '방편'으로 사용하기보다는 성경 자체에 집중하였다. 그들은 하나님께서 성경을 통해 우리에게 무엇을 말씀하시느냐에 귀를 기울였다. 나아가 경건주의자들은 성경을 연구하는 것에 그치는 것이 아니라, 삶 속에서 실천하는데에 집중하였다. 슈페너 같은 경건주의자는 행함이 없는 믿음은 죽은 믿음이라고 정의하는 루터의 『로마서 주석』 서문을 거듭 인용하며 칭의와 성화의 조화를 역설하였다. 슈페너의 제자 프랑케는 루터의 종교개혁의 가장 중요한 핵심 중의 하나가 바로 성경을 신학과 신앙의 기본 토대로 만든 것이라고 보았다. 성경을 신학과 신앙의 기본 토대로 만들기 위해 경건주의자들이 집중한 것이 바로 '경건 모임'이었다.

　　독일 루터교회 경건주의의 아버지라 일컬어지는 필립 야콥 슈페너 Philipp Jakob Spener, 1635-1705 는 당시 루터교회가 16세기 종교개혁자 루터가 의도했던 것과는 다르게 가고 있음을 보았다. 격심한 교리논쟁으로 신앙생활이 건조해지고 형식적인 경건 생활만을 하던 당시 루터교회의 모습을 비판하면서 루터가 얘기했던 성경 중심의 신앙과 삶의 경건성을 회복해야 한다고 생각했다. 슈페너는 당시의 루터교회가 16세기 루터의 종교개혁 정신으로 돌아가야 한다고 생각했으며, 이를 위해 무엇보다도 교회가 개혁되어야 한다고 생각했다. 슈페너에 의하면, 교회 개혁의 시작은 한 개인의 변화된 삶에 있고, 이렇게 변화된 개인들을 엮은 '교회 안의 작은 교회' ecclesiola in ecclesia, 즉 교회 안의 작은 공동체를 통해 메마른 루터교회에 역동성을 불어넣음으로써 전체 루터교회의 개혁이 가능하다고 보았다. 이러한 슈페너의 생각이 구체화 된 것이 바로 '경건 모임' Collegium pietatis 이었다.[65]

슈페너의 '경건 모임'은 무엇보다도 성경을 중심으로 한 경건 운동으로서 『경건한 열망』 Pia Desideria, 1675 에서 제시된 여섯 가지 교회 개혁 프로그램 중에서 첫 번째와 다섯 번째 제안이 바로 '경건 모임' Collegium pietatis 이었다.[66] 그 중 첫 번째 제안의 내용을 요약적으로 소개하면 다음과 같다.

> 하나님의 말씀이 우리 가운데 풍성하게 das Wort Gottes reichlicher unter uns zu bringen 해야 한다는 사실에 유념해야 할 것입니다. 우리는 본질상 선한 것이 없다는 것을 잘 알고 있습니다. 우리 안에 조금이라도 선한 것이 있다면 그것은 분명히 하나님으로부터 말미암은 것입니다. 하나님의 말씀은 이러한 목적을 이루는 강력한 수단 das kräfftige mittel 이 됩니다. … 하나님의 말씀이 우리 가운데 가까이 있으면 있을수록 우리는 믿음과 믿음의 열매를 얻게 될 것입니다… 이 도시[프랑크푸르트]에서 우리가 예배드리고 있는 이 교회에서나 다른 여러 장소의 설교단에서 매일 설교가 행해지는 만큼 하나님의 말씀이 우리 가운데 풍성히 선포되고 있는 듯이 보일 수도 있습니다. 그러나 우리가 이 문제를

---

65 김은진, "슈페너의 교회 개혁을 위한 'ecclesiola in ecclesia'의 실재로서의 'collegium pietatis'," 「역사신학논총」 제17집 (2009), 11-12.

66 Philipp Jakob Spener, *Pia Desideria*, hg. von Kurt Aland, 3 Auflage 1964 (Berlin: Verlag Walter de Gruyter & Co, 1964), 53-85. (이후 약어로 *PD*로 표기함) 한글 번역본으로는 다음의 번역서를 함께 참조하였음을 밝힌다. 이성덕 옮김, 『피아 데시데리아』(대전: 배재대학교출판부, 2017); 모수환 옮김, 『경건한 열망』(서울: 크리스챤다이제스트, 2002)

보다 깊이 생각해 보면, 첫 번째 제안이 더욱 요청된다는 사실을 알게 될 것입니다. … 무엇보다도 첫째로 성경을 부지런히 읽음으로써, 특히 신약성경을 읽음으로써 이 일이 가능할 것입니다. 모든 사람이 하나의 성경, 적어도 신약성경을 가까이에 두고 매일 읽는 것은 힘들지 않을 것이며, 만약 읽을 수 없다면 다른 사람들이 읽어주도록 하면 될 것입니다. … 둘째로 … 공적인 예배 가운데 시간을 특별히 마련하여 성경을 차례차례 해설 없이 읽도록 하는 것입니다... 셋째로, 초대교회의 사도적인 교회의 모임을 재도입하는 것이 아마도 현명할 것입니다. 설교를 포함한 우리의 전통적인 예배와 더불어 우리는 신약성경의 사도바울이 고린도전서 14장 26-40절에서 말한 방식과 같은 모임을 할 수 있을 것입니다.[67]

'경건 모임'을 통해 살아계신 하나님의 말씀을 풍성하게 하여 성도들이 '살아있는 믿음'을 일으키고, 살아있는 말씀을 따라 구체적으로 실천하는 것이야말로 슈페너식의 교회 개혁 운동의 핵심이었다. 그렇다면 '경건 모임'은 실제로 어떻게 진행되었을까?『경건한 열망』에서 슈페너는 다음과 같이 말한다.

초대교회의 사도적인 교회의 모임을 부활시키는 것이 매우 유익할 것입니다. 그것은 우리의 일상적인 설교 예배와 더불어 다른 모임을 갖자는 것입니다. 바울이 고린도전서 14장 26-40절에서 말한 그런 모

---

67 Philipp Jakob Spener, *PD* 53, 31-34; 54, 3-7; 54, 29-34; 55, 7-9; 55, 13-18.

임 말입니다. 한 사람만 나와서 다른 사람을 가르치는 것이 아니라, 은사와 지식을 은혜로 받은 자들이 순서대로 나와서 말하게 합니다. … 이러한 모든 일은 아주 지혜롭게 바른 판단과 질서를 따라 행해져야만 합니다. 또한, 시간을 정해서 한 목사의 인도하에, 특히 풍부한 지식을 소유한 목회자와 그 점에 대해 관심이 많은 분이 함께 모임을 하는 것이 좋을 것입니다. 그런 후 특별히 성경의 한 부분을 정하여 공개적으로 함께 낭독하며, 서로가 형제애를 가지고 그 부분에 대해서 자기 생각을 자연스럽게 발표하며 대화를 나누는 것입니다. 그것은 우리의 경건에 많은 도움이 될 것입니다. 게다가 성경 본문에 대해 아직 확실히 이해하지 못한 사람은 … 목사를 포함한 신앙의 선배들의 해석을 통하여 그 부분에 대해서 자세한 지식을 얻을 수 있습니다... 이러한 성도들의 모임은 하나님께는 영광이요 성도들에게는 서로를 위해 용기를 북돋아 주는 결과를 가져오게 됩니다.[68]

그런데, 슈페너의 '경건 모임'에 대한 아이디어는 슈페너 고유의 창작품은 아니었다. 신학적 근원은 종교개혁자 루터에게 소급된다. 루터는 『독일 미사』*Deutsche Messe, 1526*의 서문에서 라틴어로 드리는 공식적인 예배와 평신도들도 쉽게 독일어로 예배드릴 수 있는 독일어로 드리는 공식적인 예배 외에 예배당이 아닌 가정과 같은 장소에서 자유롭게 모이는 '제3의 예배 형태' Die dritte Weise의 소그룹 모임을 제시하였다.

---

68 Philipp Jakob Spener, *PD* 55, 14-56.

제3의 [예배] 형태는 그렇게 공식적으로 모든 사람 사이에서 행해지지 않아도 된다. 오히려 진지하게 그리스도인으로 존재하고 싶어 하며, 복음을 실천하고 고백하는 자들이 기도하고 읽고 세례 주고 성찬을 받으며, 또한 다른 그리스도적인 것을 실천하기 위하여 한 집에 모여 그들의 이름을 알리고 교제해야만 할 것이다. ⋯ 여기서는 간략한 방법으로 세례와 성찬 예식을 하며, 모든 것을 말씀과 기도와 사랑을 중심으로 행해야 한다. 여기에서는 짤막한 신앙에 관한 교리문답서와 십계명과 주기도문이 필요하다. 간단히 말해서 진지하게 그리스도인으로 존재하고 싶어 하는 사람들이 있다면, 곧 이 규정과 형태를 실현할 수 있을 것이다. ⋯ 그러나 나는 아직 이런 집회나 모임을 명하거나 조직할 수 없고, 또한 그렇게 하고 싶지도 않다. 왜냐하면, 나에게는 아직 그것을 위해 필요한 사람들과 인물들이 없기 때문이다. 그래서 나는 그것이 꼭 필요한 것이라고 보지도 않는다. 그러나 내가 그것을 해야만 하고 또한 양심상 그냥 둘 수 없는 그것을 하도록 독촉을 받는다면 나는 그것을 위하여 기꺼이 나의 할 일을 할 것이며, 할 수 있는 한 나의 최선을 다해 도울 것이다.[69]

물론 루터는 이러한 예배가 아직은 당장 필요치 않다고 여겨서 실제로 시행하지는 않았다. 하지만, 슈페너는 1675년 6월 1일의 편지에서 참된 그리스도인이 되고자 하는 자들의 모임 Sammlung 에 대한 루터의 『독일 미사』의 서문에 나오는 '제3의 예배 형태'를 언급하면

---

69 Martin Luther, *WA*, 19, 75, 3-28.

서 자신의 '교회 안의 작은 교회'라는 개념에 투영하였다. 슈페너는 루터 연구를 통해 루터가 주장한 '제3의 예배 형태'에 주목하여 이것을 신학적 근간Ecclesiola in ecclesia: 교회 안의 작은 교회으로 삼았고, 그것을 구체화한 것이 바로 '경건 모임'이었다.[70]

그러나 슈페너의 '교회 안의 작은 교회' 사상의 실제적인 형태인 '경건 모임'은 다만 루터에게로만 소급되는 것은 아니다. 슈페너의 '경건 모임'은 루터교회보다는 개혁교회의 영향이 더욱 직접적이었다. 개혁교회 계열에서 분리주의적 경건주의의 원조라 일컬어지는 장 드 라바디Jean de Labadie, 1610-1674는 신약성경에 나오는 원시기독교의 모델에 따른 교회 개혁을 주장하였다. 그는 교회의 영적인 갱신을 위해 교리문답 교육과 연계하여 고린도전서 14장에 나오는 모임의 모범을 따라 사도적인 교회모임의 재도입을 제안했다. 슈페너가 『경건한 열망』에서 고린도전서 14장의 모범에 따라 원시기독교의 '경건 모임'의 형태를 제시한 것은 바로 라바디의 영향을 받은 것이다.[71]

교회사적 맥락으로 볼 때 이러한 '경건 모임'은 슈페너나 라바디에게서만 나타난 것은 아니다. 네덜란드 개혁교회 경건운동인 '나데레 레포르마치'Nadere reformatie의 대표적인 신학자라 일컬어지는 히스베르트 푸치우스Gisbertus Voetius, 1589-1676에게서도 나타난다.[72] 푸치우스는 영국 청교도적 경건 이해에 영향을 받아 위트레히트Utrecht 대학교

---

70 Johannes Wallmann, *Philipp Jakob Spener und die Anfänge des Pietismus* (Tübingen: Mohr Siebeck, ²1986), 259.

71 위의 책, 287-290.

72 위의 책, 286.

에서 가르치면서 경건훈련으로서 소그룹 모임인 '경건 모임'을 정기적으로 열고 적극적으로 참여하였다. 푸치우스가 진행한 이 '경건 모임'에 참여한 제자 중에 독일 개혁교회 경건주의의 대표자라 일컬어지는 테오도르 운데어아익 Theodor Undereyck, 1635-1693 이 있었다.[73] 운데어아익은 독일의 뮐하임 교회와 브레멘 교회에서 '경건 모임'을 진행하였다.[74] 그뿐만 아니라 슈페너는 학창시절 영국 청교도들의 영향을 많이 받았다. 그는 청교도들의 저서, 특히 루이스 베일리 Lewis Bayly, 1565?-1631 의 『경건의 실천』 Practice of Piety, [3]1613 을 함께 읽고 토론하곤 했다.[75] 이러한 점을 볼 때 슈페너의 '경건 모임'은 신학적으로 루터의 '제3의 예배 형태' 만이 아니라, 유럽의 개혁교회와 영국의 청교도 전통으로부터 더욱 큰 영향을 받았음을 알 수 있다.

슈페너가 프랑크푸르트에서 행한 '경건 모임'을 그의 제자인 프랑케 August Hermann Francke, 1663-1727 는 라이프치히 대학교에서 '성경연구 모임' Collegia biblica 으로 발전시켰다.[76] 이후 프랑케는 할레에서 교육, 사회봉사 및 선교를 연결하는 할레 경건주의를 이룩하였다. 할레 경건주의는 이후 세상에 대한 실천적이고 행동적인 경건을 보여 주었다. 즉, 교회의 영역을 넘어서서 사회개혁을 위한 시스템이 여기에서부터 시작되었다. 슈페너식 교회 개혁의 출발점인 "인간의 변화를 통한 세상의 변화", 이것이 할레 경건주의의 목적이었다.[77]

---

73 주도홍, 『개혁교회 경건주의』(서울: 도서출판 대서, 2011), 61-62; 149-153.
74 위의 책, 225-229.
75 Johannes Wallmann, *Philipp Jakob Spener und die Anfänge des Pietismus*, 54.
76 Johannes Wallmann, *Der Pietismus*, 111.
77 위의 책, 134.

슈페너식의 '경건 모임'은 친첸도르프 Nikolaus Ludwig von Zinzendorf, 1700-1760 에게 새로운 형태로 나타났다. 친첸도르프는 프랑케의 학교에서 경건 교육을 받았을 뿐만 아니라 대부代父였던 슈페너에게서도 신앙적으로 영향을 받았다. 친첸도르프는 슈페너식의 '경건 모임'을 본받아 헤른후트공동체 Herrnhutgemeinde 에서 '반' Band 과 '콰이어' Choir 라는 소그룹 형태의 강력한 영적 공동체를 만들어 '교회 안의 작은 교회' 사상을 구현하였다.[78] 이러한 소그룹 모임을 통해 모라비안 공동체는 훗날 열정적인 기도와 헌신으로 강력한 선교사역을 감당하였다.

영국의 존 웨슬리 John Wesley, 1703-1791 는 모라비안 공동체의 '반' Band 과 '콰이어' Choir 형태를 수용하고, 또 영국 런던을 비롯하여 각 도시에서 일어나고 있던 소위 '경건회' Religious Society 라 불리는 새로운 신앙부흥운동의 모습을 수용하여 '속회' Class Meeting 형태를 만들었다. 웨슬리의 소그룹 모임을 시작으로 18세기 영국에서는 '복음주의 부흥운동'이라는 새로운 영적 각성을 경험하게 되었다.[79]

독일에서 슈페너식의 '경건 모임'은 19세기 사랑의 실천적 경건주의자로서 디아코니아 도시선교를 실천했던 요한 힌리히 비헤른 Johann Hinrich Wichern, 1808-1881 에게서 나타났다. 비헤른은 슈페너가 『경건한 열망』에서 강조한 경건한 실천이 바로 이웃에 대한 사회적 봉사를 내포하고 있다고 보았다. 그래서 그는 '라우에 하우스' Rauhe Haus, 기독교사회봉사

---

78 Dietrich Meyer, "Zinzendorf und Herrnhut," in *Geschichte des Pietismus: Der Pietismus im 18. Jahrhundert, Bd. 2*, hg. von Martin Brecht (Göttingen: Vandenhoeck & Ruprecht, 1995), 28.

79 Patrick Streiff, "Der Methodismus bis 1784/1791," in *Geschichte des Pietismus: Der Pietismus im 18. Jahrhundert, Bd. 2*, hg. von Martin Brecht (Göttingen: Vandenhoeck & Ruprecht, 1995), 635-640.

재단를 설립하여 도시선교 Innere Mission 를 활발히 전개하였다.[80] 이러한 도시선교가 훗날 '디아코니아 사역' Diakonisches Werk 으로 발전하여 오늘에까지 이르게 되었다.

슈페너가 시작해 하나의 '운동'으로 발전하여 유럽 개신교회의 교회 갱신에 커다란 활력을 불어넣은 '경건 모임'이 개신교회의 경건 이해에 주는 함의는 무엇일까? 중세 시대의 경건훈련과 경건 교육은 주로 수도원 중심으로 이루어졌다. 종교개혁 이후 수도원 제도가 사라지자 개신교의 경건성을 담을 새로운 모습이 필요했다. 종교개혁 당시에는 중세로부터 전해오던 경건의 모양에다가 복음적 관점의 성경 해석으로 경건성을 담을 수 있었다. 하지만 시간이 흐르면서 경건의 내용을 담고 있던 형태가 사라지자, 개신교적인 새로운 모양의 그릇이 필요했다. 교회에서는 여전히 예배, 성경 연구와 성경 공부, 기도회가 있었으나, 신자들은 자신의 경건 생활을 위해 다양한 설교집과 기도서 및 경건 서적을 읽고 실천하고자 했다. 이러한 열망이 공동체적인 모임과 운동으로 표출된 것이 바로 '경건 모임'이라 할 수 있다. 신학교에서 복음적 성경 연구를 통해 하나님을 올바로 이해하고자 했다면, '경건 모임'은 개인과 공동체의 경건 생활을 위해 교회 안에서 이루어지는 소규모 공동체 모임으로서 개인적 경건 생활에 도움을 주었고, 교회의 개혁과 사회 변화에까지 영향을 미쳤다. 이런 의미에서 '경건 모임'은 개신교적인 경건 형태의 한 모델이라 할 수 있다.

---

[80] Horst Weigelt, "Die Diasporaarbeit der Herrnhuter Brüdergemeine," in *Geschichte des Pietismus: Der Pietismus im 19. und 20. Jahrhundert, Bd. 3*, hg. von Ulrich Gäbler (Göttingen: Vandenhoeck & Ruprecht, 2000), 122f.

IV. 19-20세기의 경건 이해

1. 19세기 경건 이해 (칸트와 슐라이에르마허의 경건 이해를 중심으로)

계몽주의와 과학혁명 그리고 프랑스혁명을 거치면서 '기독교 세계' 또는 '기독교 사회'로서의 유럽 사회에는 균열이 생기기 시작하였다. 이 과정에서 종교개혁자들과 경건주의자들이 의도했던 바와는 달리 '경건'Frömmigkeit은 신비주의적인 정적주의Qietismus, 혹은 윤리성에 기반한 인간 개인의 내면성Innerlichkeit과 단순한 감정Gefühl에 제한되어 이해되기 시작했다.[81] 교회와 사회개혁을 위한 하나의 운동으로 발전한 경건주의적 경건 이해는 퇴보하고 경건주의적 경건성이 지니고 있던 다른 측면인 개인적인 윤리성으로서의 경건 이해와 '내면성'과 '감정'으로서의 협소한 경건 이해만이 19세기에 부각되기 시작했다.

경건을 윤리적 덕성과 연결해서 생각한 사람은 임마누엘 칸트 Immanuel Kant, 1724-1804였다. 경건주의자였던 부모 밑에서 자랐던 칸트는 『이성의 한계 안에서의 종교』Die Religion innerhalb der Grenzen der blossen Vernunft, 1793에서 기독교에서 말하는 경건이란 "덕의 대용품이 아니라, 오히려 우리의 모든 선한 목적들을 마침내 달성할 수 있다는 희망으로 대미

---

81 Walter Sparn, "Frömmigkeit II: Fundamentaltheologisch," 390.

를 장식할 수 있기 위한 덕의 완성"[82]이라고 말하면서 기독교적 경건을 이렇게 정의한다.

> 경건 Gottseligkeit 은 신과의 관계에서 도덕적 마음씨의 두 규정을 함유한다. 즉 신에 대한 공포는 빚진 (신민의) 의무에서, 다시 말해 법칙에 대한 종교에서 신의 지시명령^{계명}을 따르는 이러한 마음씨이며, 그러나 신에 대한 사랑은 자신의 자유로운 선택에서, 법칙에 대한 흡족에서 (자녀의 의무에서) 신의 지시명령을 따르는 이러한 마음씨이다. 그러므로 이 두 가지는 도덕성을 넘어서도 이 도덕성을 통해 의도된, 그러나 우리 능력을 넘어가는 최고선의 완성에 필요한 속성들을 갖춘 초감성적 존재자라는 개념을 함유하고 있다.[83]

경건을 신과 관계된 도덕적 마음으로 이해한 칸트는 신심^{Frömmigkeit}과 결합되어 있는 덕만이 경건 Gottseligkeit 이라고 규정한다.[84] 칸트에 의하면, 기독교적 경건은 "그 자체만으로는 윤리적 노력의 궁극목적을 이룰 수 없고, 단지 그 자체보다 선한 인간을 형성하는 것, 즉 덕의 마음씨를 강화하는 수단으로서만 쓰일 수 있을 뿐이다. 즉 그것은 (선을 향한 노력, 그리하여 신성함을 향한 노력인) 윤리적 노력에게, 덕으로는 할 수 없는 궁극목적에 대한 기대를 약속하고 보증함으로써 그렇게 쓰

---

82 Immanuel Kant, *Die Religion innerhalb der Grenzen der blossen Vernunft*, 백종현 옮김, 『이성의 한계 안에서의 종교』(서울: 아카넷, 2011), VI 185. 이 책에서 칸트가 사용한 경건의 독일어 표현은 Frömmigkeit가 아닌 Gottseligkeit였다. Gottseligkeit는 루터가 경건을 의미할 때 사용한 표현이기도 하다.
83 위의 책, VI 182.
84 위의 책, VI 201.

일 수 있을 뿐"이라고 말한다.[85] 한마디로 칸트에게 있어서 경건은 덕의 완성인 셈이다. 이러한 칸트식의 계몽주의적 윤리성으로서의 경건 이해는 이후 알브레히트 리츨Albrecht Ritschl, 빌헬름 헤르만Wilhelm Hermann, 아돌프 폰 하르낙Adolf von Harnach으로 이어지는 소위 '개신교 자유주의 신학' 속에서 꽃을 활짝 피웠다.

경건을 '내면성'과 '감정'으로 이해하는데 강한 영향을 끼친 사람은 프로이센 제국의 개혁교회 목사 슐라이에르마허Friedrich Daniel Ernst Schleiermacher, 1768-1834였다. 슐라이에르마허가 경건을 인간 내면에 있는 독립적인 현상으로 인지하기 시작한 이래로 개신교회의 경건은 '내면적이고 주관적인 종교성'으로 이해되어 오늘날까지 강한 인상을 심겨주게 되었다.[86]

다른 모든 감정과는 구별되는, 경건에 대한 모든 표현의 공통점은 이 것이다. 즉, 경건이란 절대적으로 하나님에 대한 [우리의] 의식과 관련되어 있다. 혹은 하나님에 대한 [우리의] 의식과 관련되어 있는 어떤 것을 말하길 원한다는 것이다. 이 점에 있어서 경건의 본질은 동일하다.[87]

슐라이에르마허의 경건 이해를 따라서 『개신교의 교회와 신학

---

85 위의 책, VI 183.

86 Wolfgang Sommer, "Frömmigkeitsgeschichte im Spiegel von Theologie und Geschichtswissenschaften," in *Historiographie und Theologie. Kirchen- und Theologiegeschichte im Spannungsfeld von geschichtswissenschaftlicher Methode und theologischem Anspruch*, Hgg. von Wolfram Kinzig, Volker Leppin und Grünther Wartenberg (Leipzig: Evangelische Verlagsanstalt, 2004), 125.

『백과사전』 *Realencyklopädie für protestantische Theologie und Kirche*, 제1판 1855, Bd. 4, 613-614; 제2판 1879, Bd. 4, 700-701; 제3판 1899, Bd. 6, 295-196에서는 경건을 "주관적 종교" die subjektive Religion로 정의하였다. '주관적 종교'로서의 경건은 ① 하나님에 대한 인식 die Erkenntnis Gottes, ② 하나님에게 의존한 주관적 감정 subjektive Gefühl, ③ 하나님 뜻을 위한 포괄적인 헌신 Hingabe, 이 세 가지 차원으로 정리되었다.[88]

제1차 세계대전 이후 변증법적 신학의 영향으로 개신교 신학은 슐라이에르마허 이래로 각인된 '주관적인 경건'과 그러한 관점에서 형성된 사회적이고도 문화적인 모든 기독교 신앙 양태를 혹독히 비판하였다. 이를 계기로 한때 개신교회 신학에서 경건에 관한 관심은 뒷전으로 물러났다.

이처럼 20세기 초에는 변증법적 신학의 강력한 영향으로 경건에 대한 이야기를 할 수 없었으나, 제2차 대전 이후 비로소 '경건사' Frommigkeitsgeschichte에 대한 학문적인 연구가 본격화되기 시작했다.[89] 사람들은 영성에 대한 물음과 더불어 경건에 대해 언급하기 시작했으며, 경건의 형태와 관련해서도 다시금 관심을 두기 시작했다.

---

87 Friedrich Daniel Ernst Schleiermacher, *Der christliche Glaubenslehre, Zweite Auflage 1830/31* (Berlin: Walter de Gruyter, 2003), Bd. 1. § 4, s. 32. "Das Gemeinsame aller noch so verschiedenen Äußerungen der Frömmigkeit, wodurch diese sich zugleich von allen anderen Gefühlen unterscheiden, also das sich selbst gleiche Wesen der Frömmigkeit ist dieses, daß wir uns unsrer selbst als schlechthin abhängig, oder, was dasselbe sagen will, als in Beziehung zu Gott bewußt sind."

88 Uta Heil und Annette Schellenberg, "Vorwort," in *Frömmigkeit: Historische, systematisch und praktische Perspektiven* (Göttingen: V&R unipress, 2016), 8-9.

89 Trutz Rendtorff, *Christentum außerhalb der Kirche: Konkretionen der Aufklärung* (Hamburg: Furche-Verlag, 1969); Volker Drehsen, "Theologische Frömmigkeitsforschung?," in *Frömmigkeit: Gelebte Religion als Forschungsaufgabe*, hg. von Bernd Jaspert (Paderborn: Bonifatius, 1995), 45-63.

2. 20세기, 경건을 학문적인 연구대상으로 삼기 시작하다

19세기 말 종교사학파의 영향으로 개신교 신학사에서 비로소 '경건의 형태'가 학문적인 연구대상이 되었다. '교회사를 위한 경건사' Frömmigkeitsgeschichte를 학문적 연구대상으로 삼기 시작한 것이다.[90] 루터교회의 신학자로서 로스톡의 중세와 종교개혁 분야 교회사가였으며, 훗날 고백교회의 일원이기도 했던 요한네스 발터 Johannes Wilhelm von Walter, 1876-1940는 두 권으로 된 자신의 저서 『기독교 역사』 Geschichte des Christentums, 1932-1938에서 교회사를 '기독교 경건사' Frömmigkeitsgeschichte des Christentums로 이해하면서 경건을 교회사 발전을 위해 가장 중요한 요소로 삼았다. 하지만 그의 이러한 시도는 큰 주목을 받지 못했다. 그 이유는 1차 세계대전 이후, 칼 바르트와 변증법적 신학의 영향으로 경건 개념 경험, 체험, 내면성, 종교성 등등 자체에 대한 거부감이 있었기 때문이다.[91]

바르트는 그의 저서 『로마서 주석』 Römerbrief 제1판 1919에서 경건주의가 철저히 개인적인 회심, 개인적인 성화와 구원의 문제에 집중한 나머지 신학의 본질적 주제인 하나님과 계시에서 벗어나 인간 중심적인 신학을 펼쳤다고 규정했다.[92] 그 외에도 바르트는 『로마서 주석』 제2판 1922과 『19세기 개신교 신학』 Die protestantische Theologie im 19. Jahrhundert, 1947, 『교회 교의학』 Kirchliche Dogmatik, 1932-1967 등에서도 경건주의

90 Ulrich Köpf, "Frömmigkeitsgeschichte," in ⁴RGG Bd. 3 (Tübingen: Mohr Siebeck, 2000), 395.

91 위의 논문, 395.

92 Karl Barth, "Das Gesetz und der Pietismus," in Der Römerbrief (Zürich: EVZ-Verlag, 1919), 204-217.

에 대한 비판적인 시각을 산발적으로 드러냈다.

그런데 역사적 경건주의에 대한 당시 바르트의 비판은 '기독교경건사'에 관심을 갖고 있던 교회사가들에 의해서 곧바로 비판을 받았다. 이러한 비판에 따르면, 무엇보다도 바르트가 역사적 운동으로서의 경건주의를 다루는 데 있어서 경건주의의 일차자료에 근거하여 역사적으로 정당하게 평가하기보다는 이차자료에 의존하여 자신의 교의학적인 틀 속에서 경건주의를 평가하고 재단裁斷하였다는 것이다.[93] 사실 바르트가 자신의 글에서 언급한 경건주의는 17-18세기 역사 속에 등장한 슈페너, 프랑케, 친첸도르프, 벵엘 등의 경건주의자라기보다는 19세기에 전개된 신앙각성운동이었다.[94] 이런 맥락에서 한때 바르트의 조교였으며 바르트의 사상과 생애를 상세히 기술한 괴팅겐의 조직신학자 에버하르트 부쉬 Eberhard Busch, 1937-현재는 경건주의에 대한 바르트의 견해를 다음과 같이 평가했다: "바르트에게 있어서 경건주의는 19세기 신앙각성운동과 20세기 공동체 운동 Gemeinschaftsbewegung 을 의미했다. … 바르트는 몇몇의 경우를 제외하고 그의 전 생애를 통해 경건주의에 문을 열지 않았다. 바르트는 경건주의의 지지자는 아니었지만 불편한 친구 an inconvenient friend 이긴 했다."[95]

흥미롭게도 20세기 교회사가들이 경건을 학문적인 연구대상으로 주목하도록 자극한 것은 신학이 아닌 일반 역사학, 특히 민속학,

---

93 이성덕, "칼 바르트의 경건주의 비판에 대한 비판적 고찰," 「한국기독교신학논총」 제28집 (2003), 160.

94 Eberhard Busch, "Karl Barth and Pietism," in *Karl Barth and the Future of Evangelical Theology*, ed. by Christian T. Collins Winn and John L. Drury. (Eugene: Wipf and Stock Publishers, 2014), 20.

95 위의 책, 20.

문헌학, 예술학과 음악학 등의 분야였는데, 그중에서도 프랑스의 〈아날학파〉École des Annales였다.[96] 아날학파는 지금까지 거시적이고 추상적인 교리사와 역사철학 대신 인접 사회과학의 연구영역을 통합하여 소위 '일상성'에 주목함으로써 지금까지 잘 다루지 않던 일차자료의 영역을 확장했다.[97] 이러한 연구방법의 도움을 받아 교회사가들은 경건사 연구를 위해 '필요는 하나 지금까지 알려지지 않았거나 충분히 밝혀지지 않은' 일차자료들에 관심을 가지면서 학문적 연구를 본격화하였다.

일차자료의 확장으로 경건사는 개별 인물의 경건 형태와 공동체적인 경건 형태에 관한 현상을 연구대상으로 삼게 되었다. 개별 인물에 관한 경건 연구는 20세기 중반 이후 본격적으로 이루어졌는데, 이때 사용된 일차자료는 주로 그들이 저술한 저서와 더불어 자기 증언 일기, 편지, 개인기도, 자서전 – 생애와 초상화 등과 제3의 증거들이었다.[98] 동시에 이러한 경건 연구를 위해 '일차자료'에 대한 학문적인 편집 작업도 본격화되기 시작했다.

이러한 연구에 힘입어 제2차 세계대전 이후에 개신교 교회사가들 사이에서 다시금 경건사에 대한 관심이 생기기 시작했다. 특히 괴팅겐 대학의 종교개혁사 분야의 교회사가인 베른트 묄러Bernd Moeller, 1931-현재와 마르부르크 대학의 종교개혁사와 근대교회사 분야의 교회

---

96 〈아날학파〉라는 이름은 뤼시엥 페브르와 마르크 블로크가 1929년에 창간한 잡지 〈사회경제사연보〉(*Annales d'Histoire economique et sociale*)에서 붙여진 명칭이다. 이들은 독일의 역사학자 랑케의 전통적인 실증주의적 역사학, 정치사 위주의 역사 서술에 반대하여 인문지리와 사회학 등을 역사 서술에 접목시켰다. ※ 참고: 김응종, 『아날학파의 역사세계』(서울: 아르케, 2001), 19-32.

97 Ulrich Köpf, "Frömmigkeitsgeschichte," 395.

98 위의 논문, 396.

사가인 빈프리드 젤러Winfried Zeller, 1911-1982, 에어랑겐의 후기 중세와 종교개혁사 분야의 교회사가인 베른트 함Berndt Hamm, 1945-현재 등이 종교개혁사와 경건주의를 포함한 초기 근대사를 연구하며 경건에 관한 학문적 연구를 본격적으로 펼치기 시작했다.[99] 특히, 젤러는 개신교회 역사에서 1600년경을 소위 "경건 위기"Frömmigkeitskrise의 시기로 규정하였다.[100] 그에 의하면 17세기는 교리논쟁이 치열했던 정통주의 시대인 동시에 설교문, 경건 서적, 기도 서적, 찬송가, 영적 서사시 등의 서적들이 무수히 출판된 소위 '경건의 르네상스 시기'였다. 그래서 젤러는 개신교 신학에서 그동안 관심을 두지 않았던 '경건의 형태'를 학문적인 연구의 대상으로 여겨 "경건 서적, 기도 서적, 근대에 이루어진 설교문, 찬송가, 교회 음악, 영적 서사시 등 소위 '경건의 역사' 속에 나타난 문헌들"을 신학 연구의 주요 대상으로 삼았다.[101] 이러한 연구를 통해 젤러는 경건사를 신학사와 교리사와 함께 교회사의 주요 연구대상으로 끌어올렸다.

오늘날 독일어권에서 활발히 진행되고 있는 경건주의에 관한 연구도 이런 맥락이라 볼 수 있다. 쿠어트 알란트Kurt Aland, 1915-1994, 마르틴 슈미트Martin Schmidt, 1909-1982, 에어하르트 페쉬케Erhard Peschke, 1907-1996, 오스카 쇙겐Oskar Söhngen, 1900-1983, 콘라드 고트쉬크Konrad Gottschick, 1913-2012, 게르하르트 쉐퍼Gerhard Schäfer, 1923-2003 등의 학자들이 주도하여 1964년 〈경건주의 연구를 위한 역사위원회〉Historische Kommission zur Erfor-

---

99 위의 논문, 395.
100 Winfried Zeller, *Theologie und Frömmigkeit: Gesammelte Aufsätze* (Marburg: Elwert, 1978), 1-13.
101 박정근, 『신학 교육 개혁과 교회 갱신』(서울: CLC, 2017), 38.

schung des Pietismus를 설립하여 소위 '경건주의 연구의 르네상스'를 이끌었다. 그 결과 오늘날 경건주의 학자들Martin Brecht, Hans Schneider, Klaus Deppermann, Ulrich Gäbler, Gustav Adolf Benrath, Hans-Jürgen Schrader etc.은 대체로 역사적 경건주의를 잉글랜드의 청교도주의 내에 존재하던 경건주의에서 시작하여 개혁교회, 특히 네덜란드 개혁교회의 경건주의를 거쳐, 독일의 루터교회 경건주의에서 하나의 '개혁운동'으로 확장된 것으로 이해하고 있으며, 19-20세기의 대각성운동과도 연속성과 불연속성을 가진 종교개혁 이후 개신교의 가장 중요한 종교적 운동으로 이해하고 있다.[102]

이처럼 20세기 중엽부터 본격적으로 경건을 학문적으로 연구하기 시작하면서 변증법적 신학에서처럼 경건을 단지 '완고한 율법주의' '금욕주의' '신비주의' 등과 비슷한 맥락으로 이해하여 신학적으로 규정한 지금까지의 신학사 서술에 '수정'을 요구하고 있다.

---

102 Martin Brecht, "Einleitung," in *Geschichte des Pietismus: Das 17. und frühe 18. Jahrhundert, Bd. 1*, hg. von Martin Brecht (Göttingen: Vandenhoeck & Ruprecht, 1993), 5. 한편, 역사적 경건주의를 17-18세기로 한정 짓고 있는 요한네스 발만(Johannes Wallmann)은 경건주의를 포괄적으로 서술하려는 입장에 반대하고 있다.

V. 나오는 말

19세기의 역사가 야코프 부르크하르트 Jacob Burckhardt, 1818-1897 는 문화사적 시각에서 중세 사람들의 종교적 삶과 문화를 연구하며 다음과 같은 말을 남겼다.

> 물론 우리가 중세를 동경해야 한다는 것이 아니라 이해해야 한다는 것이다. 오늘날 우리의 삶은 비즈니스지만, 당시[중세]의 삶은 여기 있음[존재]이었다. Freilich handelt es sich nicht darum, uns ins Mittelalter zurückzusehnen, sondern um das Verständnis. Unser Leben ist ein Geschäft, das damalige war ein Dasein. **103**

삶 자체가 종교였던 중세 사람들은 영혼 구원을 위해 매일매일 기도와 예배를 드리며, 고해성사나 각종 성례전에 참여하고, 마리아 숭배와 성인숭배, 심지어는 죽음을 무릅쓰고서라도 성지순례를 하였다. 종교개혁시대와 17-18세기의 개신교인들에게 있어서도 종교는 삶에서 가장 중요한 요소였다. 그래서 그들은 창조자요 구원자이신 하나님을 보다 온전히 알고자 성경에 집중했고, 구원의 확신과 은혜의 기쁨을 누리고자 성경 연구에 집중하였고, 핍박과 박해 속에서도

---

103 Jacob Burckhardt, *Weltgeschichtliche Betrachtungen*, 안인희 옮김, 『세계 역사의 관찰』(서울: 휴머니스트, 2010), 109.

경건서적을 탐독하며 철저한 경건 생활을 실천하였다. 또한 '경건 모임'을 이루어 교회와 사회의 개혁에 헌신하였으며, 그 열정으로 미지의 세계로 나아가 선교의 삶을 살았다. 그들이 추구한 경건과 경건한 삶은 철저히 '하나님과의 관계'Gottesbeziehung가 중심에 놓여 있었다. 구원자 하나님께 대한 확신에 찬 믿음과 하나님과의 진지한 관계를 갖고 있는 사람의 실천 속에서 표현되어 나타난 것이 바로 경건이었다.[104]

하지만, 오늘날 우리는 하나님보다는 '나' 자신과 관계를 맺고 있는 '사회'를 보다 중요하게 여기는 문화 속에서 살고 있다. 그래서 경건 이해도 '세계와의 관계'Weltbeziehung를 떼어놓고 생각할 수는 없다. 세상을 바라보는 세계관과 삶의 가치가 변했다. 사람들은 이 세상을 더 이상 '잠시 머무는' 임시 장소로 생각하지 않는다. '현세를 살아가는 영성'이라는 표현이 오늘을 사는 신앙인들에게 더욱 친근하게 다가오고 있는 시대다. 이런 맥락에서 오늘날에는 먼데 있는 사람과 가까이 있는 사람들과의 평화를 위해 노력하는 사람, 믿음을 통한 감동으로 정치적 평화를 위해 노력하는 사람, 도와주는 삶에 책임의식을 갖고 자신의 몫을 타인과 나누는 사람을 일컬어 경건하다고 한다.[105]

21세기를 살아가는 신앙인에게는, 이렇게 변화된 세계 속에서 신앙인으로서 추구해야 할 경건성이 또 하나의 '일 또는 비즈니스'Geschäft가 되어 신앙생활에 율법적 부담이나 굴레로 다가오지 않도

---

104 Manfred Seitz, "Frömmigkeit II: Systematisch-theologisch," 679.
105 위의 논문, 677-678.

록 개신교적인 경건 이해의 핵심을 먼저 깨닫는 것이 무엇보다 중요하다. 동시에 시대가 바뀌고 세계관과 삶의 가치가 변하면서 경건의 모양이 다변화되었다 해도, 변하지 않는 하나님의 말씀과 그 안에 담겨 있는 '경건성' 자체는 예나 지금이나 우리에게 지속적으로 영향을 주고 있음을 아는 것 또한 중요하다. 그러기에 오늘을 살아가는 신앙인은 경건의 보화를 발견할 수 있는 '성경'에 더욱 집중할 필요가 있다고 여겨진다.

　　4차 산업혁명 시대를 맞이하여 지식의 보편화가 이루어지면서 지식의 가치가 급격히 하락하고 있다. 지식 중심의 교육은 점점 설 자리를 잃어가고 있는 반면, 기계가 학습하지 못하는 고도의 지혜가 인간 최대의 경쟁력으로 부각되고 있다. 창의력을 기반으로 하는 인간 고유의 직관, 통찰, 감성의 종합적 사고를 기르는 것이 중요한 시대이다.[106] 그러기에 경건 생활과 더불어 경건 교육이 오늘날 더욱 중요한지도 모르겠다. 〈코비드 19〉 이후 비대면이 더욱 강화되는 오늘날 개인과 가정 중심의 경건 생활과 경건 교육이나 가족에 준하는 소그룹 형태의 경건 모임이 더욱 중요해지고 있다. 앞에서 살펴본바 개신교적 경건 이해의 전통에서 가장 핵심에 놓여 있는 것은 복음적인 성경 이해였다. 이를 위해 교회와 신학교에서는 성경을 중심에 놓고 예배드리며 설교하였고, 성경을 가르쳤고, 성경에서 가르친 복음을 간결하게 요약한 교리를 가르쳤다. 그 결과 설교가 발달하여 설교집이 나

106　이상조, "다시 돌아보는 종교개혁자의 교육사상," 「교육교회」 2017년 10월호 (서울: 장로회신학대학교 기독교교육연구원, 2017), 17.

왔으며, 성경연구에 그토록 집중해 다양한 교리서와 성경연구서가 등장했고, 성경에서 제시한 복음적 삶을 살고자 대량의 경건서적이 출간되었다. 이러한 도구를 이용해서 신자들은 개별적으로, 혹은 가정에서 가족과 함께 경건 생활을 실천했고, 자발적으로 '경건 모임'을 만들어 교회와 사회를 개혁하고자 노력하였다. 이와 비슷한 노력이 오늘을 살아가는 우리에게도 필요함을 경건의 역사는 말해 주고 있다.

참고문헌

김경재. 『그리스도인의 영성 훈련』. 서울: 대한기독교서회, ²1990.

김덕영. 『루터와 종교개혁: 근대와 그 시원에 대한 신학과 사회학』. 서울: 도서출판 길, 2017.

김은진. "슈페너의 교회 개혁을 위한 'ecclesiola in ecclesia'의 실재로서의 'collegium pietatis'." 「역사신학논총」 제17집 (2009), 9-30.

김응종. 『아날학파의 역사세계』. 서울: 아르케, 2001.

박경수. "스코틀랜드 『제1치리서』에 나타난 장로교회 정치체제의 근간." 「신학논단」 제97집 (2019. 9), 41-70.

박정근. 『신학 교육 개혁과 교회 갱신』. 서울: CLC, 2017.

이상조. "16-17세기 비텐베르크 대학의 신학교육의 역사적 전개 과정과 교회에 미친 영향 연구 - 교과과정, 교재, 교수들의 성향을 중심으로." 「장신논단」 제44-4집 (2012), 111-137.

이상조. "17세기 루터교 정통주의 루터상(Lutherbild)의 역사적 발전 과정." 「한국기독교신학논총」 제76-1집 (2011), 97-118.

이상조. "다시 돌아보는 종교개혁자의 교육사상." 「교육교회」 2017년 10월호. 서울: 장로회신학대학교 기독교교육연구원, 2017, 10-17.

이성덕. "칼 바르트의 경건주의 비판에 대한 비판적 고찰." 「한국기독교신학논총」 제28집 (2003), 151-172.

장흥길. "신약성경에 나타난 경건." 「장신논단」 제17집 (2001. 12), 30-48.

주도홍. 『개혁교회 경건주의』. 서울: 도서출판 대서, 2011.

최용준. "데보티오 모데르나(Devotio Moderna) 운동에 관한 역사적 고찰." 「신앙과 학문」 제24집 (2019), 29-60.

A Kempis, Thomas. *De Imitatio Christi*. 구영철 옮김. 『그리스도를 본받아』. 서울: 가이드포스트, 2011.

Althaus, Paul. *The Theology of Martin Luther*. 이형기 옮김. 『루터의 신학』. 서울: 크리스챤다이제스트, 2001.

Arnold, Gottfried. "Vorbericht." in *D. Martin Lutheri / Kirchen-Postille, / das ist, / Auslegung / Der / Episteln und Evangelien / auf alle Sonntage und Feste / durchs gantze Jahr [...]*. Leipzig: Thomas Fritschen, 1710, §3.

Barth, Karl. *Briefe 1961-1968*. Zürch: Theologischer Verlag, 1975.

Basse, Michael. *Von den Reformkonzilien bis zum Vorabend der Reformation*, in *Kirchengeschichte in Einzeldarstellungen II/2*. 홍지훈, 이준섭 옮김. 『개혁공의회부터 종교개혁 전야까지』. 천안: 호서대학교출판부, 2015.

Bauer, Walter. "εὐσέβεια." in *Griechisch-deutsches Wörterbuch zu den Schriften des Neuen Testaments und der übrigen urchristlichen Literatur*. Berlin: Walter de Gruyter, ⁵1971.

Brecht, Martin. "Einleitung." in *Geschichte des Pietismus: Das 17. und frühe 18. Jahrhundert, Bd. 1*. hg. von Martin Brecht. Göttingen: Vandenhoeck & Ruprecht, 1993.

_____. *Martin Luther. Bd.2: Ordnung und Abgrenzung der Reformation 1521-1532*. Stuttgart: Calwer Verlag, 1986.

Burckhardt, Jacob. *Weltgeschichtliche Betrachtungen*, 안인희 옮김. 『세계 역사의 관찰』. 서울: 휴머니스트, 2010.

Busch, Eberhard. "Karl Barth and Pietism." in *Karl Barth and the Future of Evangelical Theology*. (Ed.) Christian T. Collins Winn and John L. Drury. Eugene: Wipf and Stock Publishers, 2014, 20-44.

_____. *Karl Barth und die Pietisten: die Pietismuskritik des jungen Karl Barth und ihre Erwiderung*. Munchen: Kaiser, 1978.

Drehsen, Volker. "Theologische Frömmigkeitsforschung?." in *Frömmigkeit: Gelebte Religion als Forschungsaufgabe*. (Hg.) Bernd Jaspert. Paderborn: Bonifatius, 1995, 45-63.

Fahlbusch, Erwin. "Piety." in *The encyclopedia of Christianity*. 224.

Georges, Karl Ernst. (ed.). "Pietas." in *Ausführliches Lateinisch-deutsches Handwörterbuch*. Basel/Stuttgart: Schwabe & Co. Verlag, 1967, Bd. 2, 1702-1703.

Glare, P. G. W. "Pietas." in *Oxford Latin Dictionary*. Oxford: Oxford at the Clarendon Press, 1985, 1378.

Göggel, Emil. "Heiligen- und Reliquienverehrung im Mittelalter." in *Unser Münster: Breisacher Stadtpatrone Gervasius und Protasius*. Breisach: Münsterbauverein Breisach e.V., 2014.

Greschat, Hans-Jürgen. "Frömmigkeit I: Religionsgeschichtlich." in *TRE* 11 (1983), 671-674.

Schneider, Hans. "Johann Arndts Vier Bücher von wahren Christentum offene Fragen der Quellen- und Redaktionskritik." in *Der fremde Arndt: Studien zu Leben, Werk und Wirkung Johann Arndts (1555-1621). AGP 48*. Göttingen: Vandenhoeck & Ruprecht, 2006.

Heil, Uta und Schellenberg, Annette. "Vorwort." in *Frömmigkeit: Historische, systematisch und praktische Perspektiven*. Göttingen: V&R unipress, 2016.

Holze, Heinrich. *Die abendländische Kirche im hohen Mittelalter (12./13. Jahrhundert).* in *Kirchengeschichte in Einzeldarstellungen I/12.* 최영재, 권진호, 황훈식 옮김. 『중세 전성기의 서방 교회』. 천안: 호서대학교출판부, 2015.

Kant, Immanuel. *Die Religion innerhalb der Grenzen der blossen Vernunft.* 백종현 옮김. 『이성의 한계 안에서의 종교』. 서울: 아카넷, 2011.

Kieckhefer, Richard. "중세 후기 헌신운동의 주요흐름." in (Ed.) Jill Raitt, Bernard McGinn, John Meyendorff, *Christian Spirituality: High Middle Ages and Reformation.* 이후정·엄성옥·지형은 옮김. 『기독교 영성(II)』. 서울: 은성출판사 2004.

Koch, Ernst. *Das konfessionelle Zeitalter - Katholizismus, Luthertum, Calvinismus (1563-1675).* in *Kirchengeschichte in Einzeldarstellungen 2/8.* 이성덕·이상조 옮김. 『교파주의 시대: 가톨릭주의, 루터교, 칼빈주의(1563-1675)』. 천안: 호서대학교 출판부, 2015.

Köpf, Ulrich. "Frömmigkeitsgeschichte." in *4RGG* Bd. 3. Tübingen: Mohr Siebeck, 2000, 395-398.

Küng, Hans. *Die Kirche.* 정지련 옮김. 『교회』. 서울: 한들출판사, 2007.

Leclercq, Jean. 이마르띠노 옮김. "전례와 관상." 『코이노니아 선집 5: 기도와 전례』. 칠곡: 분도출판사, 2004, 244-262.

Lohse, Bernhard. *Luthers Theologie in ihrer historischen Entwicklung und in ihrem systematischen Zusammenhang.* Göttingen: Vandenhoeck & Ruprecht, 1995.

Luther, Martin. *D. Martin Luthers Werke. Kritische Gesamtausgabe (Weimarer Ausgabe).* 7; 10; 19; 38; 50.

Mcgrath, Alister. *Roots that Refresh: A celebration of Reformation Spirituality.* 박규태 옮김. 『종교개혁시대의 영성』. 서울: 좋은씨앗, 2005.

Meyer, Dietrich. "Zinzendorf und Herrnhut." in *Geschichte des Pietismus: Der Pietismus im 18. Jahrhundert, Bd. 2.* (Hg.) Martin Brecht. Göttingen: Vandenhoeck & Ruprecht, 1995.

Olsen, Roger E. *Reclaiming Pietism.* Grand Rapids, Michigan Cambridge: William B. Eerdmans Publishing, 2015.

Pacik, Rudolf. "Mysterienspiel statt Feier der Gemeinde. Liturgie im Mittelalter." in *Welterfahrung und Welterschließung in Mittelalter und Früher Neuzeit.* (Hg.) Anna Kathrin Bleuler. Heidelberg: Universitätsverlag Winter, 2016.

Rendtorff, Trutz. *Christentum außerhalb der Kirche: Konkretionen der Aufklärung.* Hamburg: Furche-Verlag, 1969.

Schleiermacher, Friedrich Daniel Ernst. *Der christliche Glaubenslehre, Zweite Auflage 1830/31.* Berlin: Walter de Gruyter, 2003, Bd. 1. § 4.

Schwarz, Reinhard. *Luther*. Göttingen: Vandenhoeck & Ruprecht, 42014.

Seitz, Manfred. "Frömmigkeit II: Systematisch-theologisch." in *Theologische Realen-zyklopädie* 11 (1983), 674-683.

Simpson, H. W. "Pietas in the Institues of Calvin." in *Our Reformational Tradition : A Rich Heritage and Lasting Vocation*. Potchefstroom: Potchefstroom University for Christian Higher Education, 1984, 179-191.

Sommer, Wolfgang. "Frömmigkeitsgeschichte im Spiegel von Theologie und Ges-chichtswissenschaften. in *Historiographie und Theologie. Kirchen- und Theo-ologiegeschichte im Spannungsfeld von geschichtswissenschaftlicher Methode und theologischem Anspruch*. Hgg. von Wolfram Kinzig, Volker Leppin und Grünther Wartenberg. Leipzig: Evangelische Verlagsanstalt, 2004.

Sparn, Walter. "Frömmigkeit II: Fundamentaltheologisch." in *4Religion in Geschichte und Gegenwart*, Bd. 3, 389-390.

Spener, Philipp Jakob. *Pia Desideria*. (Hg.) Kurt Aland. 3 Auflage 1964. Berlin: Verlag Walter de Gruyter & Co, 1964.

_____. *Pia Desideria*. 모수환 옮김. 『경건한 열망』. 서울: 크리스챤다이제스트, 2002.

_____. Pia Desideria. 이성덕 옮김. 『피아 데시데리아』. 대전: 배재대학교출판부, 2017.

Steidle, P. Basilius. (ed.). *Die Benediktusregel: Lateinisch-Deutsch*. Kapitel 8-16. Beuron: Beuroner Kunstverlag, 1980.

Streiff, Patrick. "Der Methodismus bis 1784/1791." in *Geschichte des Pietismus: Der Pietismus im 18. Jahrhundert, Bd. 2*. (Hg.) Martin Brecht. Göttingen: Van-denhoeck & Ruprecht, 1995.

Vogt, Peter. "Nicholas Ludwig von Zinzendorf (1700-1760)." in *The Pietist Theolo-gians*. (Ed.) Carter Lindberg. 이은재 옮김. "니콜라스 루트비히 폰 진젠도르프(1700-1760)." 『경건주의 신학과 신학자들』. 서울: 기독교문서선교회, 2009.

Von Loewenich, Walther. *Luther's Theology of the Cross*. 박호용 옮김. 『마르틴 루터: 그 인간과 그의 업적』. 서울: 성지출판사, 2002.

Wallmann, Johannes. *Philipp Jakob Spener und die Anfänge des Pietismus*. Tübingen: Mohr Siebeck, 21986.

_____. *Der Pietismus*. Göttingen: Vandenhoeck & Ruprecht, 2005.

Weigelt, Horst. "Die Diasporaarbeit der Herrnhuter Brüdergemeine." in *Geschichte des Pietismus: Der Pietismus im 19. und 20. Jahrhundert, Bd. 3*. (Hg.) Ulrich Gäbler. Göttingen: Vandenhoeck & Ruprecht, 2000.

Weiler, Anton G. "Gerhard Grote." in *TRE* 14 (1986), 274-277.

Zeller, Winfried. *Theologie und Frömmigkeit: Gesammelte Aufsätze.* Marburg: Elwert, 1978.

Zschoch, Hellmut. *Die Christenheit im Hoch- und Spätmittelalter.* Göttingen: Van-denhoeck & Ruprecht, 2004.

8장

✿

개혁교회 청교도 전통의 경건훈련

김정형 교수, 연구지원처

I . 서론: 경건훈련에 대한 개혁전통의 헌신

개혁전통의 한국교회 그리스도인들 가운데 상당수에게는 최근 유행하는 '영성'이라는 말이 여전히 낯설게 다가올 것이다. 하지만 그와 비슷한 개념이 개혁전통에 전혀 없었던 것은 아니다. "개혁주의 전통에서, '영성'을 의미하는 단어로 가장 일반적으로 사용된 것은 '경건'이라는 말이다."[1] '영성'과 같은 의미를 같지만 다른 표현인 '경건'을 생각하면, 개혁전통은 다른 어떤 전통보다도 경건에 헌신한 기독교 전통이다.

이 글에서 필자는 17세기 청교도 전통의 경건훈련을 중심으로 개혁전통의 경건훈련에 대한 개괄적인 이해를 도모한다. 이를 위해 우선 개혁교회 전통의 일반적인 특징을 선별적으로 살펴보고 각 특징이 경건훈련에 대해 가지는 함의를 분석하면서, 경건의 훈련에 있어 개혁전통의 가능성과 한계를 보다 객관적으로 이해하려고 시도할 것이다. 이어서 17세기 경건훈련의 대표적인 청교도 사상가 두 사람 — 루이스 베일리와 리차드 백스터 — 의 경건훈련을 자세하게 들여다보면서, 개혁전통의 경건훈련의 구체적인 특징을 살펴볼 것이다.

---

[1] Howard Rice, *Reformed Spirituality*, 황성철 옮김, 『개혁주의 영성』(서울: 기독교문서선교회, 1995), 58.

II. 개혁교회 전통의 특징: 경건훈련에 대한 함의(한계/가능성)를 중심으로

종교개혁에 뿌리를 내리고 있는 개혁교회 전통은 동방정교회나 로마가톨릭교회 혹은 다른 개신교회와 구분되는 여러 가지 독특한 특징을 갖고 있다.[2] 그중에서 아래 열한 가지 항목은 경건훈련과 관련해서 중요한 함의들을 갖고 있다.

1. 하나님의 영광

하나님의 영광에 대한 개혁전통의 강조는 인생을 목적을 하나님께 영광을 돌리는 것에서 찾는 데서 두드러지게 드러난다. 하나님의 영광에 대한 강조는 다른 기독교 전통에서 흔히 발견되는 인간 중심, 인간 구원 중심의 편협한 신학적 이해를 극복하는 데 큰 장점이 된다. 반면 인간의 고유한 능력과 책임과 고유한 가치가 상대적으로 평가절하될 위험이 상존한다.

---

2 개혁전통의 일반적인 특징에 관해서는 다음 글들을 참고하라. 총회교육자원부, 『개혁교회의 역사와 신학』(서울: 한국장로교출판사, 2004), 454-462; 총회교육부, 『16세기 종교개혁과 개혁교회의 유산』(서울: 한국장로교출판사, 2003), 393 이하; John Reith, *An Introduction to the Reformed Tradition*, 오창윤 옮김, 『개혁주의란 무엇인가』(서울: 풍만, 1989), 제3장; Rice, 『개혁주의 영성』 서론.

2. 하나님의 주권/예정/은혜

비슷한 맥락에서 하나님의 주권과 은혜와 예정에 대한 개혁전통의 강조는 하나님의 초월적 자유를 확보하는 데 장점이 있지만 인간의 자유의지와 책임의 문제를 설명하는 데 있어 다소간 어려움을 안고 있다.

3. 인간의 피조성/죄성/전적 타락

인간의 피조성과 죄성에 대한 강조, 특히 인간의 전적 타락에 대한 개혁전통의 강조는 오직 은혜로 말미암는 구원에 대한 이해, 행위 구원의 가능성에 대한 원천적 배제 등 큰 장점이 있는 반면, 인간이 스스로 할 수 있는 일이 거의 없다는 인상을 주어 성화의 노력을 위한 동기를 약화시킬 가능성이 다분하다.

4. 완전한 구원 거부, 종말론적 유보

비슷한 맥락에서 이 세상에서 완전한 구원의 불가능성 및 완전한 구원의 종말론적 유보에 대한 개혁전통이 강조 역시 궁극적으로 완성에 이를 수 없는 이 땅에서의 성화 노력이 과연 어떤 의미에서 필요한지에 대한 회의를 불러일으킬 위험이 있다.

5. 칭의, 오직 은혜, 오직 믿음

오직 은혜, 오직 믿음으로 말미암는 칭의에 대한 개혁전통의 강조는 종교개혁을 통해 재발견한 복음의 핵심 진리를 포착하는 장점이 있는 반면, 하나님의 은혜가 값싼 은혜로 전락해 그리스도인들의 방종한 삶을 허용하거나 유도할 위험이 있다.

6. 칭의와 성화, 율법의 제3사용, 엄격한 치리/권징

루터교회 전통과 달리 개혁전통은 개인의 구원에 있어 칭의뿐 아니라 성화를 강조하고, 이와 관련해서 율법의 제3사용의 관점에서 훈련을 강조하며, 엄격적 치리와 권징을 실시하는 특징이 있다. 하지만 이것은 자칫하면 율법주의에 쉽게 빠져될 위험이 있다. 이 점에서 성화의 필요성, 율법의 제3사용, 엄격한 치리와 권징에 대한 강조는, 앞서 언급했던 오직 은혜, 오직 믿음으로 말미암는 칭의에 대한 강조와 적절하게 균형과 조화를 이룰 필요가 있다.

7. 주입된 은혜, 행위구원, 공로주의 거부

칭의에 있어 하나님의 은혜가 신자에게 주입된다는 가톨릭 교리를 거부하고 행위 구원의 가능성을 배제하며 공로주의를 배척하는 개혁전통의 신학적 특징은, 한편으로 하나님의 주권적 은혜와 자유를 올바르게 보존하는 장점이 있는 반면, 습성이나 성품이나 미덕을 함

양하려는 노력의 중요성을 경시하고나 업신여길 가능성이 있다.[3]

8. 교회조직/공동체성에 대한 강조, 공동체적 경건/영성

개혁교회는 교회조직과 공동체성을 강조하는 특징이 있고, 개혁전통의 경건은 공동체적 경건의 특징을 가진다. 이것은 개인주의가 만연한 시대에 올바른 경건훈련을 위한 귀중한 유산이 될 수 있는 반면, 공동체적 경건을 지나치게 강조하면서 개인 경건훈련을 소홀하게 다룰 가능성이 있다는 사실을 늘 유념할 필요가 있다.

9. 사회 변혁에 대한 관심, 사회적 경건/영성

비슷한 맥락에서 일찍부터 교회 개혁뿐 아니라 사회 변혁에 많은 관심을 갖는 '세계 형성적 기독교'[4]의 모습을 가진 개혁전통은, 사회에 대한 지나친 관심으로 인해 자칫하면 개인적 차원의 경건에 소홀할 수 있다.

10. 성경공부, 설교 등 지적 활동 강조

개혁전통은 다른 기독교 전통보다 성경공부와 설교 등 지적 활

---

3 현요한, 『신학은 하나님 배우기: 신학, 영성, 실천의 재연합』(서울: 대한기독교서회, 2011), 213 참고.
4 Nicholas Wolterstorff, *Until Justice and Peace Embrace*, 홍병룡 옮김, 『정의와 평화가 입 맞출 때까지』(서울: IVP, 2007), 21.

동을 강조하는 특징을 가진다. 이것은 개혁전통 안에서 신학적 사고가 고도로 발달할 수 있는 밑거름이 되기도 했지만, 다른 한편으로 감성에 대한 거부감을 암암리에 내포하고 있는 한편, 지적 활동이 가능한 중산층 계급을 대변하는 전통의 한계 안에 갇힐 위험이 있다.[5]

11. 검소, 절제, 낭비 정죄

마지막으로 검소와 절제를 강조하고 낭비를 정죄하는 개혁전통의 검소한 삶의 정신은 신자들의 근면성실한 삶을 부추기는 장점이 있는 반면, 생산활동 외 다른 활동예를 들어, 기도와 말씀 묵상 등에 시간을 사용하는 데 대해 부정적인 편견을 조장할 위험이 있다.

III. 개혁전통 경건훈련의 모범 사례(1)
— 루이스 베일리의 경건훈련

루이스 베일리Lewis Bayly, ?-1631는 17세기 초 제임스 1세 왕의 궁정 목사를 역임한 영국 성공회 주교로서, 청교도적 신념을 고수하는 것으로 인해 왕실을 탄압을 받기도 했다. 그의 책 『경건의 훈련』The

---

5 Rice, 『개혁주의 영성』, 62-63, 70 이하 참고.

*Practice of Piety*는 경건훈련에 관한 대표적인 청교도 작품 중 하나로 소개된다.[6]

　루이스 베일리에 따르면, 경건의 훈련은 세 가지로 구성된다. 첫째는 하나님의 본질과 속성을 아는 것이고, 둘째는 자신의 상태에 대해 아는 것이고, 셋째는 삶으로 하나님께 영광을 돌리는 것이다. 베일리는 하나님을 아는 참된 지식이 없거나 자신의 상태에 대한 바른 지식이 없다면, 참된 경건을 있을 수 없다고 주장한다. 다시 말해, "하나님의 위엄과 인간의 비참함에 대한 지식"은 "경건의 훈련의 처음이자 가장 중요한 근거"이다.[7]

> 사람이 하나님을 참되게 알지 못한다면, 그는 하나님을 바르게 예배할 수도 없고 예배하려고 하지도 않을 것이다. 사람이 어떻게 알지도 못하는 하나님을 사랑할 수 있겠는가? … 자신의 본성이 비참한 상태에 있다는 것을 알지 못하는 사람이 어떻게 은혜로 인한 치유를 구할 수 있겠는가?[8]

　이러한 문제의식에서 베일리는 경건의 훈련에 대해 본격적으로 서술하기 전에 먼저 (a) 하나님의 본질과 속성에 대해서, (b) 그리

6　Lewis Bayly, *The Practice of Piety: Directing a Christian How to Walk, That He May Please God* (Garsington: Benediction Books, 2009). 이 책의 초판은 1611년에 출간된 것으로 알려져 있으며, 원문은 https://ccel.org/ccel/bayly/piety.html (2020년 6월 15일 접속)에서 확인이 가능하다. 최근 이 책의 일부가 한글로 번역되어 출간되었다. Lewis Bayly, 조계광, 안보헌 옮김, 『청교도에게 배우는 경건』(서울: 생명의 말씀사, 2002). 이 책은 경건훈련의 전체 내용 중에서 개인 경건에 관한 부분을 발췌해서 소개하고 있다.

7　Bayly, *The Practice of Piety*, 28.

8　Bayly, *The Practice of Piety*, 28.

스도 안에서 하나님과 화해하지 못한 인간의 비참한 상태와, 그리스도 안에서 하나님과 화해한 그리스도인의 상태에 대해서, 그리고 (c) 죄인이 경건의 훈련을 하지 못하게 방해하는 장애물들에 대해서 설명한다. 이어서 경건의 훈련에 대한 본격적인 서술은 모두 16개의 항목으로 구분되어 있지만, 크게 보면 (d) 개인의 경건훈련, (e) 가정의 경건훈련, (f) 교회의 경건훈련, (g) 질병과 죽음 앞에서의 경건훈련 등 네 영역에서의 경건훈련을 상세하게 기술하고 있다.

1. 하나님을 아는 지식

베일리는 하나님을 바르게 아는 지식이 하나님께서 기뻐하시는 경건한 삶의 출발점이라는 점을 강조한다. 하나님을 아는 지식에 관한 베일리의 논의는 크게 하나님의 본질에 대한 것과, 하나님의 속성에 대한 것으로 나뉜다.[9] 하나님의 본질에 관해서 그는 삼위 하나님의 이름, 삼위 하나님의 순서, 삼위 하나님의 내적·외적 행위 등을 설명한다. 하나님의 속성에 관해서는 명목상의 속성과 실제적인 속성을 나누어 다룬다. 전자^{명목상의 속성}는 하나님의 본질과 관련된 속성, 동일한 신성을 지니신 삼위 하나님과 관련된 속성, 하나님의 고유한 사역과 관련된 속성 등 세 가지로 나누어진다. 그리고 후자^{실제적인 속성}는 단순성과 무한성, 편재성과 불변성과 영원성 등 절대적 속성과, 생명, 지성,

---

9   아래 내용은 Bayly, 『청교도에게 배우는 경건』, 19-55 참고.

의지, 능력 위엄 등 상대적 속성으로 나뉜다. 어떤 사람들에게는, 이처럼 추상적으로 들릴 수 있는 신학적 설명이 경건훈련에 관한 책의 가장 앞부분에 위치한다는 사실이 다소 생소하게 느껴질 수 있을 것이다. 하지만 베일리에게 이것은 매우 중요한 함의를 지니고 있다.

베일리에 따르면, "경건한 삶을 살고자 하는 신자들은 누구나 하나님에 관한 진리를 알아야 하고 반드시 믿어야" 한다.[10] 왜냐하면, 하나님에 관한 지식은 참되고 유일하신 하나님을 모든 거짓 신과 우상으로부터 구별할 수 있는 분별력을 주고, 하나님을 경외하는 마음을 불러일으키며, 하나님의 거룩한 속성들을 모방함으로써 그분의 형상을 닮아가게 하고, 기도나 묵상을 할 때 하나님에 관한 올바른 생각을 갖게 하기 때문이다.

또한 베일리에 따르면, 하나님을 진정으로 알게 되면, 하나님을 경외하게 되고, 하나님을 신뢰하게 되며, 하나님을 사랑하게 되고, 하나님을 찬양하게 된다. 말하자면, 하나님을 진정으로 알게 된 사람은 믿음과 행위가 일치하는 삶을 살 수 있게 된다. 따라서 참된 경건을 위해 하나님을 아는 지식은 반드시 필요하다.

2. 인간을 아는 지식

하나님을 아는 지식에 이어 베일리는 인간을 아는 지식을 강조

---

10   Bayly, 『청교도에게 배우는 경건』, 55-56.

한다. 인간에 관한 베일리의 논의는 크게 타락한 인간의 모습에 대한 논의와 거듭난 신자의 모습에 대한 논의로 나누어지는데, 두 부분의 논의는 극명한 대조를 이루고 있다. 베일리에 따르면, 아담과 하와의 타락 이후 거듭나지 못한 모든 인간은 비참한 운명을 피할 수 없다. 베일리는 타락한 인간은 "세상에서 육체와 영혼이 고초를 겪을 뿐 아니라['세상에서의 비참한'] 죽는 순간에도 고난을 당하고['죽는 순간의 비참한'], 사후에는 지옥에서 고통을" 당한다['사후의 비참함'].[11] 반면, 그리스도의 은혜로 거듭난 신자는 "세상에서나, 죽는 순간이나 사후에도 축복받는 삶을" 산다.[12]

베일리는 타락한 인간의 운명과 거듭난 신자의 운명 사이의 극명한 차이를 강조함으로써, 경건에 힘쓰는 삶의 필요성을 역설한다. 베일리에 따르면, 천사나 짐승이나 다른 모든 피조물과 달리 인간은 자신의 행동에 대해 책임을 져야 하는 특별한 존재로 만들어졌다. "인간은 죽을 때 하나님 앞에서 자신의 삶에 대해 책임을 져야" 한다.[13] 이제 타락한 인간의 운명에서 벗어나 거듭난 신자의 축복을 누리게 된 사람들은 구원에 감사하며 경건에 힘쓰는 삶을 살아야 한다.

지금까지 우리는 하나님이 얼마나 영광스럽고 완전한 분이신지를 살펴보는 한편, 우리의 영원한 행복과 기쁨이 그분과의 교제 안에 놓여

---

11 Bayly, 『청교도에게 배우는 경건』, 65.
12 Bayly, 『청교도에게 배우는 경건』, 93. 사후의 축복에 대한 베일리의 논의는 흥미롭다. 그는 사후 세계를 세 단계로 나누고 각 단계별 축복을 서술한다. 여기서 "첫째는 죽는 순간부터 부활의 날까지, 둘째는 부활의 날부터 공로에 대한 심판 날까지, 셋째는 공로에 대한 심판 날부터 영원까지를 각각" 가리킨다. 위의 책, 101 이하 참고.
13 Bayly, 『청교도에게 배우는 경건』, 140.

있다는 사실을 알아보았습니다. 그러므로 이제 그리스도 예수의 심장으로 권합니다. 구원받은 것을 소중히 여기십시오. 우리는 현재 저주받은 비참한 세상에서 살고 있습니다. 이 세상은 우리로 하여금 하나님과 영생과 축복으로부터 멀어지게 하려고 합니다. 따라서 세상의 거짓되고 허무하고 악한 것들을 경계하고 믿음의 삶을 살기 위해 애쓰십시오.[14]

3. 경건훈련의 장애물들

앞서 거듭난 신자가 누리는 축복에 대한 상세한 서술은 경건훈련에 대한 강력한 동기부여가 된다. 하지만 베일리는 이에 못지않게 신자들의 경건훈련을 방해하는 강력한 장애물이 있다는 사실을 지적하면서, 이 장애물들을 미리 알고 죄의 유혹을 대비하는 것이 필요하다고 강조한다. 베일리는 모두 일곱 가지 장애물을 언급하는데 그것은 다음과 같다.

① 성경 및 주요 교리에 대한 오해
② 악한 본보기
③ 세상에서 받을 형벌의 유보
④ 하나님이 긍휼을 베푸시리라는 그릇된 가정

14 Bayly, 『청교도에게 배우는 경건』, 141.

⑤ 악한 친구들

⑥ 경건의 연습은 고달프다는 거짓 두려움

⑦ 회개를 늦추는 것[15]

이 중에서 기독교의 주요 교리가 오해됨으로써 경건훈련을 방해하는 장애물이 될 수 있다는 사실은 특히 주목할 필요가 있다. 말하자면, 악한 본을 보여주는 사례[2]나 악한 사람들에게 형벌이 유보되는 현실[3] 혹은 악한 친구들의 영향[5] 등 주변 환경이 경건훈련을 방해하기도 하고, 고달픔에 대한 두려움 등 심리적인 요인이 경건훈련을 방해하기도 하지만, 가장 강력한 장애물은 하나님과 인간 현실에 대한 잘못된 판단이다(1,4,7). 특히 여기서 베일리가 언급하는 자주 오해되는 교리들은 개혁교회 전통에서 핵심적인 교리들로서, 개혁교회 전통에서 경건훈련이 상대적으로 소홀하게 다루어지는 경향의 근본 원인에 대한 중요한 통찰을 제공한다.

① 오직 믿음으로만 의롭게 됨

② 예정 교리와 작정 교리

③ 선을 행할 자유의지의 부재

④ 타락 이후 율법과 계명을 다 지킬 수 없음

⑤ 행위보다 마음을 중시함

⑥ 복음 설교를 경시함

15　Bayly, 『청교도에게 배우는 경건』, 143-144.

⑦ 성례전의 진정한 의미 상실

⑧ 악덕 숭배[16]

경건훈련의 장애물에 관한 베일리의 설명은 올바른 경건훈련을 위해서 건전한 신학 교육이 필수적으로 요청된다는 사실을 확인해 준다. 하나님과 인간에 대한 이해가 왜곡되거나 한쪽으로 치우치게 될 경우, 경건훈련의 동력이 현저하게 상실된다는 사실을 기억할 필요가 있다. 특히 하나님의 은혜와 주권과 예정 및 인간의 전적 타락과 오직 믿음을 통한 구원을 강조해 온 개혁주의 전통의 신학이 자칫 인간의 자유의지와 책임 및 실천적 행동과 성례전의 중요성 등을 업신여기거나 경시하는 방향으로 나아간다면, 경건훈련에 치명적인 결과를 가져오게 될 것이다. 이 점에서 베일리의 교훈은 항구적인 의의를 갖는다.

---

16 Bayly, 『청교도에게 배우는 경건』, 152-167. 악덕 숭배에 관해서는 아래 인용문의 내용을 참고하라. "미덕이라는 이름으로 악덕들을 숭배하는 것은 경건을 넘어지게 하는 만만찮은 장애물입니다. 예를 들어 술에 취해 흥청망청 노는 것을 가리켜 건강을 축배하는 것이라 부르고, 무죄한 피를 흘리는 것을 용맹이라고 부르고, 폭음과 폭식을 손님 접대라 칭하고, 탐욕을 근검 절약이라 칭하고, 간통을 애인 사랑으로, 성적 매매를 선물로, 교만을 기품 있는 행동으로, 진의를 숨기고 아첨하는 것을 찬사로 칭하며, 벨리알의 자녀들을 가리켜 착한 사람이라 부르고, 진노를 조급함이라 부르고, 천한 농담을 가리켜 유쾌하고 즐거운 것이라고 부르는 것 등입니다. 아울러 근엄한 언행을 가리켜 위선이라 부르고, 자선 행위를 허식이라 부르고, 경건을 미신이라 칭하고, 믿음의 열심을 청교도주의 내지는 극단적 엄격주의라 칭하고, 겸손을 비굴이라 칭하고, 양심의 가책을 지나친 엄밀함이라 칭하는 것도 그렇습니다. 이처럼 악을 선이라 부르고, 선을 악이라 부르면 참 경건이 많은 방해를 받아 발전하지 못합니다." 위의 책, 166-167.

4. 개인 경건훈련

베일리는 크게 다음 네 개의 소제목 아래 개인의 경건에 대해 다룬다.

(1) 개인이 경건하게 아침을 시작하는 방법
(2) 1년에 성경 전체를 쉽고, 유익하고, 경건하게 읽는 방법에 관한 간단한 지침
(3) 그리스도인이 에녹과 같이 하루 종일 하나님과 동행할 수 있도록 돕는 묵상
(4) 저녁을 위한 묵상

개인 경건훈련에서 베일리가 가장 먼저, 그리고 가장 중요하게 강조하는 것은 규칙적인 기도와 말씀 훈련이다. 아침에 기도와 말씀 묵상으로 하루를 시작하고, 저녁을 기도와 말씀 묵상으로 하루를 마무리하는 것이 가장 기본적인 훈련 내용이다.

베일리는 "아침에 눈을 뜨면 하나님보다 세상의 다른 생각이 먼저 들어오지 못하도록 마음의 문을 닫는" 것이 중요하다고 강조한다(201). 그리고 "아침에 기도하기 전에 먼저 하나님의 말씀을 한 장 읽을" 것을 권면한다(209). 베일리는 아침, 점심, 저녁에 성경을 한 장씩 규칙적으로 읽으면 (마지막 6장을 제외하고) 1년 만에 성경 전체를 읽을 수 있다고 동기 부여하기도 한다. 특히 아침 묵상에 관해서 15분 정도 기도하는 것을 너무 길다고 귀찮아하지 않을 것, 조각조각 끊어

진 짧은 기도 대신 계속적으로 이어지는 대화식 기도를 드릴 것, 할 일이 많고 바쁘더라도 아침 기도를 생략하지 말 것 등 구체적이고 다양한 조언을 한다.

또한 베일리는 "하나님의 말씀과 기도를 자물쇠와 열쇠로 삼아 매일 아침마다 열쇠로 마음 문을 열고, 매일 저녁마다 자물쇠로 마음 문을 잠그라"고 주문한다(284). 특히 저녁 묵상에 관해서는 하루가 지난 만큼 마지막 날이 가까워졌다는 사실을 기억할 것, 지난 하루를 돌아보며 잘못을 회개할 것, 충분한 수면을 취할 것, 침상을 바라보며 자신의 무덤을 생각하고 부활의 소망 가운데 평안히 잠들 것 등을 조언한다.

한편 하루를 하나님과 동행하며 사는 삶에 관해서 베일리는 크게 세 가지를 강조하는데, 그것은 생각 다스리기, 말 다스리기, 행동 다스리기다. 먼저 생각 다스리기와 관련해서는, 악은 모양이라도 버릴 것, 보다 의미 있는 일을 생각할 것, 욕망을 부인할 것, 자신의 비참함과 하나님의 긍휼을 묵상할 것, 그리스도의 참된 종임을 증명할 것, 인기에 영합하지 말 것, 하나님 나라를 생각할 것, 겸손하며 늘 조심할 것, 작은 죄에도 애통할 것, 하루를 살더라도 경건하게 살 것 등을 주문한다. 이어서 말 다스리기와 관련해서는, 말에 책임을 질 것, 정직한 말만 할 것, 순결하고 진실되게 말할 것, 비밀을 지킬 것, 오직 여호와 안에서 웃을 것, 아무도 미워하지 말 것, 담대히 진리를 말할 것, 비난을 받아들일 것, 하나님의 존전에서 말할 것, 신실하게 말할 것 등을 주문합니다. 마지막으로 행동 다스리기와 관련해서는 선을 행할 것, 은밀한 죄를 두려워할 것, 하나님의 섭리를 믿을 것, 원수를 두려워하지 말 것, 합당하게 존중할 것, 영적 은사를 자랑하지 말 것, 경건한 사람을 본 받을 것, 사랑으로 다스릴 것, 공의를 바로 집행할 것, 오락을 일삼지 말 것 등을 주문한다.

5. 가정 경건훈련

베일리는 개인적 차원의 경건훈련뿐 아니라 가정과 교회 등 공동체적 차원에서 이루어지는 경건훈련에 대해서도 자세하게 설명한다. 먼저 가정에서 이루어지는 경건훈련에 관해서는 다음 두 가지 소제목 아래 훈련 내용을 소개한다.

(1) 가정의 경건을 위한 묵상
(2) 식사 시간의 경건훈련 및 식사 방법

베일리는 아침에 개인적으로 기도와 말씀 묵상 시간을 가질 때, 그 시간 전후로 가족들을 한 자리에 불러 모아 함께 성경을 읽고 가능하다면 짧게 말씀에 대해 나누고 함께 기도할 것을 권면한다.그리고 저녁 시간에도 아침과 같은 방식으로 가족들을 불러 모아 기도와 말씀 묵상의 시간을 갖고 시편을 노래할 것을 주문한다. 한편 가정 경건훈련에서 특징적인 요소는 저녁 식사 전 묵상이다. 베일리는 온 가족이 식사를 앞두고, 배고픔에 대해서, 하나님의 전능하심에 대해서, 하나님께서 음식을 공급해 주신 섭리에 대해서, 하나님의 넘치는 자비에 대해서, 식사 전 감사와 찬양의 이유에 대해서, 결국에 부패하게 될 몸에 대해서, 식탁을 더럽히는 조급함과 배은망덕에 대해서 묵상할 것을 조언한다.

6. 교회 경건훈련

베일리는 경건훈련이 개인과 가정 등 사적인 영역뿐 아니라, 공적인 영역에서도 이루어져야 한다고 강조한다. 이와 관련해서 베일리는 경건한 사람들이 함께 모이는 가시적 교회에서 이루어지는, 주일 성수와 성만찬과 같은 경건의 실천에 주목한다. 베일리는 아래 네 개의 소제목 아래 교회와 관련한 경건훈련을 자세하게 다루고 있다.

(1) 안식일에 실천하는 경건훈련의 올바른 방법에 관한 묵상
(2) 주일을 거룩하게 지키는 올바른 방법
(3) 금식을 통한 경건훈련에 관하여
(4) 성만찬을 통한 경건훈련에 관하여

베일리에 따르면 안식일을 거룩하게 지키는 것은 한편으로 우리의 자연적 삶에 관계된 통상적인 일들을 멈추고 안식하는 것과, 다른 한편으로 우리의 영적인 삶에 관계된 것들에 주목하고 하나님을 전적으로 예배하는 것에 달려 있다. 174. 베일리는 주일을 거룩하게 지키는 법에 대해서, 아침에 주일을 위해 기도하는 것에서부터 교회

에 가면서 묵상할 것들, 거룩한 모임 시간에 해야 할 것들, 거룩한 모임이 끝난 다음에 해야 할 것들, 주일 저녁에 기도하는 것 등을 자세하게 설명한다. 금식에 관해서는 개인의 금식과 공동체의 금식을 구분하고, 개인의 금식과 관련해서는 금식을 제정하신 분, 금식의 시간과 때, 금식의 방법, 개인 금식의 목적 등을 상세하게 설명한다. 마지막으로 성만찬을 받을 때 경건을 훈련하는 올바른 방법에 대해서는, 준비 단계에서 성만찬의 제정자, 성만찬의 구성요소들, 성만찬의 목적들을 통해 성만찬의 가치를 묵상하는 한편, 성만찬을 받는 우리의 무가치함을 묵상하고, 나아가 어떻게 하면 성만찬을 온전하게 받을 수 있는지 설명한다. 또한 떡과 포도주를 성별한 다음 성찬을 받을 때까지 조용하게 독백하는 것에 대해서, 그리고 성만찬이 끝난 다음에 실천해야 할 의무에 대해서도 잊지 않고 설명을 덧붙인다.

7. 질병과 죽음 앞에서 행하는 경건훈련

경건훈련에 관한 베일리의 논의에서 특히 인상적인 부분 중 하나는 질병과 죽음 앞에서 실천하는 경건훈련이다. 베일리의 논의는 모두 여섯 개의 소제목 아래에서 이루어지고 있다.

(1) 병에 걸렸을 때와 주님 안에서 죽음이 임박했을 때 하나님께 영광을 돌리는 경건훈련
(2) 병든 사람들을 위한 묵상

(3) 임종을 앞둔 사람들을 위한 묵상

(4) 질병 중에 조바심을 느끼는 사람들에 대한 위안

(5) 죽음을 두려워하는 사람들에 대한 위안

(6) 죽음을 앞둔 병자의 일곱 가지 거룩한 생각과 한숨

베일리는 아프기 시작할 때에 기도하는 것에서부터 약을 먹기 전에 기도하는 것에 대해서도 설명하고, 병에서 회복된 사람이 마땅히 묵상하고 하나님께 감사해야 할 것 등에 대해서도 언급한다. 또한 죽음을 앞둔 사람들에 대해서는 하나님의 은혜를 기억하면서 죽음을 통해 얻게 되는 유익을 묵상할 것을 조언하는 한편, 하나님의 자비를 의심하고 절망하는 경우에 대해 처방을 내린다. 마지막으로 질병 가운데 조바심을 느낄 때와 죽음 앞에서 두려움을 느낄 때 묵상할 것들에 대해 조언한다.

IV. 개혁전통 경건훈련의 모범 사례(2) — 리차드 백스터의 경건훈련

리차드 백스터 Richard Baxter, 1615-1691 는 영국 청교도를 대표하는 신학자이자 목사로서, 그리스도인의 경건한 삶에 관해 3천 페이지에 달하는 방대한 분량의 교훈을 글로 남겼다. *A Body of Practical Divinity,* *or Christian Directory*라는 제목 아래 백스터는 개인(제1권과 제2권), 가정(제3권), 교회(제4권), 정치(제5권) 영역에서의 경건을 두루 다루고 있다.[17]

1. 개인의 경건 (제1권과 제2권)

개인의 경건에 대한 백스터의 교훈은 회심하지 않은 사람들과 믿음이 연약한 사람들에 대한 고려에서부터 시작해서, 불신, 완고한 마음, 위선, 교만, 탐심, 정욕 등 경건에 가장 큰 장애가 되는 큰 죄들을 심각하게 다룰 뿐 아니라, 시간과 생각과 정욕과 감각과 혀와 몸 등 인간의 삶의 다양한 차원들을 다스리는 경건훈련에 대한 구체적인 지침들을 포함하고 있다.

> (1) 회심하지 않고 은혜를 얻지 못한 죄인들을 위한, 구원의 은혜를 얻는 것에 관한 지침
> > (가) 회심하지 않은 죄인들에게
> > (나) 회심의 상황에서 직면하는 유혹들
> (2) 연약한 그리스도인을 위한 지침
> (3) 하나님과 동행하는 삶에 관한 지침

---

17 Richard Baxter, *A Body of Practical Divinity, or Christian Directory*, 5 vols. http://digitalpuritan. net/richard-baxter/ (2020년 6월 15일 접속).

(4) 경건과 가장 직접적으로 반대되는 큰 죄들에 관한 지침

    ㈎ 불신에 대하여

    ㈏ 마음의 완고함에 대하여

    ㈐ 위선에 대하여

    ㈑ 사람을 기쁘게 하는 것에 대하여

    ㈒ 교만에 대하여

    ㈓ 탐심에 대하여

    ㈔ 정욕에 대하여

(5) 시간 절약 및 효과적인 활용에 관한 지침

(6) 생각을 다스리는 것에 관한 지침

(7) 정욕을 다스리는 것에 관한 지침

(8) 감각을 다스리는 것에 관한 지침

    ㈎ 일반적인 지침

    ㈏ 눈을 다스림

    ㈐ 귀를 다스림

    ㈑ 맛과 식욕을 다스림

    ㈒ 음란과 모든 부정함에 대한 지침

    ㈓ 지나칠 정도로 과한 수면에 대한 지침

    ㈔ 죄 많은 꿈에 대한 지시

(9) 혀를 다스리는 것에 관한 지침

(10) 몸을 다스리는 것에 관한 지침

    ㈎ 노동과 소명

    ㈏ 운동경기와 오락에서 짓는 죄에 대하여

(다) 의복에 관한 지침

2. 가정에서의 경건 (제3권)

가정에서의 경건과 관련해서 백스터는 가정에서 구성원들 사이의 다양한 관계를 다루고 있다. 백스터는 가정 예배의 필요성을 강조하며 가정을 거룩하게 다스리는 일이 중요하다는 점을 강조하고, 배우자의 선택과 결혼 언약의 체결, 남편과 아내의 관계, 부모와 자녀의 관계, 종과 주인의 관계에서 각각의 서로에 대한 의무를 상세하게 서술한다. 또한 백스터는 평일과 주일을 거룩하게 보내는 방법에 대해서, 성경과 다른 경건한 서적을 읽는 것에 관해서, 자녀와 종들을 교육하는 것에 관해서, 기도와 성만찬에 관해서 교훈한다. 마지막으로 회의나 침체에 빠진 그리스도인들과, 가난한 사람들과 부한 사람들, 노약자와 병든 사람들을 위한 지침을 제공한다.

(1) 결혼에 관한 지침

(2) 종과 주인에 관한 지침

(3) 가정 예배의 필요성에 관하여

(4) 가정을 거룩하게 다스리는 것에 관하여

(5) 가정을 거룩하게 다스리는 동기

(6) 자녀들을 신중하게 양육하는 동기

(7) 남편과 아내

　　㈎ 남편과 아내 상호 간의 의무

　　㈏ 아내에 대한 남편의 특별한 의무

　　㈐ 남편에 대한 아내의 특별한 의무

(8) 부모와 자녀

　　㈎ 자녀에 대한 부모의 의무

　　㈏ 부모에 대한 어린이의 의무

　　㈐ 하나님에 대한 어린이와 청소년의 특별한 의무

(9) 종과 주인

　　㈎ 주인에 대한 종의 의무

　　㈏ 종에 대한 주인의 의무

　　㈐ 어린이와 동료 종들 사이의 서로에 대한 의무

　　㈑ 동료 종들과 다른 사람들의 거룩한 만남에 관한 지침

(10) 평일을 보내는 방법에 관한 지침

(11) 주님의 날(주일)

　　㈎ 가정에서 주일을 거룩하게 보내는 것에 관한 지침

　　㈏ 선포된 하나님의 말씀이 유익하게 듣는 것에 관한 지침

(12) 유익한 독서에 관하여

　　㈎ 유익한 성경 읽기에 관한 지침

　　㈏ 다른 책들을 읽는 것에 관한 지침

(13) 장래가 촉망한 자녀들과 종들을 올바르게 가르치는 것에
　　관한 지침

(14) 기도에 대한 일반적인 지침

(15) 성만찬과 관련한 가정을 위한 지침

(16) 회의나 침체에 빠진 그리스도인들을 위하여

    ⑺ 자신의 믿음과 칭의에 의심하는 마음을 갖고 당황스러워하며 두려움과 근심에 빠진 그리스도인들을 위한 지침

    ⑴ 침체에 빠지거나 낙심한 그리스도인들과, 인내을 위한 지침

(17) 가난한 사람들과 부한 사람들을 위하여

    ⑺ 가난한 사람들을 위한 지침

    ⑴ 부한 사람들을 위한 지침

(18) 노약자와 병든 사람들을 위하여

    ⑺ 노약자를 위한 지침

    ⑴ 병든 사람들을 위한 지침

    ⑴ 병든 사람들의 친구들에게 주는 지침

3. 교회에서의 경건 (제4권)

교회에서의 경건훈련과 관련해서 백스터는 예배, 세례, 전도, 서원 등에 대한 지침을 준다. 그리고 목회자를 대하는 성도들의 바람직한 태도에 대해서, 이단과 거짓을 분별해서 피하는 법에 대해서, 갈등과 분열을 피하고 성도의 교제와 연합을 유지하는 방법에 대해서 교훈한다.

(1) 하나님을 예배하는 것에 관한 일반적인 지침

(2) 모든 부패와 거짓되고 용납할 수 없는 예배를 피하는 예배 방법에 관한 지침

(3) 세례에 관한 지침

(4) 전도에 관한 지침

(5) 하나님 앞에서 행하는 서원과 특별한 언약에 관한 지침

(6) 목회자에 대해 가지는 성도들이 의무, 그리고 목회자들의 직무와 은사를 통해 성도들이 유익을 얻는 것에 관한 지침

(7) 다툼 속에서 진리를 발견하는 것과, 이단과 거짓을 피하는 방법에 관한 지침

(8) 성도의 연합과 교제를 위한 지침과, 갈등과 분열을 피하기 위한 지침

(9) 교회 모임에서 하나님을 예배하는 방법에 관한 스무 가지 지침

(10) 이제는 소천하여 그리스도와 함께 있는 거룩한 영혼들과 의 교제에 관한 지침

(11) 거룩한 천사들과의 교제에 관한 지침

(12) 교회론에 관한 생각

4. 정치 영역에서의 경건 (제5권)

베일리와 달리 백스터는 교회 밖 정치 영역에서의 경건에 대해

서도 상세하게 다룬다. 백스터는 통치자와 백성의 의무, 변호사들과 의사들과 교사들과 군인들의 의무를 다룬다. 이외에도 사회 생활 속에 일어날 수 있는 다양한 일들에 대한 지침을 준다.

(1) 바른 생활을 위한 일반적인 지침

(2) 통치자들에게 그리스도와 교회와 사람들의 구원에 관심을 가질 것을 촉구하는 제안

(3) 통치자에 대한 백성의 의무

(4) 변호사들에게 주는 지침

(5) 의사들의 의무

(6) 어린이들의 영혼을 돌보는 의무와 관련해, 교사들에게 주는 지침

(7) 군인들을 위한 지침

(8) 살인과 자살에 관한 지침

(9) 원수와 우리를 해치는 사람들을 용서하는 것에 관한 지침과, 분노와 악의와 복수와 박해에 관한 지침

(10) 상해나 부채의 탕감 및 자기 변호, 법이나 다른 방법을 통한 정의 관련 해결된 사건들

(11) 종교의 박해와 자유에 관하여

(12) 불미스러운 일에 관한 지시

(13) 다른 사람의 말이나 행동으로 인해 상처받는 것에 관한 지침

(14) 영혼을 죽이는 일과, 다른 사람의 죄에 참여하는 것에 관한 지침

(15) 다른 사람들의 구원을 증진시키는 것과 관련한 일반적인 지침

(16) 그리스도인들의 모임, 권면, 책망을 위한 특별 지침

(17) 모든 사람과 평화롭게 지내는 것에 관한 지침

(18) 모든 도둑질과 사기, 다른 사람의 것을 갈취하거나 소유하거나 탐하는 것에 관한 지침

(19) 계약, 매매, 차용, 고리대금업에 관하여

(20) 착취의 동기 및 관련 지침

(21) 낭비와 방탕의 사례 및 관련 지침

(22) 남에게 해를 끼치는 소송, 증언, 판결의 사례 및 관련 지침

(23) 중상, 모략, 험담에 관한 지침

(24) 검열 및 부당한 판결에 관한 지침

(25) 신뢰와 비밀의 사례들 및 관련 지침

(26) 이웃 사랑과 상반되는 이기심에 관한 지침

(27) 이웃을 자기 몸처럼 사랑하는 것에 관하여

(28) 경건한 사람들을 향한, 사랑에 관한 특별 지침

(29) 원수를 사랑하고 선을 베푸는 사례 및 관련 지침

(30) 자선 사업에 관한 사례 및 관련 지침

(31) 다른 사람에게 지은 죄와 잘못에 대한 고백의 사례 및 관련 지침

(32) 배상과 회복에 관한 사례 및 관련 지침

(33) 하나님께 용서를 받는 사례 및 관련 지침

(34) 자기 판단의 사례 및 관련 지침

V. 경건훈련을 위한 개혁교회 전통의 갱신을 위한 제언

본 소고에서 필자는 경건훈련과 관련해서 개혁전통의 전형적인 특징이 가진 잠재력과 장애물을 지적하고, 경건훈련에 대한 루이스 베일리와 리차드 백스터의 논의를 보다 자세하게 들여다보면서 개혁전통 경건훈련의 구체적인 모습을 살펴보았다.

지금까지 살펴본 것처럼 인간중심주의를 넘어서 하나님의 영광에 대한 강조, 하나님의 주권적 은혜와 도움의 필요성에 대한 강조, 칭의뿐 아니라 성화의 필요성에 대한 강조, 공동체와 사회 변혁에 대한 강조, 창조세계 전 영역에 걸친 하나님의 주권에 대한 강조, 말씀 묵상과 복음 선포에 대한 강조 등 개혁전통이 가진 고유한 특징은 21세기 경건훈련을 위해서 상당한 잠재력을 갖고 있다. 특히나 개인주의 신앙에 함몰되어 있는 한국교회의 일반적인 모습을 고려할 때, 교회공동체뿐 아니라 사회 전체 나아가 창조세계 전체에서 하나님의 주권이 실현되고 그 가운데 하나님께서 영광을 받으시는 비전에 대한 개혁전통의 헌신을 한국교회의 갱신을 위해 중요한 기여를 할 수 있다고 판단된다.

동시에 우리는 개혁전통이 강조하는 변증법적 진리의 어느 한쪽만을 일방적으로 강조할 경우 경건훈련에 치명적일 결과를 초래할 수 있다는 위험도 함께 볼 수 있다. 이 점에서 우리는 개혁전통의 경건훈련을 올바르게 정립하기 위해서 무엇보다 건전하고 균형 잡힌 신학의 필요성을 강조할 필요가 있다.

참고문헌

현요한. 『신학은 하나님 배우기: 신학, 영성, 실천의 재연합』. 서울: 대한기독교서회, 2011.

총회교육부. 『개혁교회의 역사와 신학』. 서울: 한국장로교출판사, 2004.

_____. 『16세기 종교개혁과 개혁교회의 유산』. 서울: 한국장로교출판사, 2003.

Baxter, Richard. *A Body of Practical Divinity, or Christian Directory*. 5 Volumes. http://digitalpuritan.net/richard-baxter/ (2020년 6월 15일 접속)

Bayly, Lewis. *The Practice of Piety: Directing a Christian How to Walk, That He May Please God*. Garsington: Benediction Books, 2009.

_____. 조계광, 안보헌 옮김. 『청교도에게 배우는 경건』. 서울: 생명의말씀사, 2012.

Calvin, John. 양낙흥 옮김. 『기독교 강요(1536년 초판)』. 서울; 크리스찬다이제스트, 2016.

_____. 원광연 옮김. 『기독교 강요』(상)(중)(하). 서울; 크리스찬다이제스트, 2015.

Rice, Howard L. 황성철 옮김. 『개혁주의 영성』. 서울: 기독교문서선교회, 1995.

Leith, John H. 오창윤 옮김. 『개혁주의란 무엇인가』. 서울: 풍만, 1989.

Wolterstorff, Nikolas. 홍병룡 옮김. 『정의와 평화가 입맞출 때까지』. 서울: IVP, 2007.

제 V 부

경건훈련의 미래

9장

✿

향후 경건훈련의 방향성 제안

박세훈 교수, 영성신학

I. 서론 : 경건훈련의 목표와 방향

지난 120년간 장로회 신학대학교는 "경건과 학문"의 학훈學訓 아래 목회자 후보생을 양성해왔다. 예수 그리스도의 복음을 전파하며 이 땅 가운데 하나님 나라를 실현해갈 지도자와 교역자를 세워가는 목표 아래 경건훈련과 신학교육을 진행해왔다. 그 중 경건훈련 프로그램은 "경건의 훈련, 학문의 연마, 복음의 실천"이라는 구체적인 교육 목표 중에서 '경건의 훈련'에 보다 초점을 둔 과정이다. 물론 경건과 학문은 신학교육의 두 가지 특성을 반영하는 개념으로 통합적으로 다루어야 하지만, 구체적인 교육 과정에서 경건훈련은 보다 '경건'에 초점을 두고 진행되어 왔다.

이번 프로젝트는 그동안 진행되어온 경건훈련을 돌아보며 급변하는 현대사회의 정황 가운데 새로운 방향성을 모색하는데 그 목적을 두고 있다. 최근 코로나 팬데믹corona pandemic 으로 말미암은 유례없는 위기적 상황은 기존에 진행되어오던 모든 영역에 반성과 갱신을 요청하고 있다. 이는 분명 위기이지만 동시에 4차 산업혁명으로 촉발된 변화의 필요성과 속도를 더욱 높이고 있다. 이미 4차 산업혁명이 불러온 초연결화, 초지능화와 초개인화, 그리고 초융합화의 변화는 인간 삶의 다방면에 상당한 영향력을 끼치고 있다. 첨단 지능정보와 산업기술의 결합은 이미 성도들의 삶의 현장을 바꾸며, 교육 현장에도 변화를 일으키고 있었는데 이번 코로나 팬데믹은 그 변화의 양상을 급속도로 촉진한 것이다.

이에 경건훈련의 고유한 가치를 재확인하는 동시에 개혁교회를 포함한 교회의 영적 유산을 발견하고 시대의 상황을 고려하여 현재화할 필요가 있다. 이는 변화하는 환경과 그에 따른 시대적 요청 앞에서 장로회신학대학교의 경건훈련을 굳건히 세워가기 위함이다. 과거로부터 새로움을 이뤄내는 과정을 위하여 성서, 역사, 조직, 기독교교육 각 분야의 연구 및 제안을 고려하여 향후 진행할 경건훈련의 방향성을 제안하려고 한다. 연구의 효율과 효과를 위해 신학대학원생들의 경건훈련과 특히 1학년 신학생들의 경건훈련 프로그램에 초점을 두고 연구할 것이다.

II. 향후 경건훈련을 위한 이론과 제안

1. '경건'의 이해와 경건훈련의 방향성

경건훈련은 그 용어대로 '경건'에 대한 이해를 바탕으로 접근할 수 있다. '경건'은 어원상 하나의 종교를 따라 살고, 행하고 그 종교가 가르치는 것을 따라 살도록 이끄는 것을 의미한다.[1] 이를 통해 확인할 수 있는 것은 '경건'이란 종교적인 내면적 성향과 태도일 뿐 아니라 그 가르침을 따라 사는 실천까지 함의한다는 사실이다. 기독교 진리에 대한 이해 및 신뢰믿음 그리고 이를 구체적으로 실천해가는 삶으로 경건을 이해할 수 있을 것이다. 실제 기독교 역사 가운데 '경건'한 삶을 위한 다양한 경건의 훈련들이 존재해왔으며, 살아있는 믿음의 경험을 장려해왔다. 종교개혁기와 17세기 경건주의 운동에서는 예수 그리스도의 '복음'을 중심으로 한 성경 읽기와 연구가 강조되었으며, '경건 모임' collegium pietatis 운동이 전개되었다. 19세기 자유주의 신학의 기조 속에서 '경건'에 대한 이해는 축소되기도 하였으며, 변증법적 신학의 비판을 받으며 관심의 대상에서 멀어지기도 했다.

그러나 이러한 기조는 20세기 후반 2차 세계대전 이후로 뒤바뀌게 된다. 경건한 삶의 중심인 '하나님과의 관계'에 대한 영적 열망은 새로운 흐름을 일으켰다. 세계대전 이후 서구 문명의 허구성과 종교 문화의 한계성을 인식하면서 사람들은 생명력을 상실한 제도화된 신앙 체계에 회의감을 느끼게 되었다. 그리고 하나님과의 살아있는 관계와 실천을 동반한 경험적 신앙과 경건에 관심을 돌리게 되었다. 이는 '경건사'에 대한 학문적 연구의 증진과 '영성'의 출현과 관심으로 이어졌다. 20세기 후반에 이르러 '영성'이라는 단어는 기독교 신학뿐 아니라 공동체 운동 및 다양한 문화 영역에서 회자되었다. 사람들은 자신을 '종교적이지는 않지만 영적인' spiritual but not religious 존재로 표현하였는데, 이는 그들이 제도화된 종교에 대해서는 거부하지만 '하

---

1   Hans-Jürgen Greschat, "Frömmigkeit I: Religionsgeschichtlich," in *Theologische Realenzyklopädie* 11 (1983), 671. 이상조, "개신교적 경건 이해에 대한 연구: 16~20세기 루터교회의 경건 이해의 변화를 중심으로," 『장신논단』 52 (2020), 93, 재인용.

나님과의 관계'에 대해서는 영적열망을 가지고 있음을 반영한다. 신앙의 가르침을 따라 실천할 수 있도록 이끌어가는 내면의 성향과 변화 그리고, 영적인 열망에 대한 관심이 증대한 것이다.

이는 사변적 학문 추구에 대한 반성과 더불어 학문과 경건의 실천을 통합하는 신학의 흐름과도 맥을 같이 한다. 학문과 경건의 통합에 대한 강조는 개혁교회 안에서 중요한 개념이었다. 칼뱅신학에서 학문은 사실 경건과 학문 지식이 분리되지 않고 서로 침투하여 혼연일체를 이루는 신학을 의미하였다.[2] 칼뱅에게 있어서 신학은 "창조주로서의 하나님과 그의 피조물로서의 인간과의 관계에서 얻어지는" 실존적이고 실천적인 지식을 의미한다.[3] 이는 하나님과의 관계를 기반으로 한 실존적인 지식이며, 믿음에 의해 일어나게 되는 하나님에 대한 사랑과 그 사랑을 바탕으로 진행되는 하나님 경외의 삶으로서의 경건을 포괄한다.[4] 이와 같이 경건과 학문은 분리된 경험이 아니라 하나님과의 사랑의 관계성을 통해 드러나는 실존적 삶 안에서 하나로 통합된다. 그러나 20세기에 이르러서 인간 이성에 대한 강조와 변증법적 학문의 강조로 인하여 신학은 보다 사변화되어 경건과 학문의 분리는 더욱 커졌으며, 영적 생동력을 손실하게 되는 결과를 초래했다. 이에 따라 20세기 후반과 오늘날까지 경건과 학문 지식을 재통합하는 신학을 회복할 필요성에 대한 공감대가 일어나게 되었다.[5]

---

2   김이태, "칼빈신학에 있어서 경건과 학문의 상관성 연구," 고 김이태 교수 저작 출판위원회 편, 『중심에 서는 신학 - 김이태의 신학세계』(서울: 장로회신학대학교출판부, 1994), 60.

3   위의 책, 54.

4   John Calvin, *Institutes of the Christian Religion (1559)*, trans. Ford Lewis Battles (Philadelphia: The Westminster Press, 1967). I, ii, 1.

20세기 후반에 등장한 '영성'에 대한 관심은 사실 경건 본연의 가치를 재발견하는 동시에 경건과 학문지식의 통합을 요청하는 목소리로 이해할 수 있다. '영성'의 정의 자체도 '경건'이 강조하는 내용인 '하나님과의 관계성'에 초점을 두며, 자기를 초월하여 예수 그리스도를 닮아가는 것을 지향한다.[6] 영성훈련도 경건과 학문의 통합을 위한 하나의 실천적인 길이며, 기독교 진리에 충실한 종교적이면서도 하나님과의 살아있는 관계를 누리는 영적 존재로 각 사람을 세워가려는 시도라고 할 수 있겠다. 그러므로 경건 본연의 가치를 회복하는 가운데 경건과 학문의 통합을 이뤄가는 신학의 장場으로 장로회 신학대학교의 경건훈련이 진행될 필요가 있을 것이다.

2. 시대적 변화와 경건훈련 갱신의 필요성

기독교 영성과 경건 이해는 하나님과의 관계성을 중심으로 하되, 세계와의 관계성을 분리하여 생각할 수 없다. 성육신하신 예수 그리스도의 삶은 세상 안으로 들어오신 하나님의 사랑이며, 참된 경건은 삶의 현장에서 그리스도의 생을 재현해가도록 요청한다. 그러므로

---

5 현요한, 『신학은 하나님 배우기 - 신학, 영성, 실천의 재연합』(서울: 대한기독교서회, 2011), 35-37.

6 영성학자인 샌드라 슈나이더스에 따르면, 기독교 영성은 그리스도인이 인식하는 궁극적 가치인 예수 그리스도 안에서 계시된 삼위일체의 하나님을 향하여 이전의 자신을 초월함으로써 자기 삶의 전 면모를 통합해가는 과제에 의식적으로 참여하는 경험을 의미한다. Sandra M. Schneiders, "The Study of Christian Spirituality: Contours and Dynamics of a Discipline" Elizabeth A. Dreyer and Mark S. Burrows, *Minding the Spirit* (Baltimore & London: The Johns Hopkins University Press, 2005), 5-6.

그리스도인은 예수 그리스도에 의존하는 삶을 통하여 하나님과 연합하는 가운데 삶의 현장에서 하나님 나라를 세워가야 한다.[7] 이러한 요청은 장로회신학대학교의 경건훈련 프로그램도 4차 산업혁명으로 표현되는 현시대적 정황을 고려할 필요를 보여준다. 경건과 학문의 통합에 대한 요청과 영성에 대한 관심이 시대적 변화 속에 나타난 현상이듯이, 세계와의 관계를 염두에 두고 경건훈련의 갱신을 추구해야 할 것이다. 이에 본격적으로 초연결화, 초지능화, 초개인화, 초융합화의 변화에 맞추어 경건훈련의 교육목표와 내용을 발전시켜갈 방안을 제안하고자 한다. 이를 위하여 먼저 경건훈련의 기존의 교육목표를 살펴보고 재정립할 방안을 모색할 것이다. 그 후에 다음 장에서는 각 목표에 해당하는 훈련 내용을 4차 산업혁명 시대에 맞게 발전시킬 구체적 방향을 제안하고자 한다.

3. 향후 경건훈련 교육목표와 범주, 훈련내용 항목의 수정제안

그동안 경건훈련은 경건훈련의 목표를 "공동생활을 통한 규칙적인 경건생활습관의 내면화와 상호간의 건강한 관계형성을 이루기 위한 것"이라고 명시하였다.[8] 이는 기도, 공동체, 봉사활동, 활동과 관상의 조화라는 4가지 주요 목표로 구체화된다.[9] 각 항목은 목표로 하는 내용에 따라 구체적인 훈련의 실천과 연결되는데, 각 훈련의 내용

---

7   유해룡, "기독교 영성의 뿌리," 『교육교회』(1993. 10), 54-55.

8   http://www.puts.ac.kr/js_fis/gyujeong/attach/4-4-1%20경건교육%20규정(1).pdf [2021.11.30. 접속]

을 다루기 앞서 주요목표를 점검해보려고 한다.

1) 그리스도를 닮음Christlikeness의 포괄적 목표

기도, 공동체, 봉사활동, 활동과 관상의 조화는 경건훈련의 주요 목표인 동시에 훈련 내용을 담는 범주에 해당한다. 경건훈련의 목표와 범주로서 4가지 항목을 생각해볼 때, '활동과 관상의 조화'는 다른 항목들과의 병렬구조에서 벗어나는 인상을 준다. 물론 경건훈련이 지향하는 목표로서 4가지 모두 각자의 고유한 가치를 가지고 있다. 그러나 훈련내용의 범주로 접근해보면, '활동과 관상의 조화' 항목은 경건훈련의 목표와 구체적인 내용 전체를 포괄하는 개념으로 볼 수 있다. 왜냐하면 활동과 관상의 조화는 특정한 구체적 목표나 활동이라기보다는 하나님을 향해 사랑의 눈을 뜬 상태에서 모든 활동을 하는 일종의 태도나 상태에 해당하기 때문이다. 발걸음을 옮기기 전에 먼저 시선이 향하게 되고 시선과 함께 몸을 움직여가는 것처럼 하나님을 향한 사랑의 눈을 뜬 상태에서 하나님을 위한 다양한 활동을 하게 되는 상태를 의미한다.[10] 그러므로 이는 기도, 공동체, 봉사활동이라는 나머지 경건훈련의 목표들을 통합하는 상위의 개념으로 보고 접

---

9   1998년 봄학기부터 신학대학원 1학년 학생들을 대상으로 현재 형태의 경건훈련이 진행되어 왔는데, 매년 발행되는 신입생 오리엔테이션 자료집에서 경건훈련의 구체적 목표를 다음과 같이 명시해왔다. 1) 공동생활을 통한 규칙적인 생활습관의 내면화와 상호간의 건강한 관계형성을 이루도록 한다. 2) 기도생활을 통한 자아성찰과 내면의 성숙 및 하나님과의 건강한 관계형성을 이루도록 한다. 3) 정기적인 봉사활동을 통한 실천적인 삶의 삶을 형성하도록 한다. 4) 활동생활(일)과 관상생활(성찰과 기도)의 조화를 이루는 삶을 추구한다.
10 유해룡, 『영성의 발자취』(서울: 장로회신학대학교출판부, 2011), 282-283.

근할 필요가 있다.

이때 활동과 관상의 조화를 상위 개념으로 두면서 보다 보편적으로 표현한다면, 그리스도를 닮음^{Christlikeness}으로 재표현할 수 있을 것이다. 먼저 예수 그리스도께서 활동과 관상의 통합을 이룬 전형적인 모델이 되신다. 하나님과의 깊은 친교 가운데 그분은 하나님의 나라를 선언하시며, 가르치시고, 치유의 활동을 하셨다. 더불어 활동과 관상의 조화를 이룬 삶을 이 땅에 수여하신 그분은 자신의 제자들과 현재 그리스도인들에게 자신을 쫓으라고 명하신다. 뿐만 아니라 그분은 따르는 이들에게 "하나님과의 관계"를 이뤄갈 가능성을 열어주시는 분이다. 참 하나님이자 참 인간이신 그분의 인성을 통해 그분을 따르는 사람들도 하나님의 참된 신성을 경험하는 "하나님과의 관계"의 가능성을 얻게 되었다. 활동과 관상의 통합을 이룬 모델인 동시에 초대하시고 그 가능성을 열어주시는 그리스도를 통해 각각의 그리스도인은 작은 그리스도로 삶을 살아갈 수 있게 된다. 더불어 그동안 진행된 경건훈련도 예수 그리스도 중심성을 그 특징으로 하고 있다. 경건훈련생은 예수 그리스도의 제자로 부름받은 자로서 철저히 제자도를 배우는 훈련에 참여하고 있으며, 주님의 사랑에 반응하여 전인적으로 예수 그리스도를 따르도록 훈련받는다.[11] 그러므로 경건훈련에서 기존의 '활동과 관상의 조화' 개념을 그리스도를 닮음이라고 재표현하고, 동시에 이를 다른 3가지 교육목표를 포괄하는 상위 개념으로 둘

---

11 오방식, "경건훈련의 현재와 신학적 조명" (장신경건교육 연구위원회 연구보고서 I 미출간 간행물), 11-12.

수 있을 것이다.

2) '기도'에서 '말씀과 기도'로의 확장

교육목적을 보다 명료화하는 동시에 훈련 내용과의 연결점을 보여주기 위해, '기도'의 경건훈련 목표는 '말씀과 기도'로 수정해볼 수 있을 것이다. 그동안 경건훈련에서는 구체적 기도 실천을 통해 자아성찰과 내면의 성숙 및 하나님과의 건강한 관계형성을 이루는데 그 초점을 두어왔다. 구체적인 경건훈련에서는 개인적으로 또는 공동체적으로 실천하며, 기도 뿐 아니라 말씀 묵상을 병행하여 진행한다. 이런 면에서 교육목적과 훈련내용을 바르게 반영하고 포괄하는 의미로 '말씀과 기도'로 재표현할 수 있을 것이다.

먼저 개혁교회 전통과 유산을 생각해볼 때, 경건훈련의 목표 가운데 말씀을 명시할 필요가 있다. 마르틴 루터는 예수 그리스도 '복음'을 중심으로 성경을 읽고 연구하는 것을 경건의 핵심적 실천으로 강조하였다. 그는 경건을 "말씀에 대한 반응"으로 이해하고 기도의 실천도 말씀을 근거로 하도록 안내하였다.[12] 17,18세기에도 개혁교회 안에서 성경에 대한 강조는 이어져서 설교와 성경연구, 경건서적 및 설교집 출판은 지속되었다. 특별히 경건주의에서 일어난 '경건모임'은 소규모 공동체 모임으로 말씀 연구와 적용에 힘을 쏟았다. 이에 경

---

[12] Paul Althaus, *The Theology of Martin Luther*, 이형기 옮김, 『루터의 신학』(서울: 크리스챤다이제스트, 2001), 64.

건훈련의 목표 중 하나인 '기도'를 '말씀과 기도'로 재표현 함으로써 성경을 중시한 경건의 유산을 반영할 필요가 있을 것이다.

　　또한 현재까지 '기도 생활'의 교육목표 아래, 구체적으로 말씀을 중심으로 기도를 실천해왔기에 이를 '말씀과 기도'로 표현해도 무방할 것이다. 이미 새벽경건회는 말씀 묵상을, 저녁경건회는 말씀을 기초로 하루를 돌아보는 성찰의 훈련을 그 훈련내용으로 삼고 있다. 매주 화요일에 진행되는 경건훈련생 공동체모임에서도 설교를 중심으로 예배가 진행되며, 주말경건훈련에서 실천하는 기도의 형태는 예수 그리스도의 생애가 기록된 복음서 묵상과 시편 묵상을 기반으로 한다. 특별히 복음서 묵상에서는 예수님 생애 묵상을 통해 영적 체험이 활발하게 이뤄지도록 기도 안내를 한다. 복음서에 담긴 예수님의 생애와 경건훈련생들의 현실 세계가 만나고 지평의 융합이 이뤄지는 가운데, 경건훈련생들이 삶의 변화를 낳는 의미를 경험할 수 있도록 인도한다.[13] 이와 같이 기존의 경건훈련에서도 말씀에서 샘솟는 기도의 형태를 실천해왔다 할 수 있다. 그러므로 기존의 '기도'의 교육목표를 '말씀과 기도'로 재표현해 볼 수 있을 것이다. 이는 현재 진행하고 있는 경건훈련의 내용을 효과적으로 반영해주는 동시에 개혁교회 전통과 유산을 이어가는데 기여할 수 있을 것이다.

13　배정훈, "경건에 대한 성서신학적인 이해" (장신경건교육 연구위원회 연구보고서 I 미출간 간행물), 34.

3) 경건훈련의 목표와 훈련내용 조정안

지금까지 4차 산업혁명의 변화적 상황에 맞춰 경건훈련의 실제 훈련내용을 새롭게 제안하기에 앞서 경건훈련의 교육목표를 살펴보고 그 변화 방안을 제안하였다. 기도, 공동체, 봉사, 활동과 관상의 조화라는 기존의 4대 목표에서 '활동과 관상의 조화'를 '그리스도를 닮음'Christlikeness 으로 재표현하여 상위 개념으로 두고, '기도'를 '말씀과 기도'로 수정할 것을 제안하였다.

이제 말씀과 기도, 공동체, 사역봉사이라는 교육목표 아래 각 목표에 따라 현재 진행하고 있는 교육내용의 항목들을 연결하고자 한다.[14] 그리고 다음 장에서는 본격적으로 기존 훈련의 내용과 경건의 유산을 결합하여 4차 산업혁명의 정황 가운데 현재화하고 발전시킬 방안을 제안할 것이다.

(1) 말씀과 기도: 새벽경건회, 주말경건훈련, 저녁경건회, 공동체모임(화요강의), 침묵
(2) 공동체: 기숙사공동생활, 저녁경건회, 공동체모임(화요강의), 봉사(청소), 주말경건(성찬)
(3) 사역(봉사): 봉사(청소), 헌신예배, 공동체모임(화요강의), 학업의 실천

---

14 현재 진행되고 있는 경건훈련 내용은 오방식 교수의 "경건훈련의 현재와 신학적 조명"과 신형섭 교수의 "4차 산업 시대에 장신대 경건훈련의 의미"를 참고할 수 있다.

III. 경건훈련의 방향성 제안: 경건 유산의 재발견과 현재화

현재 진행 중인 경건훈련의 목표와 내용은 4차 산업혁명에서 요청하는 인간 이해를 상당 부분 포함하고 있는 것으로 평가할 수 있다.[15] 이는 경건과 신학의 통합에 대한 요청과 20세기 후반부터 시작된 '영성'에 대한 관심의 증대와 그 맥을 같이 한다. 제도화되고 일괄적인 교육보다 보다 개인적이며 경험적인 영적여정을 기대하는 열망은 4차 산업혁명의 시대적 흐름과 이어진다. 4차 산업혁명에 따른 인간 고유성에 대한 고민과 질문, 그리고 창의적이며 융합적인 인간 존재로의 요청은 영성적 인간 이해와 연구 주제에 해당한다. 그러므로 향후 경건훈련에 대한 제안은 3대 경건훈련의 목표에 해당하는 경건의 유산들을 발굴하는 동시에 이를 4차 산업혁명의 정황을 고려하여 현대화하는 것으로 방향을 잡을 수 있을 것이다. 이제 '말씀과 기도', '공동체', '사역봉사'의 목표와 범주에 따라 경건훈련의 발전방안을 모색하고자 한다.

---

[15] "현재 경건훈련의 네 가지 목표와 내용은 4차 산업혁명에서 요청하는 인간이해를 이미 대부분 포함하고 있다. 공동생활을 통한 생활습관의 내면화와 상호관계형성을 통한 배려와 공감력과 공동체 의식이 연결되어지며, 기도생활을 통한 자아성찰과 내면성숙과 하나님과의 관계를 형성을 통해서는 비판적 사고, 관계적 사고, 통합적 사고가 반영되어진다. 봉사활동과 실천적인 삶을 통해서는 관계적 사고와 통합적 사고가 연계되어지고, 활동생활과 관상생활의 조화를 통해서는 비판적 사고와 관계적 사고와 통합적 사고가 연결되어진다." 신형섭, "4차산업 시대에 장신대 경건훈련의 의미" (장신경건교육 연구위원회 연구보고서 II 미출간 간행물), 3.

1. 말씀과 기도

말씀과 기도는 경건훈련의 대표적 영역 중 하나이다. 말씀과 기도를 통해서 경건훈련생은 말씀을 기반으로 한 자아성찰과 내면의 성숙을 지향하고, 하나님과의 관계 형성을 이뤄가게 된다. 이를 위한 구체적인 훈련 내용들은 새벽경건회, 주말경건훈련, 저녁경건회, 공동체모임화요강의, 침묵훈련이 있다.

말씀과 기도의 측면에서 각 내용을 간단히 살펴보면, 새벽경건회는 매주 화요일에서 금요일까지 아침 6시에 공동예배를 통해 말씀으로 하루를 시작하며 개인 기도의 시간을 이어가는 훈련이다. 주말경건훈련에서는 목요일 오후부터 토요일 오후까지 2박3일간 말씀으로 기도하는 시간을 가지는데, 삶을 돌아보는 기도 후에 복음서나 시편을 묵상함으로써 말씀의 세계와 삶의 지평이 만나는 경험을 가질 수 있도록 안내한다. 저녁경건회는 생활관에 입사한 경건훈련생들이 방별로 모여 하루를 돌아보는 성찰의 기도를 드리며 공동으로 말씀을 읽는다. 화요 공동체모임에서는 중보기도의 제목으로 함께 기도하며 뒤이어 설교를 듣는다. 또한 거룩한 독서Lectio Divina와 복음서 묵상, 의식성찰의 영성훈련에 대하여 강의를 통해 학습하고 실습 및 질의, 응답의 시간을 갖는다. 이와 같이 기존에 진행되어 온 경건훈련의 내용은 이미 상당부분 말씀과 기도에 초점을 두고 있는 것을 확인할 수 있다.

더 나아가 기독교 역사의 경건 유산들 중에서 말씀과 기도의 주제로 가져올 수 있는 내용들을 살펴보고 이를 경건훈련으로 현재화할 수 있겠다. 먼저 개혁교회 전통에서 주목한 말씀의 적용인 '영적시련' tentatio의 개념을 고려해볼 수 있을 것이다. 루터는 '말씀에 대한 반응'으로서의 믿음을 강조하면서 말씀 묵상의 방향성을 '기도, 묵상, 영적시련' oratio, meditatio, tentatio으로 제시하였다.[16] '거룩한 독서' Lectio Divina 가 제시하는 네 가진 단계 읽기-묵상-기도-바라봄와 유사하지만 특별히 '영적시련' tentatio을 강조한 면이 주목할 만하다. 그가 말하는 '영적시련'은 성경을 통해 깨닫게 되는 내용을 삶의 구체적인 자리에 적용해감으로써 말씀과 삶을 일치시켜가려는 시도이다. 이 과정이 시련으로 표현되는 것은 말씀을 삶의 자리에 현재화해갈 때 추상적, 개념적 말씀이 아니라 구체적이며 자기 삶에 도전과 변화를 주기 때문이다. 이 과정은 개인에게 일종의 테스트이자 시련과 같은 것으로, 말씀을 자기 삶에 뿌리내리는 경험을 안겨다준다. 이는 성경과 체험을 균형있게 가져가려는 시도 중 하나가 될 수 있을 것이다.[17] 이는 QT에서의 말씀 적용과 유사한 점이 많은데, 경건훈련의 '말씀과 기도'의 목표에서도 수용하여 활용해볼 수 있을 것이다. 다만 이에는 주의가 필요한데, 말씀을 묵상하는 이는 의도적으로 적용점을 찾고 기록해두기 위해서 실천안을 선정하고 적용하지는 말아야 한다. 그보다는 기도와 묵상을 통해 도전적으로 다가오는 내용을 발견하게 되는 경우에 이를 진지하게 삶으로 가져오는 것이 필요하다. 또한 '영적시련' tentatio은 경건훈련의 목표 중에서 '말씀과 기도'와 직접적으로 관련되지만, 동시에 각

16 Martin Luther, *D. Martin Luthers Werke. Kritische Gesamtausgabe (Weimarer Ausgabe)* 50, 657-661.

17 배정훈, "경건에 대한 성서신학적인 이해," 33.

개인에게 '사역'^{봉사}으로 이어지는 길을 제시할 수 있다는 점에서도 의미가 깊다. 더불어 보편적 말씀을 개인의 삶에 구체화해가는 것은 초개인화라는 4차 산업혁명의 흐름과 연결된다. 각 개인의 삶의 자리에서 말씀에 대한 앎과 삶을 하나로 통합하는 것은 하나님의 말씀 안에서 자기다움을 가장 온전하게 이뤄가는 길이 될 것이다.

둘째로 복음서와 시편 묵상 뿐 아니라 그 외의 성경의 다양한 유산을 통해 영적 여정의 모델을 더 풍요롭게 가져갈 수 있을 것이다. 성경 안에는 다양한 영적 여정의 모델이 등장하는데, 아브라함, 야곱, 모세의 이야기 외에도 수많은 영적 여정의 예들이 있다. 경건훈련생은 자신의 신앙 여정과 닮은 한 사람의 이야기를 찾거나 또는 그 인물의 여정에 동참하는 방식으로 묵상함으로써 그들의 하나님 경험을 자신의 것으로 가져갈 수 있을 것이다. 더불어 '창조, 타락, 구속, 회복'의 복음의 구조나 '본향, 죄와 추방, 구속, 그리고 귀향'의 탕자 이야기의 구조를 가져와 본인의 소명 이전의 영적 여정을 재확인해 볼 수도 있겠다. 현재까지 주말경건훈련과 공동체 모임^{확요}에서 아브라함, 야곱, 모세의 여정에 대해 소명과 정체성에 초점을 두고 설교해왔다. 이에 더 나아가 보다 다양한 인물에 대해 설교함으로써 경건훈련생 각자가 자신의 영적 여정을 돌아보며 적용해볼 수 있도록 안내할 수 있을 것이다. 더불어 이들의 여정을 구조화하여 주말경건훈련 등에서 적용해보는 시도도 생각할 수 있겠다. 성경 안에 담긴 다양한 삶을 만남으로써 경건훈련생들은 자기 삶의 자리에서 말씀을 통한 체험을 풍성히 하며 자신에게 변화를 주는 의미를 발견해가는 기회를 가질 수 있을 것이다. 이는 초개인화의 가치가 부각되는 4차 산업혁명 시대에 더 적합한 시도가 될 것으로 기대된다. 성경인물의 이야기는 신앙의 보편적 여정을 보여주는 동시에, 가장 참된 본연의 자신이 되어 그 사람을 향한 하나님의 부르심을 이뤄가는 여정을 보여준다. 경건훈련생은 각 개인과 닮은 인물을 만남으로써 자기 삶의 여정에서 자신의 고유성과 자기다움을 하나님 안에서 이뤄가는데 도움을 얻을 수 있을 것이다.

셋째로 기도의 시간, 특별히 중보기도를 좀 더 창의적인 연대와 실행으로 발전시켜갈 수 있겠다. 초융합화의 시대에서 각 개인은 독립된 인격을 형성하는 동시에 동일한 가치와 주제 안에서 서로 연대할 수 있기를 기대한다. 중보기도는 같은 기도 제목으로 이 연대를 이루는 생명공동체이자 운명공동체 의식을 형성하는데 기여할 수 있는 경건훈련이다. 현재 중보기도의 시간은 새벽경건회와 주말경건훈련, 그리고 매주 화요일에 진행되는 경건훈련생 전체 공동체 모임에서 진행되고 있다. 물론 각각의 세부 훈련 내용과 그 실천의 장場은 다르지만 중보기도를 통해 동일한 가치와 이슈를 놓고 기도하며 연대를 이뤄가고 있다.

여기에서 중보기도의 내용을 보다 조직화하여 체계적으로 기도하는 방안을 제안하고자 한다. 경건훈련과 장로회신학대학교, 나라와 세계, 그리고 다양한 영혼들의 필요를 놓고 체계적으로 기도하며 그 결실을 공동으로 확인하는 것은 더 깊은 차원의 연대로 이끌 것이다. 새벽경건회와 공동체 모임에서는 보다 공식적이며 포괄적인 중보의 기도를 진행하고, 주말경건훈련과 저녁 방예배에서는 상호신뢰의 관계성 안에서 보다 구체적인 기도의 제목으로 중보할 수 있을 것이다. 그 진행의 방식은 각 훈련 내용에 맞게 할 수 있겠으나, 지향하는 기도의 가치와 주제는 주차별로나 요일별로 체계화하여 진행해볼 수 있을 것이다. 함께 동일한 가치를 지향하고 실천하고 그 결실을 확인함으로써 공동체적으로 하나님과의 살아있는 관계를 발전시켜갈 수 있을 것이다. 공감력을 발휘하며 기도함으로써 협업하는 동시에 그 중심에 하나님을 모시는 건강한 관계성을 경험하는 경건의 훈련이 될 것으로 기대된다.

2. 공동체성

공동체성은 경건훈련의 중요 목표 중 하나이며, 이를 위한 공동생활은 형태적으로 경건훈련을 담아내는 환경이다. 1학년 경건훈련생은 해당학기에 생활관에 의무적으로 입사하여 공동생활을 하며 이를 통해 규칙적인 생활습관의 내면화와 상호 간의 건강한 관계형성을 이뤄간다. 물론 경건훈련 기간 동안 공동생활은 지속적으로 이어지지만, 그 구체적인 내용으로 기숙사 공동생활, 저녁경건회, 봉사활동, 공동체 모임, 주말경건훈련에서의 성찬식을 생각할 수 있다.

각 훈련의 구체적인 내용을 살펴보면, 먼저 경건훈련생 학생들은 한 학기 동안 의무적으로 생활관에 입사하여 4명이 한 방에서 공동생활을 지속하게 된다. 생활관의 기본 규정을 따르는 동시에 추가적으로 밤 11시부터 다음날 새벽 6시까지는 침묵의 시간을 가진다. 이는 각 훈련생이 단순히 개인 individual 으로 존재하는 것이 아니라 주님과의 관계에 집중함으로써 참된 자신을 발견하고 인격체person로 서기 위함이다. 하나님 앞에서 하나의 인격체로 서 있게 될 때, 공동생활을 하는 이들은 무리나 집단group이 아니라 진정한 의미에서의 연대를 이루는 공동체community를 형성할 수 있다. 밤 11시 침묵 이전에 경건훈련생은 방별로 저녁 경건회를 가지게 된다. 이때 함께 의식성찰의 시간을 가진 후 경험을 서로 이야기하게 되는데, 이를 통해 서로에 대한 이해와 배려, 공감과 공동체적 의식을 고양시키게 된다. 뒤이어 함께 지정된 말씀을 공동으로 읽고 기도로 모임을 마무리한 뒤에는 침묵의 시간을 가진다. 훈련 내용 중 봉사활동은 공동의 봉사를 통해 공동체성을 경험하는 자리가 된다. 매주 화요일과 목요일에는 새벽경건회를 마친 후에 7시부터 봉사활동을 진행하는데, 일정 인원별로 지정된 강의실이나 교내외 공간을 함께 청소한다. 더불어 매주 화요일에 진행되는 공동체 모임에서는 경건훈련생 전체가 함께 모여 예배하며 중보기도를 드리는데, 이때 학생들이 주도하여 찬양을 이끄는 시간을 일부분 두고 있다. 또한 공동체성의 주제 강의 이후, 140여명의 경건훈련생들은 소그룹을 지어 세 명의 교수와 함께 질의, 응답의 시간을 가짐으로써 공동학습을 경험한다. 더불어 주말경건훈련에서는 2박 3일의 일정 동안 저녁예배마다 성찬의 시간을 가진다. 이때 그리스도의 현존을 상징하는 성찬을 중심으로 함께 모인다. 보이는 그리스도의 살과 피를 함께 대하며 죄고백과 용서를 공동으로 경험하는 유대 속에서 하나됨을 경험하게 된다.[18] 이 연대의 중심에는 그리스도가 계시기 때문에 개별인원이 모인 집단이 아니라 깊은 관계의 공동체성을 경험할 수 있게 된다.

공동체성을 이루는 길에 있어서도 기존의 훈련 내용과 경건의 유산을 4차 산업혁명의 정황을 고려하여 현재화할 필요가 있다. 첫째로 경건훈련 가운데 상호간에 학습하며 피드백을 얻는 시간을 발전시켜갈 수 있겠다. 먼저 화요일 저녁에 진행되는 공동체 모임에서 자신의 경험을 나누며 배운 내용을 토론하는 시간을 확장해가는 것이다. 현행의 저녁경건회에서는 훈련생들이 하루의 삶과 그에 대한 성찰의 내용을 공유하고 이를 중보 기도로 이어가고 있다. 이 시간 가운데 서로의 경험을 바탕으로 상호 학습하는 기회를 얻게 되는데 많은 경건 훈련생이 긍정적으로 평가하고 있는 내용이다. 그러므로 화요 공동체 모임에서도 공감과 공동체 의식을 높일 수 있는 상호 배움과 나눔의 시간을 적극적으로 발전시켜갈 수 있겠다.

특별히 4차 산업혁명의 기술적 발전을 활용하여 초연결화된 교육환경을 열어갈 수 있을 것이다. 시간과 물리적 공간의 한계를 넘어 일상과 사이버 공간을 통합해가는 플립러닝flipped-learning 형태의 모임을 시도해볼 수 있을 것이다. 강의 형태로 진행될 내용은 미리 녹화하여 e강의실 등의 온라인 교육 플랫폼을 통해 공지하고 학생들은 먼저 학습한 후에 화요일 저녁에는 소그룹으로 나누며 질의 응답하는 시간을 가지는 방식이다. 경건훈련이 영적 진리를 자기 삶 가운데 체화해감으로써 온전히 이해해가는 과정임을 생각할 때 서로의 경험을 통해 경험적 앎을 얻어가는 상호 학습의 자리는 더욱 가치있다고 하

18 "거룩한 성찬의 교제는 그리스도인 공동체의 완성 그 자체입니다. 교회의 지체들이 주님의 식탁에서 살과 피로 하나가 된 것처럼, 그들은 영원히 서로 함께 거하게 될 것입니다. 이곳에서 공동체는 그 목적에 다다르는 것입니다." Dietrich Bonhoeffer, *Gemeinsames Leben*, 정현숙 옮김, 『성도의 공동생활』(서울: 복있는 사람, 2016), 292-293.

겠다. 또한 이 과정을 통해 4차 산업혁명이 제안하는 타인을 배려하고 공감할 줄 알며, 소통 협업하는 인간상에 더욱 도달할 수 있게 될 것이다.

둘째로는 일관성 있고 지속성 있는 소그룹모임을 형성하고 인도하는 것이다. 이는 경건주의 운동에서 진행해왔던 '경건 모임'collegium pietatis의 유산을 현재화하는 방식으로 진행할 수 있다.[19] 전체 경건훈련생 가운데 작은 공동체를 형성하여 말씀과 기도를 중심으로 경건에 집중할 수 있도록 돕는 것이다. 물론 기존 경건훈련 안에 '경건 모임'에 해당하는 요소들이 존재한다. 저녁경건회에서는 일방적인 설교 방식이 아니라 한 방에서 공동생활을 하는 4명의 훈련생들이 수평적 관계 속에서 성찰의 경험을 나누고 말씀을 읽어내려가는 형태로 경건회를 진행한다. 또한 주말경건훈련에서 3명의 훈련생들은 동시간대에 지도교수와 만나 기도의 경험을 이야기하고 함께 듣고 질문하는 공동의 학습 시간을 가진다. 기존에 진행되어 온 소그룹 모임을 훈련내용에 따라 수시로 재편성하기 보다는 한 학기동안 지속되는 관계로 인도할 수 있겠다. 물론 각각의 훈련 내용과 형태가 다르기 때문에 모든 경건훈련을 동일한 소그룹으로 진행하기엔 현실적인 어려움이 있다. 다만 가능한 수준에서부터 경건훈련 기간 동안 유대감을 이어가고 한 공동체성을 확보하도록 동일한 소그룹을 형성해줄 필요가 있다. 일차적으로는 주말경건훈련을 통해 삶과 소명에 대해 서로를 알게 된 소

---

19 김은진, "슈페너의 교회 개혁을 위한 'ecclesiola in ecclesia'의 실재로서의 'collegium pietatios'," 『역사신학논총』 17 (2009), 11-12.

그룹을 화요일의 공동체 모임 때에도 만나도록 하고, 주말경건훈련 때의 지도교수가 지속적으로 소그룹을 인도하는 것이다. 이를 통해 각 개인은 '경건훈련'을 하나의 프로그램이 아니라 자신의 정체성과 소명을 주체적으로 발견하며 걸어가는 여정으로 경험할 수 있을 것이다. 더불어 복음의 동일한 가치를 공유하며 서로를 배려하고 이끄는 평생의 동반관계도 형성해 갈 수 있겠다.

3. 사역(봉사)

경건훈련의 또 다른 목표는 각 훈련생이 자신의 소명과 부르심을 발견하여 구체적인 사역과 봉사의 자리로 나아가도록 돕는 것이다. 또한 사역을 위한 영성의 함양과 내적 열망을 향상시켜가도록 수 있도록 인도하는 것이다. 이를 위해 구체적으로 정기적인 봉사활동을 실천하도록 함으로써 활동과 관상의 통합을 이루며 복음의 실천적인 삶을 형성하도록 이끈다. 현재 진행되고 있는 훈련 내용은 청소봉사활동, 대체훈련, 종강감사예배, 공동체모임의 주제 강의, 학업의 실천을 들 수 있다

'사역'봉사의 목표 아래 현재 진행되고 있는 내용을 살펴보면 대표적으로 청소봉사활동이 있다. 매주 화요일과 목요일에는 새벽경건회를 마무리한 후 오전 7시부터 청소하게 된다. 주로 강의실이나 교내외 지정된 장소를 30여분간 청소하는데 학교 내부만 아니라 지역사회까지 청소봉사하게 된다. 말씀과 기도의 시간 이후 이른 아침 시

간에 봉사로 경건훈련을 이어가는 것은 활동과 관상의 통합을 지향하고 있음을 보여준다. 청소 봉사를 통해 하나님과의 관계 뿐 아니라 세상과의 관계의 장을 이어가는 복음적 활동을 실천하는 것이다. 또한 청소 봉사는 가장 낮은 섬김의 모습으로 세상의 더러움을 씻겨내고 돌보는 활동으로 예수 그리스도의 낮아지심을 따르는 실천이다. 대체훈련은 특별한 상황으로 생활관 공동생활훈련을 할 수 없는 경우에 진행된다. 이 경우에 자발적으로 36시간 봉사할 수 있는 방안을 찾아 사회기관에서 봉사활동을 진행하게 된다. 대안적인 봉사실천이지만 자신의 소명을 고려하여 봉사활동을 선택하고 진행한다는 점에서 고유한 가치를 확인할 수 있다. 종강감사예배는 한 학기의 경건훈련을 돌아보는 일종의 헌신예배로 진행하는데 이때 인도, 기도, 봉독, 특송 등의 예배 순서를 훈련생들이 공동으로 섬기며 협업하여 예배 사역을 감당한다. 화요일 저녁에 진행되는 공동체 모임에서는 사역자의 정체성과 소명을 중심주제 중 하나로 삼아 설교 및 강의를 진행함으로써 각 훈련생이 자신의 부르심을 찾고 응답하도록 인도한다. 마지막으로 학업의 실천도 목회자의 소명을 이뤄가는 전인적인 활동이자 사역을 위한 경건훈련으로 안내하고 있다.

기존에 진행된 경건훈련에서 사역과 봉사는 특별히 '하나님과의 관계'로서의 경건인 동시에 '사람들과의 관계'를 중시하고 진행해 왔다. 이제 기존의 훈련내용과 더불어 경건의 유산을 현재화하여 실행할 수 있는 방안으로 무엇보다 봉사활동의 다양화를 제안할 수 있겠다. 4차 산업혁명 시대에 이르러 각 개인은 초지능화를 통해 자신에게 최적화된 활동을 택하는 초개인화의 삶에 익숙해져 있다. 이뿐 아니라 봉사의 자리는 단순한 섬김의 의미만 있는 것이 아니라 각 개인의 고유한 사명을 이뤄가는 장소이다. 그러므로 봉사활동에서도 훈련생들 각자의 사명적 방향성과 필요에 따라 봉사활동을 창의적이고 자기 주도적으로 선택하여 실행해갈 필요가 대두된다. 더불어 유사한 사역과 소명으로 부름받은 학생들은 함께 같은 가치를 추구하며 연대를 경험해갈 수 있도록 공동의 봉사활동의 기회도 가질 수 있을 것이다. 예를 들어, 윤리적 이슈에 관심을 두고 사회참여와 봉사를 결합하는 방안을 고려해볼 수 있을 것이다. 이는 하나님에 대한 사랑과 이웃에 대한 사랑을 결합하는 실질적 실천이 됨으로써, 개인적 차원 뿐 아니라 하나님 나라의 지평을 확장해가는 경건훈련이 될 수 있을 것이다.[20] 물론 대체봉사활동을 장려하는 데에는 현실적 장벽도 고려할 필요가 있다. 기존에 진행된 청소봉사의 인원이 줄어들게 되어 학교와 지역사회 간의 협력과 유대의 바탕이 약화될 수도 있다. 또한 동일한 시간에 함께 청소하는 봉사의 의미가 퇴색되거나 봉사활동의 통일적인 운영에 어려움이 생겨날 수도 있다. 그러므로 봉사활동의 개인화, 개별화 적용은 전체 경건훈련을 고려하여 점진적으로 실천해볼 수 있을 것이다. 그럼에도 봉사 본연의 가치를 살리고, 현실 세계에 뿌리내리는 영성의 의미를 살리는 동시에 각 개인의 소명을 존중해가는 훈련을 세워가고자 할 때 충분히 고려하고 실천해볼 수 있을 것이다.

---

20 최윤배, 『개혁신학 입문』(서울: 장로회신학대학교출판부, 2015), 651; 김명용, 『열린 신학 바른 교회론』(서울: 장로회신학대학교출판부, 1998), 85-89.

4. 그 외 고려할 사항

경건훈련의 목표인 말씀과 기도, 공동체, 사역^{봉사}에 따라 기존에 진행된 내용과 경건의 유산을 현재화하는 방안에 대하여 살펴보았다. 특별히 초연결화, 초지능화, 초개인화, 초융합화의 4차 산업혁명의 흐름 속에서 요청되는 요소를 고려하여 경건훈련의 방향성을 제안하려고 시도하였다. 마지막으로 교육적 측면에서 효과적인 경건훈련을 위한 제안을 생각해보고자 한다. 이는 교육목표와 목적을 달성하기 위하여 훈련생에게 동기를 부여하고 각자에게 피드백을 제공함으로써 경건훈련 전반을 통해 자기발전을 이뤄가도록 돕기 위함이다.

4차 산업혁명의 흐름은 각 개인에게 배려, 공감력, 공동체 의식, 창의적 협업, 비판적 사고, 관계적 사고, 전인적 사고, 통합적 사고의 능력을 요청한다. 이를 배양하는 것 자체가 경건훈련의 목적은 아니지만, 경건훈련의 가치와 목표를 실행해가는 방안에서 고려할 중요한 요소들이다. 경건훈련을 장로회신학대학교의 교육 과정의 일부로 볼 때, 교육 목표의 성취를 위해 경건훈련생들에게 동기를 부여하고 각자에게 유의미한 결과를 도출하도록 도울 필요가 있다.

먼저 훈련생의 동기부여를 위하여 경건훈련이 지향하는 가치와 훈련내용에 대한 사전 이해도 및 개인의 영적상태에 대한 점검을 실시할 수 있겠다. 물론 이는 평가적 요소는 아니며 각 훈련생이 경건훈련을 통해 기대할 수 있는 내용을 먼저 확인함으로써 동기부여를 얻도록 돕고자 함이다. 더불어 먼저 경건훈련을 통해 도움을 받은 선배들의 경험을 나누고 듣는 시간도 화요 공동체 모임 등에서 진행할 수 있을 것이다. 경건훈련 전체를 통해 기대할 수 있는 내용을 공식적으로 들음으로써 각 훈련생들은 교육과정에 대한 경험적 이해를 전달받는 동시에 경건훈련에 대해 동기부여를 받을 수 있을 것이다.

또한 경건훈련의 마무리 단계에서는 자기 자신의 경건훈련의 성과를 평가하는 시간을 가질 수 있다. 항목별로 훈련의 이행여부를 체크하는 자기점검보다는 경건훈련이 지향하는 가치에 전반적으로 얼마나 더 도달하게 되었는지를 점검하는 방식으로 시도해볼 수 있을 것이다. 그리고 소그룹 공동체 구성원들과 그룹별 지도교수와의 만남과 나눔을 통해서 경건훈련의 결실에 대해 돌아보는 시간을 가질 수 있겠다. 이 과정을 통해 관계적이며 통합적인 사고의 능력도 활용하고 배양해 갈 수 있을 것으로 기대된다.

V. 결론

"경건과 학문"의 학훈學訓 아래 1998년 1학기부터 진행되어온 현재 형태의 경건훈련은 20여년 이상 신학생들의 '경건' 생활에 긍정적 영향을 끼쳐왔다. 기도, 공동체, 봉사, 그리고 활동과 관상의 조화라는 주요 목표를 두고, 경건훈련의 영역을 개척하여 오늘에까지 이르렀다. 이번 프로젝트에서는 개교 120주년을 바라보는 시점에서 기존의 경건훈련을 돌아보며 4차 산업혁명으로 대표되는 새로운 변화의 시대를 고려하여 향후 개선안들을 살펴보았다. 성서신학, 조직신학, 역사신학, 기독교 교육학, 영성신학 파트의 교수진들의 연구를 통해서 경건의 유산들을 재발견하는 동시에 현재화할 방안을 생각해볼 수 있었다.

　　먼저 경건훈련의 목표를 기존 4개의 영역에서 말씀과 기도, 공동체, 사역봉사의 3가지 목표로 조정할 것을 제안한 뒤 각 영역에 해당하는 기존의 훈련내용을 다루었다. 이후에 경건의 유산들을 초연결화, 초지능화, 초개인화, 초융합화의 시대적 정황을 고려하여 현재화할 방안들을 제안하였다. 말씀과 기도의 목표 하에서는 '영적시련'의 적용 및 성경 인물을 통한 다양한 영적모델의 발견을 제안하였으며, 중보기도의 체계적 실천에 대해 살펴보았다. 공동체성의 목표에서는 소그룹 형태의 토론 및 협업을 장려하여 상호학습의 장을 열어주는 동시에, 동일한 소그룹을 지속해가도록 도움으로써 소규모 공동체를 경험해갈 수 있도록 제안했다. 또한 사역봉사의 목표를 두고 보다 개인의 사명에 부합하는 봉사를 자기주도적으로 실행할 수 있는 방안들을 검토하였다. 마지막으로는 경건훈련도 교육의 한 과정임을 고려하여 훈련생들에게 동기를 부여하는 동시에 피드백 제공을 통해 교육목표를 효과적으로 달성하는 길에 대해서 살펴보았다.

　　경건훈련은 신학교 안의 교육 과정인 동시에 각 개인의 영적여정 전체를 통하여 지속되어야 하는 내용이다. 더불어 목회자와 지도자를 양성하는 신학교육 과정 전반에서 필수적인 요소이기에 학교전체의 협업과 지원도 필요하다. 앞으로 경건훈련의 제안들을 가능한 선에서부터 실행해감으로써 보다 유익하고 효과적인 경건훈련으로 세워갈 수 있기를 기대한다.

참고문헌

김경은. "개신교 영성훈련의 현재와 전망 - 관계적 · 통전적 경험의 내면화를 지향하며." 책임편집 박상진. 『제1회 장신신학강좌 - 한국교회와 장신신학의 정체성』. 서울: 장로회신학대학교출판부, 2016, 457-484.

김명용. 『열린 신학 바른 교회론』. 서울: 장로회신학대학교출판부, 1998.

김은진. "슈페너의 교회 개혁을 위한 'ecclesiola in ecclesia'의 실재로서의 'collegium pietatios'." 『역사신학논총』 17 (2009), 9-30.

김이태. "칼빈신학에 있어서 경건과 학문의 상관성 연구." 고 김이태 교수 저작 출판위원회 편. 『중심에 서는 신학 - 김이태의 신학세계』. 서울: 장로회신학대학교출판부, 1994), 47-63.

김정형. "개혁교회 전통의 경건훈련에 관한 소고." (장신경건교육 연구위원회 연구보고서 I 미출간 간행물), 80-93.

배정훈. "경건에 대한 성서신학적인 이해." (장신경건교육 연구위원회 연구보고서 I 미출간 간행물), 27-37.

백충현. "장신경건훈련의 성찰과 모색을 위한 경건(pietas)에 대한 조직신학적 이해." (장신경건교육 연구위원회 연구보고서 I 미출간 간행물), 94-103.

서원모. "21세기 한국교회 경건과 영성-고대교회에 비추어." (장신경건교육 연구위원회 연구보고서 I 미출간 간행물), 38-54.

신형섭. "4차 산업혁명시대에 응답하는 영성훈련을 위한 기독교 교육적 함의 연구." (장신경건교육 연구위원회 연구보고서 I 미출간 간행물), 104-114.

오방식. "경건훈련의 현재와 신학적 조명." (장신경건교육 연구위원회 연구보고서 I 미출간 간행물), 4-16.

유해룡. 『영성의 발자취』. 서울: 장로회신학대학교출판부, 2011.

이상조. "개신교적 경건 이해에 대한 연구: 16~20세기 루터교회의 경건 이해의 변화를 중심으로." 『장신논단』 52 (2020), 89-130.

최윤배. 『개혁신학 입문』. 서울: 장로회신학대학교출판부, 2015.

현요한. 『신학은 하나님 배우기 - 신학, 영성, 실천의 재연합』. 서울: 대한기독교서회, 2011.

Althaus, Paul. *The Theology of Martin Luther*. 이형기 옮김. 『루터의 신학』. 서울: 크리스챤다이제스트, 2001.

Bonhoeffer, Dietrich. *Gemeinsames Leben*. 정현숙 옮김. 『성도의 공동생활』. 서울: 복있는 사람, 2016.

Calvin, John. *Institutes of the Christian Religion (1559)*. Translated by Ford Lewis Battles. Philadelphia: The Westminster Press, 1967.

Luther, Martin. *D. Martin Luthers Werke. Kritische Gesamtausgabe (Weimarer Ausgabe)* 50.

Schneiders, Sandra M. "The Study of Christian Spirituality: Contours and Dynamics of a Discipline." In *Minding the Spirit*, 5-24. Edited by Elizabeth A. Dreyer and Mark S. Burrows. Baltimore & London: The Johns Hopkins University Press, 2005.